REGISTRAR BOOKS

改訂

事例解説 戸籍実務の知識（上）

関連する届出が同時にされた場合の処理

木村 三男 編著

日本加除出版株式会社

改訂版 はしがき

　本書の初版は、上巻を平成17年11月、下巻を平成18年2月にそれぞれ刊行しましたところ、幸いにも、法務局や市区町村の戸籍担当者の方々を中心に広くご利用いただき、感謝を申し上げます。

　本書は、戸籍の届出において届出の種別は異なるが、届出事件の当事者を同一とする届出が複数同時にされた場合において、当該届出の対象とする身分関係の発生・変更等とともに戸籍の編製・記載等の処理が適法にされるには、いずれの届出を先に受理し、どのような順序・方法によって処理するのが妥当であるか等について解説を試みたものであります。

　初版の刊行から間もなく10年を経過することになりますが、その間に本書に関係する法律等の改正がされております。その主なものとしては、わが国の国際私法の基本法である「法例」が「法の適用に関する通則法」に改められたこと（平成18年法律第78号―平成19年1月1日施行）、戸籍の届出の創設的届出である認知、縁組、離縁、婚姻又は離婚の届出についての本人確認制度、及びこれらの届出に対する不受理申出制度が法制化されたことなどであります（平成19年法律第35号による戸籍法の一部を改正する法律―平成20年5月1日施行）。そのほか家事審判法が家事事件手続法に改められ（平成23年法律第52号―平成25年1月1日施行）、その関係の関連規則等が改められたことなどであります。そこで、こうした関係法令等の改正に合わせ、本書の全面的な見直しを行う（見直しに際しては、これまでに読者の方々から寄せられた貴重なご意見等を参考とさせていただきました。）とともに、必要な加除・修正等を行った上、ここに改訂版を刊行することとしました。

　なお、本書の初版では、事例問題のうち8事例については、同種の事例を他においても取り上げていたことから解説を省略し、その関連する事例の解説を参照とする形を採っていましたが、利用上の便宜等を考慮してこ

改訂版　はしがき

れを改め、それらの事例についても、それぞれ解説を行うことにしました。さらに大部分の市区町村においては、戸籍がコンピュータ化されていることから、各事例の様式から紙戸籍を省略することとしました（全国1,896市区町村中1,860市区町村がコンピュータ化されている（98.1％）―平成26年12月31日現在「戸籍」907号45頁）。

　本書が初版と同様に、現に戸籍に携わっておられる方々にとって多少なりとも役立つことになれば、望外の幸せであります。

平成27年4月

編著者　木　村　三　男
（元大津地方法務局長）

は　し　が　き

　婚姻や出生等の戸籍に関する届出が、戸籍事務管掌者である市区町村長にされた場合、市区町村長は、当該届出の内容について届書の記載や添付された書面等によってこれを審査し、適法な届出と判断された場合はこれを受理し、戸籍の記載をすることになるのが一般的な事務処理の工程である。

　ところで、戸籍の届出においては、届出種別は異なるが、届出事件の当事者を同一人とする複数の届出が同時に提出される場合がある。例えば、①父母の婚姻の届出と同時に同夫婦間の婚姻前に出生した子の出生の届出が、婚姻後の父からされる場合、②夫の氏を称して新戸籍を編製する婚姻の届出と同時に、同夫婦の夫が、妻の父母の養子となる縁組の届出がされる場合などである。

　このように関連する届出が同時に提出される事例は、そんなに多くはないと思われるが、事例が少ない分、こうした届出事件を取り扱う経験も少ないことになる。このことから、この種の事例の届出がされた場合、戸籍事務担当者としては、いずれの届出を先に受理し、どのような順序で処理するのが適当であるか等について戸惑う場合もあるものと考えられる。

　本書は、上に述べたような事例の届出が同時にされた場合において、いずれの届出を先に受理し、どのような順序で処理するのが適当であるかについて、各種の届出ごとに事例を設定し、これに解説を加えたものである。ちなみに、これらの届出事例については、受理・処理の順序を逆にした場合は、届出が受理できない場合が生じることもあり、その場合は、届書の記載を補正する必要が生じることもある（上記①の事例で、出生の届出を先に受理し、その順序で処理するときは、出生の届出人の資格につき補正を要することになる。）。また、逆の順序で処理した場合は、その順序について問

はしがき

題はないとしても、事務処理上において余分な手数を要することになる場合がある（上記②の事例で、婚姻の届出を先に受理し、その順序で処理した場合は、婚姻の届出により編製した新戸籍は、縁組による新戸籍編製によって直ちに除かれた戸籍になり、結果的に余分な戸籍を編製することになる。）。そこで、本書では、そうした届出事例を設定し、あるいは説明の中で取り上げ、届出の受理・処理の順序及び処理のあり方等について解説することとした。

なお、本書における事例は、届出を必ず同時にすべき事例のみに限定したものではなく、各別に届出される場合をも含めて、比較的同時に届出されると考えられる事例を取り上げたものであることを、念のため申し上げておきたい。また、これらの事例については、各法務局及び地方法務局並びに各市区町村の戸籍事務担当職員から多くの示唆をいただいた。ここに記して感謝の意を表したい。

終わりに、本書が戸籍事務に携わっておられる方々のために多少なりともお役に立てるところがあれば、望外の幸せである。

平成17年11月

編著者 木 村 三 男
（元大津地方法務局長）

編著者

木村三男
元大津地方法務局長

執筆者（50音順）

荒木文明
元浦和地方法務局川越支局長

熊井道明
元さいたま地方法務局川越支局長

小菅修二
元さいたま地方法務局東松山支局長

須田初男
元前橋地方法務局伊勢崎支局長

凡　例

凡　例

法令、判例、先例及び文献等の引用については、次のとおり略記した。

通則法……法の適用に関する通則法

民…………民法

国…………国籍法

国規………国籍法施行規則

戸…………戸籍法

戸規………戸籍法施行規則

標準準則…戸籍事務取扱準則制定標準

家事法……家事事件手続法

人訴………人事訴訟法

大審院昭和15．1．23判決…大審院昭和15年1月23日判決

昭和26．6．27民事甲1332号回答…昭和26年6月27日法務省民事甲第1332号法務省民事局長回答

昭和62．10．1民二5000号通達……昭和62年10月1日法務省民二5000号法務省民事局長通達

民集………大審院民事判例集

戸籍………月刊「戸籍」（テイハン）

総　目　次

【上　巻】

第1	出生届と認知届	1
第2	出生届と婚姻届	47
第3	出生届と離婚届	58
第4	出生届と入籍届	69
第5	認知届と出生届	90
第6	認知届と婚姻届	115
第7	認知届と父母の婚姻届及び子の入籍届	138
第8	胎児認知された子の出生の届出と父母の婚姻届	153
第9	婚姻届と出生届	164
第10	婚姻届と認知届	200
第11	婚姻届と氏の変更届	211
第12	離婚届と出生届	221
第13	離婚届と婚姻届	232
第14	離婚届と戸籍法77条の2の届	246
第15	離婚届と氏の変更届	298
第16	養子縁組届と婚姻届	306

総目次

【下　巻】（予定）

第17　父母の養子縁組届と子の入籍届

第18　養子離縁届と離婚届

第19　養子離縁届と戸籍法73条の2の届

第20　父母の養子離縁届と子の入籍届

第21　復氏届と姻族関係終了届

第22　生存配偶者の復氏届と養子縁組届

第23　入籍届と婚姻届

第24　分籍届と出生届

第25　転籍届と離婚届

第26　転籍届と出生届

第27　就籍届と婚姻届

第28　届出方法と届出件数等

細　目　次

【上巻】

第1　出生届と認知届……………………………………………………1

事例1　母から嫡出でない子の出生の届出と同時に、父から認知の届出がされた場合………………………………………………1

事例2　父母の離婚後300日以内で、かつ、母の再婚後200日以内の出生子について、母の前夫との親子関係不存在確認の裁判が確定し、その戸籍訂正申請と同時に後夫から認知の届出がされた場合……………………………………11

事例3　外国人女が日本人男と離婚後300日以内に出生した子について、同男（母の前夫）との親子関係不存在確認の裁判が確定し、その戸籍訂正申請と同時に日本人の後夫から認知の届出がされた場合………………………23

事例4　胎児認知された子が出生し、その出生の届出前に父母の婚姻の届出がされ、同時に父から当該子の出生の届出がされた場合………………………………………………33

第2　出生届と婚姻届……………………………………………………47

事例5　出生の届出未了の子について、父母の婚姻の届出と同時に父から嫡出子出生の届出がされた場合………………47

第3　出生届と離婚届……………………………………………………58

事例6　夫の氏を称して婚姻した妻が、婚姻中に婚姻後200日以内に子を出生し、当該子を嫡出でない子として出生

の届出と同時に夫婦が協議離婚の届出をした場合 ………………58

第4 出生届と入籍届 ……………………………………………69

事例7　夫の氏を称して婚姻した妻が、婚姻後200日以内に子を出生し、出生の届出未了の間に夫婦は協議離婚の届出をした。その後、母が嫡出でない子として出生の届出をすると同時に、当該子について母の氏を称する入籍の届出（許可の審判書添付）をした場合 ……………69

事例8　父母が養子となる縁組後に、縁組前に出生した子の出生の届出と同時に、当該子について父母の氏を称する入籍の届出（民法791条2項）がされた場合 ………………76

第5 認知届と出生届 ……………………………………………90

事例9　父から認知の届出と同時に、母から嫡出でない子の出生の届出がされた場合、あるいは、父から認知の届出後、相当期間経過後に母から嫡出でない子の出生の届出がされた場合（若しくは、出生の届出がされない場合）…………………………………………………………90

事例10　母の前夫の嫡出推定される子について、母の後夫が、子と父（母の前夫）との親子関係不存在確認の裁判確定の謄本を添付して認知の届出をし、同時に母が、子と前夫との親子関係不存在確認の裁判確定の謄本を添付して戸籍訂正申請をした場合 ……………93

事例11　外国人女が他の日本人男と離婚後300日以内に出生した子について、後夫の日本人男が、子と父（妻の前夫）との親子関係不存在確認の裁判確定の謄本を添付して認知の届出をし、同時にその戸籍訂正申請をした

　　　　　場合 ………………………………………………………… 105

第6　認知届と婚姻届 ………………………………………………… 115

事例12　父母の婚姻200日後の出生子について、出生の届出未
　　　　了の間に親子関係不存在確認の裁判を確定させ、同裁
　　　　判の謄本を添付して、母の後夫から嫡出子出生の届出
　　　　と同時に父母の婚姻の届出がされた場合 …………………… 115

事例13　外国人女の嫡出でない子について、日本人男から認知
　　　　の届出と同時に子の父母の婚姻の届出がされた場合 ………… 127

第7　認知届と父母の婚姻届及び子の入籍届 ……………………… 138

事例14　母と同籍している子について、父から認知の届出及び
　　　　父母の婚姻の届出並びに子の入籍の届出が同時にされ
　　　　た場合 ……………………………………………………………… 138

第8　胎児認知された子の出生の届出と父母の婚姻届 …………… 153

事例15　外国人女の胎児を日本人男が認知の届出をした後、同
　　　　男女が婚姻の届出をすると同時に、婚姻の届出前に出
　　　　生した胎児認知された子の出生の届出をした場合 …………… 153

第9　婚姻届と出生届 ………………………………………………… 164

事例16　父母の婚姻の届出と同時に、出生の届出未了の子につ
　　　　いて、父から嫡出子出生の届出がされた場合 ………………… 164

事例17　婚姻の届出と同時に、婚姻前に出生した胎児認知され
　　　　た子の出生の届出がされた場合 ………………………………… 175

事例18　外国人女と日本人男の婚姻の届出と同時に、婚姻の届
　　　　出前に出生した胎児認知された子の出生の届出がされ

　　　　た場合……………………………………………………………189

第10　婚姻届と認知届……………………………………………200

事例19　日本人男と外国人女の婚姻の届出と同時に、同女の嫡
　　　　出でない子について、同男から認知の届出がされた場
　　　　合……………………………………………………………200

第11　婚姻届と氏の変更届………………………………………211

事例20　戸籍の筆頭者以外の者が、外国人との婚姻の届出と同
　　　　時に、外国人との婚姻による氏の変更の届出（戸籍法
　　　　107条２項の届）をした場合………………………………211

第12　離婚届と出生届……………………………………………221

事例21　夫の氏を称して婚姻した夫婦が、協議離婚の届出と同
　　　　時に、妻が、婚姻中に婚姻後200日以内に出生した子
　　　　について、嫡出でない子として出生の届出をした場合………221

第13　離婚届と婚姻届……………………………………………232

事例22　夫の氏を称して婚姻した夫婦の協議離婚の届出と同時
　　　　に、同一当事者間における妻の氏を称する婚姻の届出
　　　　がされた場合………………………………………………232

第14　離婚届と戸籍法77条の２の届……………………………246

事例23　夫の氏を称して婚姻した夫婦の協議離婚の届出と同時
　　　　に、妻から離婚の際に称していた氏を称する届出（戸
　　　　籍法77条の２の届出）がされた場合……………………246

事例24　夫の氏を称して婚姻した夫婦の協議離婚の届出と同時

　　　　に、妻から離婚の際に称していた氏を称する届出（戸籍法77条の２の届出）及び母の夫と養子縁組している妻の子の養子離縁の届出がされた場合 …………… 256

事例25　母の戸籍に在籍していた子が婚姻により除籍され、その後、母も夫の氏を称する婚姻をしたため当該戸籍が全員除籍により除かれている場合において、母の協議離婚の届出及び離婚の際に称していた氏を称する届出（戸籍法77条の２の届出）と子の協議離婚の届出が同時にされ、同届書に子が離婚により母と同籍する旨を記載して届出をしている場合 …………………………… 272

事例26　夫の氏を称して婚姻した妻が、夫死亡後他男と夫の氏を称する婚姻をし（第一の転婚）、その夫も死亡したので、その後さらに他男と夫の氏を称する婚姻をしている（第二の転婚）場合において、その夫と協議離婚の届出と同時に離婚の際に称していた氏を称する届出（戸籍法77条の２の届出）が同時にされた場合（実方の氏に復する事例） ………………………………………… 288

第15　離婚届と氏の変更届 …………………………………………… 298

事例27　日本人が、外国人との協議離婚の届出と同時に、外国人との離婚による氏の変更の届出（戸籍法107条３項の届）をした場合 ………………………………………… 298

第16　養子縁組届と婚姻届 …………………………………………… 306

事例28　養親の戸籍に入籍する者の縁組の届出と同時に、養親の戸籍に在籍する養親の子（女）と妻の氏を称する婚姻の届出がされた場合 ……………………………………… 306

13

細 目 次【上巻】

事例29 養親の戸籍に入籍する者の縁組の届出と同時に、養親の戸籍に在籍する養親の子（女）と夫の氏を称する婚姻の届出がされた場合……………………………………… 317

事例30 夫の氏を称する婚姻の届出及び夫と妻の親との養子縁組の届出が同時にされた場合 ……………………………… 327

事例31 妻の氏を称する婚姻の届出及び夫と妻の親との養子縁組の届出が同時にされた場合 ……………………………… 339

事例32 父の戸籍に在籍する子が、父の後妻との養子縁組の届出と同時に自己の氏を称する婚姻の届出をした場合………… 350

事例33 婚姻の届出によって戸籍の筆頭者となる夫が、父の再婚した妻との養子縁組の届出を同時にした場合 ……………… 359

【下巻】（予定）

第17　父母の養子縁組届と子の入籍届

事例34　父母が養子となる縁組の届出と同時に、子が父母の縁組後の戸籍に入籍する届出をした場合

第18　養子離縁届と離婚届

事例35　妻の父母と養子縁組した後、妻の氏を称して婚姻した者について、協議離縁の届出及び協議離婚の届出が同時にされた場合

事例36　妻の父母と養子縁組をした後、夫の氏を称して婚姻した者について、協議離縁の届出及び協議離婚の届出が同時にされた場合

事例37　夫の氏を称する婚姻をした後、妻の父母と養子縁組をした者について、協議離婚の届出及び協議離縁の届出が同時にされた場合

事例38　妻の氏を称する婚姻をした後、妻の父母と養子縁組をした者について、協議離婚の届出及び協議離縁の届出が同時にされた場合

事例39　夫の氏を称する婚姻をした夫婦が、養子となる縁組により新戸籍が編製されている場合において、協議離婚の届出と同時に養子離縁の届出をした場合

事例40　同一戸籍に在籍する養子と養女が、夫の氏を称して婚姻している場合において、夫のみが離縁する離縁の届出と同時に協議離婚の届出をした場合

事例41　実母が夫の氏を称して婚姻した後、実母の婚姻前の戸籍に在籍していた子が、実母の夫と養子縁組をしてい

る場合において、協議離婚の届出と同時に養子離縁の届出がされ、子が母の戸籍に入籍する場合————————

事例42　実母が夫の氏を称して婚姻した後、実母の婚姻前の戸籍に在籍していた子が、実母の夫と養子縁組をしている場合において、協議離婚の届出及び戸籍法77条の2の届出と同時に協議離縁の届出がされ、子が母の戸籍に入籍する場合————————

第19　養子離縁届と戸籍法73条の2の届

事例43　養親の戸籍に在籍する養子から協議離縁の届出と同時に、戸籍法73条の2の届出（縁氏続称の届出）がされた場合————————

第20　父母の養子離縁届と子の入籍届

事例44　父母の縁組後の戸籍に入籍した子が、父母が協議離縁の届出をしたので、同時に父母の離縁後の戸籍に入籍する届出をした場合————————

第21　復氏届と姻族関係終了届

事例45　夫の氏を称する婚姻をした妻が、夫の死亡後に婚姻前の氏に復する復氏の届出と姻族関係終了の届出を同時にした場合————————

事例46　夫の氏を称する婚姻をした妻が、夫の死亡後に他男と夫の氏を称する婚姻をし、前夫の戸籍から除籍されている場合において、後夫が死亡した後に復氏の届出と姻族関係終了の届出を同時にした場合————————

細目次【下巻】（予定）

第22 生存配偶者の復氏届と養子縁組届

事例47 夫の氏を称して婚姻した妻が、夫死亡後に夫の父母との養子縁組の届出と同時に生存配偶者の復氏の届出をした場合

第23 入籍届と婚姻届

事例48 離婚した母の戸籍に入籍している未成年の子（親権者母）が、父母が再度夫の氏を称する婚姻の届出をする際に、父母の氏を称する入籍の届出を同時にした場合

事例49 戸籍の筆頭者が、外国人との婚姻の届出と同時に、その氏を外国人配偶者の称している氏に変更する届出（戸籍法107条2項の届）をし、また、同戸籍に在籍し、当該婚姻により準正嫡出子になる子が、同籍する入籍の届出をした場合

第24 分籍届と出生届

事例50 分籍の届出前に出生した嫡出でない子の出生の届出が、母から分籍の届出と同時にされた場合

第25 転籍届と離婚届

事例51 新本籍地に転籍の届出がされ、同時に協議離婚の届出がされた場合

第26 転籍届と出生届

事例52 新本籍地に転籍の届出がされ、同時に転籍前に出生した子の出生の届出がされた場合

細 目 次【下巻】（予定）

第27　就籍届と婚姻届

事例53　就籍の届出と同時に就籍者を婚姻の一方当事者とする婚姻の届出がされた場合

第28　届出方法と届出件数等

事例54　死亡した養父との離縁の届出と同時に生存養母との協議離縁の届出が、１通の届書によってされた場合と各別の届書によってされた場合

事例55　養親及び養子の双方が夫婦である場合の縁組において、養父は長男の妻と、養母は夫の前妻の長男とその妻を養子とする縁組の届出が、１通の届書によってされた場合と、各別の届書によってされた場合

【事例1】

第1 出生届と認知届

> ── 事例1 ──
> 母から嫡出でない子の出生の届出と同時に、父から認知の届出がされた場合

結 論

出生の届出を受理した後に認知の届出を受理し、その順序で処理する。

〔受付の順序、戸籍処理の流れ〕

解 説

1 事例の内容

A女は、平成27年9月16日嫡出でない子Bを出産したので、同月28日Bの出生の届出をした。その届出と同時に、Bの事実上の父C男が、認知の届出をした。

この事例の場合において、どのように事務処理をするかというのが、本事例の問題である。

2 処理の順序

本事例は、母から嫡出でない子の出生の届出と同時に、父が認知の届出をした場合であるから、次の(1)、(2)の順序で処理するのが適当である。

(1) 出生の届出

嫡出でない子とは、法律上の婚姻関係にない男女の間に生まれた子をいい、この出生の届出は、母が届出義務者とされている（戸52条2項）。ただ

1

し、母が届出をすることができない場合は、同居者・出産に立ち会った医師・助産師又はその他の者の順で届出の義務を負うことになる（同条3項）。もし、子の事実上の父が出生当時に同居していて、母が届出ができない理由があるときは、事実上の父が、届出の資格を父としては届出ができないが、「同居者」の資格で届出することはできる。この出生届によって、子は母の氏を称し、出生当時の母の戸籍に入籍することになる（民790条2項、戸18条2項）。

(2) **認知の届出**

嫡出でない子とその父との間においては、生理上の父子関係が存在していても法律上の父子関係を生じないので、父子関係を生じさせるためには、父の認知が必要である（民779条）。認知によって父子関係が成立したときは、その効果は出生の時にさかのぼる（民784条）。認知届の届出人は認知者である生理上の父である（戸60条）が、この認知の届出によって、認知者（父）及び被認知者（子）の戸籍の身分事項欄に認知事項が記載される（法定記載例13・14）（注）。

(3) **上記の処理順序に関連して**

認知の届出を受理する場合は、被認知者が特定されている必要があるため、被認知者は原則として出生の届出がされていなければならない（なお、(4)参照）。

したがって、本事例では、先に出生の届出を受理した後、認知の届出を受理し、それぞれの戸籍処理をするのが相当である。なお、当該子は(1)で述べたように、出生の届出によって、出生当時の母の戸籍に入籍するが、もし、母が実親の戸籍に在籍している場合は、子の出生の届出日をもって母につき新戸籍を編製し、その戸籍に子を入籍させることになる（戸17条）。

(4) **本事例の「結論」の順序と逆の処理をする場合**

なお、本事例の結論と逆の順序で処理する場合、すなわち、父からの認知の届出を受理した後、出生の届出を受理し、その順序で処理する場合、

【事例1】

又は、父からの認知の届出後、出生の届出がされない場合については、【事例9】を参照願いたい。

(注)　創設的届出には、届出人本人の意思の存在を要するが、近年、本人の意思によらない虚偽の届出がなされ、本人の知らないうちに戸籍に記載される事件が多発している。

　戸籍法は、このような届出を防止するため、平成19年法律第35号をもって「戸籍法の一部を改正する法律」により同法に第27条の2を新設した（平成20年5月1日施行）。これにより、戸籍事務管掌者である市区町村長は、届出によって効力を生ずべき創設的届出（認知、縁組、離縁、婚姻又は離婚）が市・区役所又は町村役場に出頭した者によってされる場合には、出頭した者に対しその者が届出事件本人（認知（胎児認知を含む）の場合は認知する者、養子が15歳未満の縁組については、養親となる者及び養子となる者の法定代理人、養子が15歳未満の離縁については、養親及び養子の法定代理人となるべき者）であることの確認を実施することとされた（戸規53条・53条の2・53条の3、平成20年4月7日民一第1000号通達第5参照）。

　したがって、当該届出の受理に当たっては、届出についてのその他の諸要件の審査のほかに、この届出事件本人の確認が重要となった。

第1 出生届と認知届

3 出生届及び認知届

(1) 出生の届出

出　生　届

平成27年9月28日 届出

東京都文京区 長 殿

受理	平成27年9月28日 第1245号	発送	平成27年9月28日
送付	平成27年9月30日 第625号	東京都文京区 長 ㊞	

書類調査	戸籍記載	記載調査	調査票	附票	住民票	通知

(1) 生まれた子	子の氏名 (よみかた) 外国人のときはローマ字を付記してください	氏 乙野　名 広造（おつの こうぞう）	父母との続き柄 □嫡出子 ☑嫡出でない子　長	☑男 □女
(2)	生まれたとき	平成27年9月16日	☑午前 □午後 10時25分	
(3)	生まれたところ	東京都文京区本郷1丁目 10番地 号		
(4)	住所（住民登録をするところ）	東京都文京区本駒込1丁目2番地3号　世帯主の氏名 乙野梅子　世帯主との続き柄 子		
(5)	父母の氏名 生年月日 (子が生まれたときの年齢)	父　　　年　月　日（満　歳）　母 乙野梅子 昭和62年5月18日（満28歳）		
(6)	本籍 外国人のときは国籍だけを書いてください	京都市北区小山初音町 18番地　筆頭者の氏名 乙野太郎		
(7) 生まれた子の父と母	同居を始めたとき	平成　年　月（結婚式をあげたとき、または、同居を始めたときのうち早いほうを書いてください）		
(8)	子が生まれたときの世帯のおもな仕事と	□1．農業だけまたは農業とその他の仕事を持っている世帯 □2．自由業・商工業・サービス業等を個人で経営している世帯 □3．企業・個人商店等（官公庁は除く）の常用勤労者世帯で勤め先の従業者数が1人から99人までの世帯（日々または1年未満の契約の雇用者は5） ☑4．3にあてはまらない常用勤労者世帯及び会社団体の役員の世帯（日々または1年未満の契約の雇用者は5） □5．1から4にあてはまらないその他の仕事をしている者のいる世帯 □6．仕事をしている者のいない世帯		
(9)	父母の職業	（国勢調査の年…　年…の4月1日から翌年3月31日までに子が生まれたときだけ書いてください）父の職業　　　母の職業		
その他	母につき新戸籍を編製　新本籍　東京都文京区本駒込1丁目2番			

届出人	□1．父 ☑母　□2．法定代理人（　　）　□3．同居者　□4．医師　□5．助産師　□6．その他の立会者　□7．公設所の長
	住所 東京都文京区本駒込1丁目 2番地3号
	本籍 京都市北区小山初音町 18番地　筆頭者の氏名 乙野太郎
	署名 乙野梅子 ㊞　昭和62年5月18日生

事件簿番号	

4

【事例1】

出 生 証 明 書

記入の注意

鉛筆や消えやすいインキで書かないでください。

子が生まれた日からかぞえて14日以内に出してください。

子の本籍地でない役場に出すときは、2通出してください（役場が相当と認めたときは、1通で足りることもあります。）。2通の場合でも、出生証明書は、原本1通と写し1通でさしつかえありません。

子の名は、常用漢字、人名用漢字、かたかな、ひらがなで書いてください。子が外国人のときは、原則かたかなで書くとともに、住民票の処理上必要ですから、ローマ字を付記してください。

よみかたは、戸籍には記載されません。住民票の処理上必要ですから書いてください。

□には、あてはまるものに☑のようにしるしをつけてください。

筆頭者の氏名には、戸籍のはじめに記載されている人の氏名を書いてください。

子の父または母が、まだ戸籍の筆頭者となっていない場合は、新しい戸籍がつくられますので、この欄に希望する本籍を書いてください。

届け出られた事項は、人口動態調査（統計法に基づく基幹統計調査、厚生労働省所管）にも用いられます。

子の氏名	乙野 広造	男女の別	①男　2女
生まれたとき	平成27年 9月16日	午前／午後	10時25分

(10) 出生したところ及びその種別

出生したところの種別	①病院　2診療所　3助産所　4自宅　5その他
出生したところ	東京都文京区本郷1丁目 10 番地
(出生したところ)の種別1～3施設の名称	本郷病院

(11) 体重及び身長

体重	3,200 グラム	身長	48.0 センチメートル

(12) 単胎・多胎の別：①単胎　2多胎（　子中第　子）

(13)

母の氏名	乙野 梅子	妊娠周数	満39週2日

(14) この母の出産した子の数

出生子（この出生子及び出生後死亡した子を含む）	1 人
死産児（妊娠満22週以後）	胎

(15) 上記のとおり証明する。　平成27年 9月20日

①医師　2助産師　3その他

(住所) 東京都文京区本郷3丁目 4 番地

(氏名) 小川 太郎 ㊞

記入の注意

夜の12時は「午前0時」、昼の12時は「午後0時」と書いてください。

体重及び身長は、立会者が医師又は助産師以外の者で、わからなければ書かなくてもかまいません。

この母の出産した子の数は、当該母又は家人などから聞いて書いてください。

この出生証明書の作成者の順序は、この出生の立会者が例えば医師・助産師ともに立ち会った場合には医師が書くように1、2、3の順序に従って書いてください。

5

第1　出生届と認知届

(2) 認知の届出

認 知 届

平成27年 9月28日届出

東京都文京区　　長殿

受理	平成27年 9月28日	発送	平成　年　月　日
第	1246 号		
送付	平成　年　月　日		長印
第	号		
書類調査	戸籍記載	記載調査	附票	住民票	通知

		認知される子	父母との続き柄	認知する父	
（よみかた）		おつの　こうぞう		こうの　よしたろう	
氏　名	氏　名	乙野　広造	長 ☑男 □女	氏　名	甲野　義太郎
生年月日		平成27年 9月16日		昭和60年 6月 2日	
住　所 (住民登録をしているところ)		東京都文京区本駒込 1丁目　2番地 3号 世帯主の氏名 乙野　梅子		東京都世田谷区代田 4丁目　10番 19号 世帯主の氏名 甲野　義太郎	
本　籍 (外国人のときは国籍だけを書いてください)		東京都文京区本駒込 1丁目　2番地 筆頭者の氏名 乙野　梅子		東京都文京区白山 1丁目　4番地 筆頭者の氏名 甲野　幸雄	
認知の種別		☑任意認知 □遺言認知（遺言執行者	□審判　　　年　月　日確定 □判決　　　年　月　日確定 　　　　　　年　月　日就職）		
子の母		氏名 乙野　梅子　　昭和62年 5月18日生 本籍 東京都文京区本駒込1丁目　2番地 筆頭者の氏名 乙野　梅子			
その他		☑未成年の子を認知する　□成年の子を認知する　□死亡した子を認知する　□胎児を認知する			
届出人		☑父　□その他（　　　　　） 住所 東京都世田谷区代田4丁目　10番地 19号 本籍 東京都文京区白山1丁目　4番地　筆頭者の氏名 甲野　幸雄 署名 甲野　義太郎　㊞　　昭和60年 6月 2日生			

【事例1】

4　戸籍受附帳の記載（紙戸籍の場合の例）

(1)　出生の届出
東京都文京区（本籍人）

受附番号	受理送付の別	受附月日 (事件発生月日)	件　名	届出事件本人の氏名 (届出人の資格氏名)	本籍又は国籍	備　　考
1245	受理	9月28日 (9月16日)	出　生	乙　野　広　造 （母　乙野梅子）	京都市北区小山初音町18番地	出生地　東京都文京区 父母との続き柄　長男 母につき本駒込1丁目2番に新戸籍編製 9月28日発送

(2)　認知の届出
東京都文京区（本籍人）

受附番号	受理送付の別	受附月日 (事件発生月日)	件　名	届出事件本人の氏名 (届出人の資格氏名)	本籍又は国籍	備　　考
1246	受理	9月28日	認　知	乙　野　広　造 甲　野　義太郎	本駒込1丁目2番 白山1丁目4番地	被認知者　乙野広造の戸籍の筆頭者　乙野梅子 認知者　甲野義太郎の戸籍の筆頭者　甲野幸雄

第1　出生届と認知届

5　戸籍の記載
図1　母の従前戸籍

		（1の1）	全部事項証明
本　　籍	京都市北区小山初音町１８番地		
氏　　名	乙野　太郎		

戸籍事項 　　戸籍編製	（省略）
戸籍に記録されている者	【名】太郎 【生年月日】昭和３０年６月２１日　　【配偶者区分】夫 【父】乙野幸男 【母】乙野竹子 【続柄】長男
身分事項 　　出　　生 　　婚　　姻	（省略） （省略）
戸籍に記録されている者	【名】松子 【生年月日】昭和３３年１月８日　　【配偶者区分】妻 【父】丙原忠治 【母】丙原春子 【続柄】長女
身分事項 　　出　　生 　　婚　　姻	（省略） （省略）
戸籍に記録されている者 除　籍	【名】梅子 【生年月日】昭和６２年５月１８日 【父】乙野太郎 【母】乙野松子 【続柄】長女
身分事項 　　出　　生 　　子の出生	（省略） 【届出日】平成２７年９月２８日 【除籍事由】子の出生届出 【送付を受けた日】平成２７年９月３０日 【受理者】東京都文京区長 【新本籍】東京都文京区本駒込一丁目２番
	以下余白

発行番号０００００１

【事例１】

図２　母の新戸籍及び被認知者の戸籍

	（１の１）	全部事項証明

本　　籍	東京都文京区本駒込一丁目２番
氏　　名	乙野　梅子
戸籍事項 　　戸籍編製	【編製日】平成２７年９月２８日
戸籍に記録されている者	【名】梅子 【生年月日】昭和６２年５月１８日 【父】乙野太郎 【母】乙野松子 【続柄】長女
身分事項 　　出　　生 　　子の出生	（省略） 【入籍日】平成２７年９月２８日 【入籍事由】子の出生届出 【従前戸籍】京都市北区小山初音町１８番地　乙野太郎
戸籍に記録されている者	【名】広造 【生年月日】平成２７年９月１６日 【父】甲野義太郎 【母】乙野梅子 【続柄】長男
身分事項 　　出　　生 　　認　　知	【出生日】平成２７年９月１６日 【出生地】東京都文京区 【届出日】平成２７年９月２８日 【届出人】母 【認知日】平成２７年９月２８日 【認知者氏名】甲野義太郎 【認知者の戸籍】東京都文京区白山一丁目４番地　甲野幸雄
	以下余白

発行番号０００００１

第1　出生届と認知届

図3　認知者の戸籍

		（1の1）	全 部 事 項 証 明
本　　　籍	東京都文京区白山一丁目4番地		
氏　　　名	甲野　幸雄		
戸籍事項 　戸籍編製	（省略）		
戸籍に記録されている者	【名】幸雄 【生年月日】昭和29年8月9日　　【配偶者区分】夫 【父】甲野作造 【母】甲野光枝 【続柄】二男		
身分事項 　出　　生 　婚　　姻	（省略） （省略）		
戸籍に記録されている者	【名】花子 【生年月日】昭和31年6月7日　　【配偶者区分】妻 【父】鈴木万治 【母】鈴木利江 【続柄】長女		
身分事項 　出　　生 　婚　　姻	（省略） （省略）		
戸籍に記録されている者	【名】義太郎 【生年月日】昭和60年6月2日 【父】甲野幸雄 【母】甲野花子 【続柄】長男		
身分事項 　出　　生 　認　　知	（省略） 【認知日】平成27年9月28日 【認知した子の氏名】乙野広造 【認知した子の戸籍】東京都文京区本駒込一丁目2番　乙野梅子		
			以下余白

発行番号000001

【事例2】

> **事例2**
> 父母の離婚後300日以内で、かつ、母の再婚後200日以内の出生子について、母の前夫との親子関係不存在確認の裁判が確定し、その戸籍訂正申請と同時に後夫から認知の届出がされた場合

[結　論]

　母の前夫と子との間における親子関係不存在確認の裁判の謄本及び確定証明書を添付してされた母からの戸籍訂正申請を受理した後、同時に母の後夫から提出された認知の届書を、先に届出された出生届による戸籍の記載を生来の嫡出子とする申出書として取り扱い、その順序で処理する。

〔受付の順序、戸籍処理の流れ〕

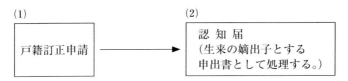

[解　説]

1　事例の内容

　父A母Bの離婚後300日以内で、かつ、母Bが他男Cと再婚した後、200日以内の平成27年3月8日に出生した子Dについて、A・B間の嫡出子としてBが同月30日出生の届出をし、Dは、A、Bの離婚当時の戸籍に入籍した。ところが、平成27年10月1日、DとAとの親子関係不存在確認の裁判が確定し、同月5日Bからその戸籍訂正申請と同時にCから認知の届出がされた。

　この事例の場合において、どのように事務処理をするかというのが、本

第1　出生届と認知届

事例の問題である。
2　処理の順序
　本事例は、父母の離婚後300日以内に出生した子が、出生の届出により、父母の離婚当時の戸籍に嫡出子として入籍した後、親子関係不存在確認の裁判が確定したため、その戸籍訂正の申請が申立人の母からされ、同時に母の再婚後の夫から認知の届出がされた場合であるから、次の(2)、(3)の順序で処理するのが適当である。
　なお、認知の届出は、生来の嫡出子とする申出書として取り扱うことになる。
(1)　出生の届出
　父母の離婚後300日以内の出生子は、婚姻中に懐胎したものとして、夫の子と推定されるから、嫡出子ということになる（民772条）。一方、婚姻後200日以内に出生した子は、嫡出の推定はされないが、婚姻前の内縁の夫によって懐胎されたものである場合は、生来の嫡出子としての身分を有するとされている（大審院昭和15.1.23判決・民集19巻1号54頁）。
　本事例の場合、当該出生子は、前婚の夫の嫡出子として推定されるので、この推定が排除されなければ、母の嫡出でない子又は後婚の夫の嫡出子（推定されない嫡出子）とすることはできない。その推定を排除するには、嫡出子否認の訴え（民775条、人訴2条2号）、親子関係存否確認の訴え（人訴2条2号）あるいは実父に対する認知の訴え（同条同号）等によることになる。
　本事例のような事案が生じるのは、例えば、前婚について別居等の期間が長く続き、離婚の届出が遅れている状態のまま、後婚の相手方と内縁関係に入り、その間に子を懐胎し、その後、前婚についての離婚の届出をし、再婚禁止期間の6か月を経過した後に後婚の婚姻の届出をして、その後に子が出生した場合が考えられる。
　このような場合の出生子の出生届については、①前夫との嫡出子として

【事例２】

出生の届出をして、いったん父母の離婚当時の戸籍に入籍させるか、あるいは、②出生の届出前に嫡出子否認の裁判又は親子関係不存在確認等の嫡出推定を排除する裁判を確定させた後、その裁判の謄本を添付して、後夫から嫡出子としての出生の届出をすることが考えられる。

　本事例は、前記の①による届出をした後、親子関係不存在確認の裁判を確定させた場合である。

(2)　**戸籍訂正申請**

　本事例は、前記のとおり、当該出生子につき前夫との嫡出子として出生の届出をして、いったん父母の離婚当時の戸籍に入籍させた後、親子関係不存在確認の裁判を確定させた場合の戸籍訂正申請である。

　この訂正申請による戸籍の処理は、父母の離婚当時の戸籍に入籍している子の身分事項欄に訂正事項を記載し、父欄の記載を消除し、父母との続柄を訂正の上、その戸籍から当該子の記載の全部を消除して、出生当時の母の戸籍に移記することになる（神崎輝明・竹澤雅二郎著「設題解説戸籍実務の処理Ⅺ戸籍訂正各論編(1)出生」268頁以下参照）。

　前記の戸籍訂正の結果、当該子は、出生当時の母の戸籍（本事例では母の後夫の戸籍）に嫡出でない子として入籍した状態になる。しかし、当該子は、そもそも母と母の後夫との間において、婚姻後200日以内に出生したものであるから、生来の嫡出子ということになる（前掲大審院判決）ので、そのように訂正を要することになる。

(3)　**認知の届出の処理**

　当該子について、前記のとおり、母の前夫との親子関係不存在確認の裁判に基づく戸籍訂正がされたことにより、戸籍の記載上から見れば、当該子は、母が後夫との婚姻成立後200日以内に出生した子、つまり母の嫡出でない子として記載されていることになる。

　ちなみに、父母の婚姻成立後200日以内の出生子について、戸籍の先例は、子の父が母の夫でない場合は、嫡出でない子としての出生の届出がで

きるとし（昭和26.6.27民事甲1332号回答）、また、父が母の夫である場合は、その子は生来の嫡出子であるから、嫡出子として出生の届出ができるものとしている（昭和15.4.8民事甲432号通達）。

本事例の場合、当該子については、前記のとおり戸籍訂正後の戸籍の記載上から見れば、父母の婚姻成立後200日以内の出生子につき、母が嫡出でない子として出生の届出をした場合に当たることになる。ところが、当該子については、母の夫が、自己の子であるとして認知の届出をしていることからすれば、子は生来の嫡出子ということになる（前掲大審院判決）。

以上のとおり、婚姻成立後200日以内に出生した子であっても、子の父が母の夫である場合は、生来の嫡出子とされるから、その子を母の夫（子の父）が認知するということは理論上あり得ないことである。したがって、本事例における母の夫である父からの認知の届出については、当該認知届書を認知届として受理することなく、当該子の戸籍の記載を生来の嫡出子の記載に訂正する旨の申出書として取り扱い、管轄法務局の長の許可を得て、子の身分事項欄に申出による訂正事項を記載し、父欄に父の氏名を記載し、父母との続柄欄を訂正する取り扱いをすることになる（昭和34.8.28民事甲1827号通達、木村三男・神崎輝明編著「全訂注解・戸籍記載例集」59頁参照）。

なお、【事例10】を参照願いたい。

【事例２】

3　戸籍訂正申請及び認知届
(1)　戸籍訂正申請

戸　籍　訂　正　申　請

発送年月日	平成27年10月5日
東京都千代田区　長 ㊞	

東京都千代田　市⓪／町村　長　殿

平成27年10月5日申請

受付	平成27年10月5日
	第　928　号

戸籍	
調査	

(一)	事件本人	本　籍	栃木県宇都宮市春日町11番地
		筆頭者氏名	丙原英夫
(二)		住所及び世帯主氏名	東京都世田谷区代田4丁目10番19号　甲野義太郎
(三)	本人	氏　名	丙原広造
		生年月日	平成27年3月8日
(四)		裁判の種類	親子関係不存在確認の裁判
		裁判確定年月日	平成27年10月1日
(五)		訂正の趣旨	事件本人丙原広造につき、平成27年10月1日丙原英夫との親子関係不存在確認の裁判確定により、次のとおり戸籍訂正する。 　上記丙原英夫戸籍中、事件本人の父の記載を消除、父母との続柄を「長男」と訂正の上、出生当時の母の戸籍である東京都千代田区平河町1丁目4番地甲野義太郎戸籍に移記の上消除する。
(六)		添付書類	審判書謄本及び確定証明書 戸籍謄本
(七)	申請人	本　籍	東京都千代田区平河町1丁目4番地
		筆頭者氏名	甲野義太郎
		住　所	東京都世田谷区代田4丁目10番19号
		署名押印	甲野梅子　㊞
		生年月日	昭和62年6月7日

記載	
記載調査	
送付	
住民票	
記載	
通知	
附票	
記載	
通知	

（注意）事件本人又は申請人が二人以上であるときは、必要に応じ該当欄を区切って記載すること。

第1　出生届と認知届

(2) 認知届（注）

認　知　届

平成 27 年 10 月 5 日届出

東京都千代田区　長殿

		東京都千代田区役所	平成 27 年 10 月 5 日 戸収第 2345 号
		受理 平成27年10月5日 第　　　号	発送 平成　年　月　日 長印
		送付 平成　年　月　日 第　　　号	
		書類調査　戸籍記載　記載調査　附票　住民票　通知	

		認知される子		認知する父
（よみかた）		こうの　ひろぞう	父母との続き柄	こうの　よしたろう
氏　名		氏　名　甲野　広造	☑男　長 □女	氏　名　甲野　義太郎
生年月日		平成 27 年 3 月 8 日		昭和 60 年 6 月 2 日
住　所 （住民登録をしているところ）		東京都世田谷区代田 4丁目 10 番地 19号 世帯主の氏名　甲野　義太郎		東京都世田谷区代田 4丁目 10 番地 19号 世帯主の氏名　甲野　義太郎
本　籍 （外国人のときは国籍だけを書いてください）		東京都千代田区平河町 1丁目 4 番地 筆頭者の氏名　甲野　義太郎		東京都千代田区平河町 1丁目 4 番地 筆頭者の氏名　甲野　義太郎
認知の種別		☑任意認知 □遺言認知（遺言執行者	□審判　年　月　日確定 □判決　年　月　日確定 年　月　日　就職）	
子の母		氏名　甲野　梅子 本籍　東京都千代田区平河町1丁目 4 番地 筆頭者の氏名　甲野　義太郎		昭和 62 年 6 月 7 日生
その他		☑未成年の子を認知する　□成年の子を認知する　□死亡した子を認知する　□胎児を認知する 被認知者甲野広造は、この届出により嫡出子の身分を取得するので、父母との続き柄を「長男」と訂正する。		
届出人		☑父　□その他（　　　）		
	住所	東京都世田谷区代田4丁目 10 番地 19号		
	本籍	東京都千代田区平河町1丁目 4 番地		筆頭者の氏名　甲野義太郎
	署名	甲野　義太郎　㊞		昭和 60 年 6 月 2 日生

（注）　この認知届は、認知の届出として受理することなく、子の戸籍の記載を生来の嫡出子の記載に訂正する旨の申出書として取り扱うことになる（解説2の(3)参照のこと）。
　　この場合は、この申出について管轄法務局の長に許可申請をし、その指示を得ることになる。後掲の「戸籍訂正許可申請」参照のこと。

【事例２】

(3) 戸籍訂正許可申請

戸籍訂正許可申請 (訂正/記載)			受付	平成27年10月9日 第 1031 号	戸籍	
東京 法務局長 氏　名　殿		戸発第345号　平成27年10月5日　申請 東京都千代田区長　氏　名　㊞職印			調査	
					記載	
					記載調査	
(1) 事件本人	本　籍	東京都千代田区平河町１丁目４番地			送付通知	
	筆頭者氏名	甲野　義太郎			住民票	
(2)	住　所	東京都世田谷区代田４丁目10番19号　甲野義太郎			記載	
(3)	氏　名	甲野　広造			通知	
	生年月日	平成27年3月8日			附票	
(4)	訂正・記載の事由	事件本人は、親子関係不存在確認の裁判確定による戸籍訂正申請により訂正された結果、同人は父母の婚姻後200日以内の出生子で、母から嫡出でない子として出生届がされていることになる。ところが、平成27年10月5日母の後婚の夫甲野義太郎から事件本人を認知する届出があった。この届出は、事件本人を嫡出子とする旨の申し出として取り扱うことになるので、父の氏名を記載するとともに、父母との続柄の訂正処理をする。			記載	
					通知	
(5)	訂正・記載の趣旨	事件本人の父欄に、「甲野義太郎」と記載し、父母との続柄を「長男」と訂正する。				
(6)	添付書類	認知届書写し 戸籍謄本				

上記申請を許可する。　　　　　　　　　　第 345 号

平成27年10月8日

　　　東京 法務局長　　氏　名　㊞職印

(注)　1　本申請には、申請書副本１通を添付する。
　　　2　事件本人が二人以上であるときは、必要に応じ該当欄を区切り記載する。
　　　3　(4)欄には、訂正又は記載を要するに至った錯誤、遺漏又は過誤の事情を簡記する。
　　　4　(5)欄には、訂正又は記載の箇所及び方法を簡明に記載する。

第1　出生届と認知届

4　戸籍受附帳の記載（紙戸籍の場合の例）

(1)　戸籍訂正申請
東京都千代田区（本籍人）

受附番号	受理送付の別	受附月日 (事件発生月日)	件　名	届出事件本人の氏名 (届出人の資格氏名)	本籍又は国籍	備　考
928	受理	10月5日	戸籍訂正 （116条）	丙原広造 丙原英夫 （母　甲野梅子）	宇都宮市春日町11番地 同　　上 （平河町1丁目4番地）	10月1日父丙原英夫との親子関係不存在確認の裁判確定 広造の訂正後の入籍戸籍　平河町1丁目4番地　甲野義太郎 10月5日発送

(2)　戸籍訂正申出
東京都千代田区（本籍人）

受附番号	受理送付の別	受附月日 (事件発生月日)	件　名	届出事件本人の氏名 (届出人の資格氏名)	本籍又は国籍	備　考
1031	受理	10月9日	戸籍訂正 （24条2項）	甲野広造	平河町1丁目4番地	10月8日許可同月9日処理 父母婚姻後200日以内の出生子を母の届出により嫡出でない子と記載されているが、父が認知届をしたので、同届出を生来の嫡出子とする訂正申出書として取扱う（10月5日父申出）

【事例2】

5 戸籍の記載
図1 父母の離婚当時の戸籍

	(2の1)	全 部 事 項 証 明

本　　籍	栃木県宇都宮市春日町11番地
氏　　名	丙原　英夫

戸籍事項 　戸籍編製	(省略)

戸籍に記録されている者	【名】英夫 【生年月日】昭和60年9月3日 【父】丙原三郎 【母】丙原洋子 【続柄】長男
身分事項 　出　　生 　婚　　姻 　離　　婚	(省略) (省略) 【離婚日】平成26年6月10日 【配偶者氏名】丙原梅子

戸籍に記録されている者 　除　　籍	【名】梅子 【生年月日】昭和62年6月7日 【父】乙川留次 【母】乙川広子 【続柄】二女
身分事項 　出　　生 　婚　　姻 　離　　婚	(省略) (省略) 【離婚日】平成26年6月10日 【配偶者氏名】丙原英夫 【入籍戸籍】栃木県足利市堀込町143番地　乙川留次

戸籍に記録されている者 　消　　除	【名】広造 【生年月日】平成27年3月8日 【父】 【母】丙原梅子 【続柄】長男

発行番号000001　　　　　　　　　　　　　　　　　　　　　　　　　　以下次頁

第1　出生届と認知届

	（2の2）　全 部 事 項 証 明
身分事項	
出　　生	【出生日】平成27年3月8日 【出生地】栃木県足利市 【届出日】平成27年3月30日 【届出人】母
親　権	【親権者】母
消　除	【消除日】平成27年10月10日 【消除事項】父の氏名 【消除事由】丙原英夫との親子関係不存在確認の裁判確定 【裁判確定日】平成27年10月1日 【申請日】平成27年10月5日 【申請人】母 【関連訂正事項】父母との続柄 【送付を受けた日】平成27年10月10日 【受理者】東京都千代田区長 【従前の記録】 　　【父】丙原英夫 　　【父母との続柄】長男
移　記	【移記日】平成27年10月10日 【移記事項】出生事項 【移記事由】丙原英夫との親子関係不存在確認の裁判確定 【裁判確定日】平成27年10月1日 【申請日】平成27年10月5日 【申請人】母 【送付を受けた日】平成27年10月10日 【受理者】東京都千代田区長 【移記後の戸籍】東京都千代田区平河町一丁目4番地　甲野義太郎
	以下余白

発行番号000001

【事例2】

図2 子の出生当時の母の戸籍

	（2の1）	全 部 事 項 証 明
本　　　籍	東京都千代田区平河町一丁目4番地	
氏　　　名	甲野　義太郎	
戸籍事項 　戸籍編製	（省略）	
戸籍に記録されている者	【名】義太郎 【生年月日】昭和60年6月2日　　　【配偶者区分】夫 【父】甲野幸雄 【母】甲野竹子 【続柄】長男	
身分事項 　出　　生 　婚　　姻	（省略） ―――――――――――――――――――――――― 【婚姻日】平成26年12月15日 【配偶者氏名】乙川梅子 【従前戸籍】東京都千代田区平河町一丁目4番地　甲野幸雄	
戸籍に記録されている者	【名】梅子 【生年月日】昭和62年6月7日　　　【配偶者区分】妻 【父】乙川留次 【母】乙川広子 【続柄】二女	
身分事項 　出　　生 　婚　　姻	（省略） ―――――――――――――――――――――――― 【婚姻日】平成26年12月15日 【配偶者氏名】甲野義太郎 【従前戸籍】栃木県足利市堀込町143番地　乙川留次	
戸籍に記録されている者	【名】広造 【生年月日】平成27年3月8日 【父】甲野義太郎 【母】甲野梅子 【続柄】長男	
身分事項 　出　　生	【出生日】平成27年3月8日 【出生地】栃木県足利市 【届出日】平成27年3月30日 【届出人】母	

発行番号000001　　　　　　　　　　　　　　　　　　　　　　　　　　以下次頁

第1　出生届と認知届

	（2の2）　全部事項証明

| 移　　記 | 【移記日】平成27年10月5日
【移記事由】丙原英夫との親子関係不存在確認の裁判確定
【裁判確定日】平成27年10月1日
【申請日】平成27年10月5日
【申請人】母
【移記前の戸籍】栃木県宇都宮市春日町11番地　丙原英夫 |
| 記　　録 | 【記録日】平成27年10月9日
【記録事項】父の氏名
【記録事由】父の申出
【許可日】平成27年10月8日
【関連訂正事項】父母との続柄
【従前の記録】
　　【父母との続柄】長男
【記録の内容】
　　【父】甲野義太郎 |

以下余白

発行番号000001

【事例3】

事例3
外国人女が日本人男と離婚後300日以内に出生した子について、同男（母の前夫）との親子関係不存在確認の裁判が確定し、その戸籍訂正申請と同時に日本人の後夫から認知の届出がされた場合

結 論

外国人女が、前夫（日本人男）との間の子とされている子について、前夫との親子関係不存在確認の裁判確定の謄本及び確定証明書を添付して戸籍訂正申請をした場合は、まずその申請を受理し、先の出生の届出を外国人母の嫡出でない子（外国人）とする出生届の追完届を届出義務者にさせた後、後夫の認知の届出を受理し、その順序で処理する。

〔受付の順序、戸籍処理の流れ〕

(1) 戸籍訂正申請 → (2) 出生届の追完届 → (3) 認 知 届

解 説

1 事例の内容

外国人A女は、日本人B男との離婚後300日以内に出生した子Cについて、A・Bの嫡出子として出生の届出をし、CはB男の戸籍に入籍した。その後、A女は日本人D男と婚姻したが、Cの事実上の父はD男であることから、A女は、B男とCとの親子関係不存在確認の裁判の申立てをした。同裁判は平成27年4月2日確定したので、A女は、同月5日戸籍訂正申請をし、同時に日本人D男からCに対する認知の届出がされた。

この事例の場合において、どのように事務処理をするかというのが、本事例の問題である。

2　処理の順序

本事例は、外国人女と日本人男の離婚後300日以内に出生した子が、出生の届出により、日本人男の戸籍に嫡出子として入籍した後、親子関係不存在確認の裁判が確定したため、その戸籍訂正の申請がされ、同時に母の再婚後の日本人夫から認知の届出がされた場合であるから、次の(1)、(2)及び(3)の順序で処理するのが適当である。

(1)　戸籍訂正の申請

本事例は、前記のとおり、外国人女と日本人男の離婚後300日以内に出生した子であるため、当該子は民法第772条の規定により嫡出の推定を受けるので（通則法28条）、母から嫡出子として出生の届出がされ、日本人男の戸籍に入籍した。その後に、子と戸籍上の父との親子関係不存在確認の裁判が確定し、母から戸籍訂正の申請がされた場合である。

この場合、子は戸籍上の日本人父との親子関係不存在確認の裁判が確定したことにより、父の嫡出推定が排除されたため、子は、外国人母の嫡出でない子となる。その結果、子は日本国籍を有しないことになるから、当該戸籍訂正の申請により、戸籍から消除されることになる（神崎輝明・竹澤雅二郎著「設題解説戸籍実務の処理Ⅺ戸籍訂正各論編⑴出生」339頁以下参照）。

(2)　出生届に対する追完届

一方、当初に母からされた出生の届出は、届出義務者からの届出として有効なものである（戸52条1項）が、この出生の届出は、事件本人である子が外国人母と日本人父との間の嫡出子、すなわち、日本国籍を有するものとしてされた出生届であるが、日本人父との親子関係不存在確認の裁判確定の結果、当該子は日本国籍を有しないことになる。したがって、当該出生届には錯誤があるので、これを外国人母の嫡出でない子に訂正する必要がある。この場合の出生の届出の補完の方法は、親子関係不存在確認の裁判の謄本を添付して、当初の出生届に追完する方法により処理することになる。具体的には、追完の届書に基本となる当初の出生届書の記載事項

証明書及び親子関係不存在確認の裁判の謄本（確定証明書添付）を添付して出生届をした母が追完することになる。当該追完届書類は、「戸籍の記載を要しない事項、日本国籍を有しない者に関する届書報告書その他の書類つづり」（戸規50条、標準準則37条1項）につづって保存することになる。

(3) 認知の届出

前記(1)及び(2)の手続きによって、当該子は、外国人女の嫡出でない子ということが明らかになるので、認知の届出を受理する条件が調うことになる（注）。

本事例の場合は、外国人母の後婚の日本人夫が、妻との婚姻前の嫡出でない子を認知する、いわゆる渉外的な認知届の場合であるから、通則法第29条第1項及び第2項により、子の出生当時又は認知当時の父の本国法又は認知当時の子の本国法のいずれによってもよいとされている。この場合、認知する者（父）の本国法によるときは、子の本国法がその子又は第三者の承諾又は同意のあることを認知の要件（保護要件）としているときは、その要件を備えることを要することになる。本事例では、日本人男が認知する場合であるから、同男について、日本の民法上の認知の要件が備わっていればよいことになる。なお、その場合、子については保護要件を満たす必要があるが、それを証明するものとしては、子の本国法に規定されている子の保護要件を備えている旨を証明する書面、裁判所の許可書、母又は本人の同意書等である。なお、【事例11】を参照願いたい。

（注）　創設的届出（認知、縁組、離縁、婚姻又は離婚）が市・区役所又は町村役場に出頭した者によってされる場合には、出頭した者に対しその者が届出事件本人であることの確認を実施することとしている（詳細については、【事例1】の（注）を参照願いたい。）。

第1　出生届と認知届

3　戸籍訂正申請書、追完届及び認知届
(1)　戸籍訂正申請

戸 籍 訂 正 申 請

		発送年月日	平成27年 4月 5日
		東京都千代田区　長　印	

東京都千代田 市区/町村 長　殿

平成 27 年 4 月 5 日申請

受付	平成27年 4月 5日	戸籍調査記載
	第　886　号	

(一) 事件本人	本　籍	栃木県宇都宮市春日町11番地	記載調査
	筆頭者氏名	丙原　英夫	
(二)	住所及び世帯主氏名	東京都世田谷区代田4丁目10番19号	送付
(三)	氏　名	丙原　広海	住民票記載
	生年月日	平成24年 4月 8日	
(四)	裁判の種類	親子関係不存在確認の裁判	通知　附票　記載
	裁判確定年月日	平成27年 4月 2日	通知
(五)	訂正の趣旨	事件本人丙原広海について、平成27年4月2日丙原英夫との親子関係不存在確認の裁判が確定したため、同人は、母（国籍韓国）の嫡出でない子（国籍韓国）で日本国籍を有しないので、上記丙原英夫戸籍から消除する。	
(六)	添付書類	審判書謄本及び確定証明書 戸籍謄本	
(七) 申請人	本　籍	韓　国	
	筆頭者氏名		
	住　所	東京都世田谷区代田4丁目10番19号	
	署名押印	張　　花　恵　　印	
	生年月日	西暦1987年 5月18日	

（注意）事件本人又は申請人が二人以上であるときは、必要に応じ該当欄を区切って記載すること。

【事例3】

(2) 追完届

追　完　届

東京都千代田 市区町村 長 殿

平成 27 年 4 月 5 日届出

発送年月日	平成 27 年 4 月 5 日
東京都千代田区 長 ㊞	

受付	平成 27 年 4 月 5 日　第 887 号
	書類調査　戸籍記載　記載調査　附　票　住民票　通　知

(一)	追完を要する届出事件	種　類	出生届	届出の年月日	平成24年4月18日
(二)		届出人	母　張　花　恵	基本届出事件の受付年月日及び受付番号	平成24年4月18日　第 910 号
(三)		事件本人	本　籍	栃木県宇都宮市春日町11	番地／号
			筆頭者氏名	丙　原　英　夫	
(四)			住所及び世帯主氏名	東京都世田谷区代田4丁目10番19号	
(五)			氏　名	丙　原　広　海	
			生年月日	平成 24 年 4 月 8 日	

(六)	追完の事由	上記の出生届について、平成27年4月2日事件本人丙原広海と父丙原英夫との親子関係不存在確認の裁判が確定したため、事件本人を日本人として出生届出をしたのは、錯誤であるから、下記(七)欄のとおり追完する。
(七)	追完する事項	出生子について 1．氏名を「張広海」と訂正する。 2．父母との続柄を「嫡出でない子」「長男」と訂正する。 3．父の記載を消除する。 4．本籍を「韓国」と訂正する。
(八)	添付書類	審判書謄本及び確定証明書

(九)	届出人	本　籍	韓　国
		筆頭者氏名	
		住　所	東京都世田谷区代田4丁目10番19号
		届出人の資格及び署名押印	張　花　恵　㊞
		生年月日	西暦1987 年 5 月 18 日

第1 出生届と認知届

(3) 認知届

認　知　届

平成27年4月5日届出

東京都千代田区　長殿

受理	平成27年 4月 5日 第 888号	発送 平成　年　月　日	
送付	平成　年　月　日 第　号	長印	
書類調査	戸籍記載　記載調査　附　票　住民票　通　知		

	認知される子		認知する父
（よみかた）	ちゃん　ひろ　み	父母との続き柄	こう　の　よしたろう
氏　名	氏　張　名　広海	☑男 □女　長	氏　甲野　名　義太郎
生年月日	西暦2012年 4月 8日		昭和60年 6月 2日
住所 （住民登録をしているところ）	東京都世田谷区代田 4丁目　10番地19号 世帯主の氏名		東京都世田谷区代田 4丁目　10番地19号 世帯主の氏名　甲野義太郎
本籍 （外国人のときは国籍だけを書いてください）	韓国 　　　　番地番 筆頭者の氏名		東京都千代田区平河町 1丁目　4番地 筆頭者の氏名　甲野義太郎
認知の種別	☑任意認知　　　　　□審判　年　月　日確定 　　　　　　　　　　□判決　年　月　日確定 □遺言認知（遺言執行者　　　　　年　月　日　就職）		
子の母	氏名　張　花恵　　　　西暦1987年 5月 18日生 本籍　韓国　　　　　　　　　　番地番 筆頭者の氏名		
その他	☑未成年の子を認知する　□成年の子を認知する　□死亡した子を認知する　□胎児を認知する 被認知者　張広海はこの認知届により嫡出の身分を取得し「長男」となる。		
届出人	☑父　□その他（　　　　　）		
	住所　東京都世田谷区代田4丁目　10番地19号		
	本籍　東京都千代田区平河町1丁目　4番地　筆頭者の氏名　甲野義太郎		
	署名　甲野義太郎　㊞　　昭和60年 6月 2日生		

【事例3】

4 戸籍受附帳の記載（紙戸籍の場合の例）

(1) 戸籍訂正申請
東京都千代田区（非本籍人）

受附番号	受理送付の別	受附月日 (事件発生月日)	件　名	届出事件本人の氏名 (届出人の資格氏名)	本籍又は国籍	備　　考
886	受理	4月5日	戸籍訂正 (116条)	丙　原　広　海 丙　原　英　夫 （母　張花恵）	宇都宮市春日町11番地 同　　上 （韓国）	4月2日長男広海と父丙原英夫との親子関係不存在確認の裁判確定この訂正により事件本人広海は日本国籍を有しないことになるから戸籍から消除する 4月5日発送

(2) 追完届
東京都千代田区（非本籍人）

受附番号	受理送付の別	受附月日 (事件発生月日)	件　名	届出事件本人の氏名 (届出人の資格氏名)	本籍又は国籍	備　　考
887	受理	4月5日	その他 (追完)	丙　原　広　海 （張） （母　張花恵）	宇都宮市春日町11番地 （韓国）	氏名を「張広海」、父母との続柄を「嫡出でない子」「長男」と訂正、父の記載消除、本籍欄を「韓国」と訂正、基本の出生届の受付年月日・受付番号及び受理市を、平成24年4月18日 第910号 栃木県宇都宮市とする。

(3) 認知届
東京都千代田区（本籍人）

受附番号	受理送付の別	受附月日 (事件発生月日)	件　名	届出事件本人の氏名 (届出人の資格氏名)	本籍又は国籍	備　　考
888	受理	4月5日	認　知	張　　広　海 甲　野　義太郎	国籍　韓国 平河町1丁目4番地	認知者甲野義太郎の戸籍の筆頭者は同人である 被認知者広海は嫡出子長男となる

第1　出生届と認知届

5　戸籍の記載
図1　子の出生当時の父の戸籍

	（2の1）	全部事項証明

本　　籍	栃木県宇都宮市春日町１１番地
氏　　名	丙原　英夫
戸籍事項 　　戸籍編製	（省略）
戸籍に記録されている者	【名】英夫 【生年月日】昭和５８年８月９日 【父】丙原三郎 【母】丙原洋子 【続柄】長男
身分事項 　　出　　生	（省略）
婚　　姻	【婚姻日】平成２２年２月９日 【配偶者氏名】張花恵 【配偶者の国籍】韓国 【配偶者の生年月日】西暦１９８７年５月１８日 【従前戸籍】宇都宮市春日町１１番地　丙原三郎
離　　婚	【離婚日】平成２３年８月１０日 【配偶者氏名】張花恵 【配偶者の国籍】韓国
戸籍に記録されている者 　消　除	【名】広海 【生年月日】平成２４年４月８日 【父】丙原英夫 【母】張花恵 【続柄】長男
身分事項 　　消　　除	【消除日】平成２７年４月８日 【消除事項】出生事項 【消除事由】丙原英夫との親子関係不存在確認の裁判確定 【裁判確定日】平成２７年４月２日 【申請日】平成２７年４月５日 【申請人】母 【送付を受けた日】平成２７年４月８日 【受理者】東京都千代田区長

発行番号０００００１　　　　　　　　　　　　　　　　　　　　　以下次頁

【事例3】

| | | (2の2) | 全部事項証明 |

消　　除	【従前の記録】 　　【出生日】平成２４年４月８日 　　【出生地】栃木県宇都宮市 　　【届出日】平成２４年４月１８日 　　【届出人】母
	【消除日】平成２７年４月８日 【消除事項】親権事項 【消除事由】丙原英夫との親子関係不存在確認の裁判確定 【裁判確定日】平成２７年４月２日 【申請日】平成２７年４月５日 【申請人】母 【送付を受けた日】平成２７年４月８日 【受理者】東京都千代田区長 【従前の記録】 　　【親権者】母
	以下余白

発行番号０００００１

第1　出生届と認知届

図2　認知者の戸籍

		（1の1）	全　部　事　項　証　明

本　　籍	東京都千代田区平河町一丁目4番地
氏　　名	甲野　義太郎
戸籍事項 　　戸籍編製	（省略）
戸籍に記録されている者	【名】義太郎 【生年月日】昭和60年6月2日　　　【配偶者区分】夫 【父】甲野幸雄 【母】甲野竹子 【続柄】長男
身分事項 　出　　生 　婚　　姻 　認　　知	（省略） 【婚姻日】平成24年5月6日 【配偶者氏名】張花恵 【配偶者の国籍】韓国 【配偶者の生年月日】西暦1987年5月18日 【従前戸籍】東京都千代田区平河町一丁目4番地　甲野幸雄 【認知日】平成27年4月5日 【認知した子の氏名】張広造 【認知した子の国籍】韓国 【認知した子の生年月日】西暦2012年4月8日 【認知した子の母の氏名】張花恵
	以下余白

発行番号000001

【事例4】

---- 事例4 ----
　胎児認知された子が出生し、その出生の届出前に父母の婚姻の届出がされ、同時に父から当該子の出生の届出がされた場合

結　論

　婚姻の届出を受理した後に、出生の届出を受理し、その後に胎児認知の届出を受理している市区町村長から同届書の送付を受けて、その順序で処理する。

〔受付の順序、戸籍処理の流れ〕

（注）「外国人女の胎児を日本人男が認知の届出をした後、同男女が婚姻の届出をすると同時に、婚姻の届出前に出生した胎児認知された子の出生の届出をした場合」については、【事例15】を参照されたい。

解　説

1　事例の内容

　C女の胎児をB男が平成26年10月20日認知し、胎児Aは平成27年4月5日に出生した。次いで、同月15日にB男とC女は夫の氏を称する婚姻の届出をし、同時に父B男がAの出生の届出をした。

　この事例の場合において、どのように事務処理をするかというのが、本事例の問題である。

2　処理の順序

　本事例は、胎児認知された子が出生し、その出生の届出をする前に、父

母の婚姻の届出がされ、同時に胎児認知された子の出生の届出がされた場合であるから、次の(1)、(2)及び(3)の順序で処理するのが適当である。

(1) **婚姻の届出**

本事例の子は、胎児認知されているから出生の時に法律上の父を有することになり、また、当該子の出生の届出前に父母が婚姻の届出をしているから、子は準正嫡出子の身分を取得することになる（民789条１項）。さらに、本事例は、婚姻の届出と同時に出生の届出をしているので、当該子は、出生の届出によって婚姻後の父母の氏を称して父母の戸籍に入籍する（民790条１項、戸18条１項）ことになるから、まず、婚姻の届出を受理する（注１）。

(2) **出生の届出**

本事例の、胎児認知された子の出生の届出は、父母の婚姻の届出と同時にされていることから、戸籍法第62条に規定する認知の届出の効力を有する嫡出子出生の届出ともみられる。しかし、当該子については既に胎児認知の届出がされているので、認知の効力は出生の時に発生しているから、出生の届出に認知の効力を有するとする戸籍法第62条の出生届とは異なる取扱いになる。

この場合の出生の届出は、胎児認知された子の出生届として届出義務者が出生の届出をしなければならない（戸52条）。本事例では、当該子は父母の婚姻により準正嫡出子の身分を取得している（民789条１項）から父が届出をすることができる（戸52条１項）。

(3) **胎児認知の届出**

父は、母の胎内に在る子でも、母の承諾を得て認知することができるとされている（民783条１項）。これが一般に胎児認知といわれているものである。この胎児認知は、父が子の出生前に不慮の事故死等に遭遇した場合のことを考えて、子との親子関係をあらかじめ明確なものにしておいて、仮に父が死亡した場合には、相続権や不法行為の損害賠償請求権等を子に

確保させようという趣旨で認められているものである。この胎児認知をすることができる者は常に父のみに限られる。また、胎児認知された子が出生したときは、出生時に認知の効力が生じることから、出生の時に法律上の父が存在することになる。

　近時、日本人と外国人に関する、いわゆる渉外戸籍届出事件が増加の傾向にあるが、その届出事件のうち特に外国人女の胎児を日本人の父が認知する事例が少なくないとされている。この場合、胎児認知の届出がされた胎児が出生したときは、当該子は、国籍法第2条第1号にいう「出生の時に父又は母が日本国民であるとき。」に該当し、日本国民とされるので、出生と同時に日本国籍を取得することになる。すなわち、胎児認知の届出がされていることによって、当該出生子は、生来的に日本国籍を取得することができ、実益が認められることから、渉外的胎児認知の届出事件が少なくないとされる理由といえる。なお、胎児認知の届出（**注2**）はこれを受理しても直ちに戸籍に記載されることはなく、出生の届出がされた後に記載をすべきものとされている。

　胎児認知は、母の本籍地（外国人については母の所在地）に届出をするものとされており（戸61条、昭和29.3.6民事甲509号回答）、そして、同届書類は、母の本籍地（外国人母の場合はその所在地）の市区町村において保管することとなる（戸規50条）。また、母の本籍地が他の市区町村に転属した場合は、同市区町村長は、胎児認知届書の謄本を作成し、これを非本籍人に関するものとして保存する一方、同届書（原本）は、新本籍地に送付することとされている（標準準則38条）（**注3**）。本事例においては、婚姻により母の本籍地は、京都市北区から東京都千代田区に転属しているので、同届書（原本）は、婚姻後の本籍地（東京都千代田区）に送付することになるから、当該婚姻の届書が受理地（同区）から送付された場合は、その届出に基づいて送付することになる。

第1　出生届と認知届

(4) 戸籍の記載

　胎児認知された子の父子関係は、出生の時に生ずるから、出生の届出に当たっては、届書の「その他」欄に「年月日胎児認知届出」と認知されている旨を記載する。また、本事例の場合、当該子は、父母の婚姻により、準正嫡出子の身分を取得しているから、出生の届出により父母の婚姻後の戸籍に入籍し、出生事項を記載した後、胎児認知事項を記載することになる。このような取扱いをするのは、本事例のように胎児認知された子の出生後、父母が婚姻し、父から嫡出子出生届がされた場合においても、胎児認知に関する事項は、法律上の父子関係及び嫡出子の身分取得の経緯を明らかにするうえで必要があるためとされている（昭和60．2．19民二871号回答、「戸籍」491号108頁以下参照）（**注4**）。なお、【事例17】を参照されたい。

- （**注1・2**）　創設的届出（認知、縁組、離縁、婚姻又は離婚）が市・区役所又は町村役場に出頭した者によってされる場合には、出頭した者に対しその者が届出事件本人であることの確認を実施することとしている（詳細については、【事例1】の（**注**）を参照願いたい。）。
- （**注3**）　日本人父が外国人母の胎児につき認知する場合、その届出は、母の住所地にすべきであり、また、この場合、子の出生により日本人父の身分事項欄に認知事項を記載するため、前もって届書の1通を父の本籍地に送付しておくこととされている（昭和29．3．6民事甲509号回答）。
- （**注4**）　認知された胎児が出生したが、その出生以前に父母が既に婚姻している場合は、子は生来の嫡出子であるので、通常の嫡出子出生届をすべきであり、戸籍についても特に胎児認知事項を記載する必要はないとされている（大正6．3．19民370号回答）。

【事例4】

3 婚姻届・出生届及び胎児認知書

(1) 婚姻の届出

婚姻届

平成27年4月15日届出

東京都千代田区 長殿

受理	平成27年4月15日	発送	平成27年4月15日
第	1050号		
送付	平成27年4月20日	東京都千代田区 長 ㊞	
第	1124号		

書類調査	戸籍記載	記載調査	調査票	附票	住民票	通知

		夫になる人	妻になる人
	(よみかた)	こうの よしたろう	おつの うめこ
(1)	氏名	甲野 義太郎	乙野 梅子
	生年月日	昭和60年6月23日	昭和62年10月5日
(2)	住所（住民登録をしているところ）	東京都千代田区平河町1丁目10番地	左に同じ
	世帯主の氏名	甲野 義太郎	
(3)	本籍（外国人のときは国籍だけを書いてください）	東京都千代田区平河町1丁目4番地	京都市北区小山初音町18番地
	筆頭者の氏名	甲野 幸雄	乙野 忠治
	父母の氏名 父母との続き柄（他の養父母はその他の欄に書いてください）	父 甲野 幸雄　続き柄 長男 母　　 松子	父 乙野 忠治　続き柄 長女 母　　 春子
(4)	婚姻後の夫婦の氏・新しい本籍	☑夫の氏 □妻の氏　新本籍（左の☑の氏の人がすでに戸籍の筆頭者となっているときは書かないでください） 東京都千代田区平河町1丁目4番地	
(5)	同居を始めたとき	平成26年10月（結婚式をあげたとき、または、同居を始めたときのうち早いほうを書いてください）	
(6)	初婚・再婚の別	☑初婚　□再婚（□死別 □離別 年月日）	☑初婚　□再婚（□死別 □離別 年月日）
(7)	同居を始める前の夫婦のそれぞれの世帯のおもな仕事と	夫☐妻☐ 1．農業だけまたは農業とその他の仕事を持っている世帯 夫☑妻☐ 2．自由業・商工業・サービス業等を個人で経営している世帯 夫☐妻☐ 3．企業・個人商店等（官公庁を除く）の常用勤労者世帯で勤め先の従業者数が1人から99人までの世帯（日々または1年未満の契約の雇用者は5） 夫☐妻☑ 4．3にあてはまらない常用勤労者世帯及び会社団体の役員の世帯（日々または1年未満の契約の雇用者は5） 夫☐妻☐ 5．1から4にあてはまらないその他の仕事をしている者のいる世帯 夫☐妻☐ 6．仕事をしている者のいない世帯	
(8)	夫妻の職業	（国勢調査の年…年…の4月1日から翌年3月31日までに届出をするときだけ書いてください） 夫の職業　　　　　　　　妻の職業	
	その他	甲野義太郎は、乙野梅子の胎児を認知届出（平成26年10月20日京都市北区長に届出、胎児は本年4月5日出生、本日別件で出生届出）	
	届出人署名押印	夫 甲野 義太郎 ㊞	妻 乙野 梅子 ㊞
	事件簿番号		

第1　出生届と認知届

記入の注意

鉛筆や消えやすいインキで書かないでください。
この届は、あらかじめ用意して、結婚式をあげる日または同居を始める日に出すようにしてください。その日が日曜日や祝日でも届けることができます。
夫になる人または妻になる人の本籍地に出すときは2通、そのほかのところに出すときは3通出してください（役場が相当と認めたときは、1通で足りることもあります。）。
この届書を本籍地でない役場に出すときは、戸籍謄本または戸籍全部事項証明書が必要ですから、あらかじめ用意してください。

	証	人
署名押印	乙川孝助　㊞	丙山竹子　㊞
生年月日	昭和 17 年 4 月 14 日	昭和 21 年 6 月 8 日
住所	東京都中野区野方 1丁目　34 番地　1 号	東京都世田谷区若林 4丁目　31 番地　18 号
本籍	東京都杉並区清水町 1丁目　52 番地	東京都世田谷区若林 4丁目　31 番地

「筆頭者の氏名」には、戸籍のはじめに記載されている人の氏名を書いてください。
父母がいま婚姻しているときは、母の氏は書かないで、名だけを書いてください。
養父母についても同じように書いてください。

□には、あてはまるものに☑のようにしるしをつけてください。
外国人と婚姻する人が、まだ戸籍の筆頭者となっていない場合には、新しい戸籍がつくられますので、希望する本籍を書いてください。

再婚のときは、直前の婚姻について書いてください。
内縁のものはふくまれません。

届け出られた事項は、人口動態調査（統計法に基づく基幹統計調査、厚生労働省所管）にも用いられます。

【事例4】

(2) 出生の届出

受理	平成27年4月15日	発送	平成　年　月　日
第	1051号		
送付	平成　年　月　日		長　印
第	号		

出　生　届

平成27年4月15日届出

東京都千代田区 長 殿

書類調査	戸籍記載	記載調査	調査票	附票	住民票	通知

(1)	生まれた子	子の氏名（よみかた）（外国人のときはローマ字を付記してください）	氏　甲野　　名　啓太郎	父母との続き柄　☑嫡出子　□嫡出でない子　長　☑男　□女
(2)		生まれたとき	平成27年4月5日　☑午前　10時25分　□午後	
(3)		生まれたところ	京都市北区小山初音町　24　番地／番号	
(4)		住所（住民登録をするところ）	東京都千代田区平河町1丁目　10　番地／番号　世帯主の氏名　甲野義太郎　世帯主との続き柄　子	
(5)		父母の氏名生年月日（子が生まれたときの年齢）	父　甲野義太郎　昭和60年6月23日（満29歳）　母　甲野梅子　昭和62年10月5日（満27歳）	
(6)	生まれた子の父と母	本籍（外国人のときは国籍だけを書いてください）	東京都千代田区平河町1丁目　4　番地／番　筆頭者の氏名　甲野義太郎	
(7)		同居を始めたとき	平成26年10月　（結婚式をあげたとき、または、同居を始めたときのうち早いほうを書いてください）	
(8)		子が生まれたときの世帯のおもな仕事と	□1．農業だけまたは農業とその他の仕事を持っている世帯　☑2．自由業・商工業・サービス業等を個人で経営している世帯　□3．企業・個人商店等（官公庁は除く）の常用勤労者世帯で勤め先の従業者数が1人から99人までの世帯（日々または1年未満の契約の雇用者は5）　□4．3にあてはまらない常用勤労者世帯及び会社団体の役員の世帯（日々または1年未満の契約の雇用者は5）　□5．1から4にあてはまらないその他の仕事をしている者のいる世帯　□6．仕事をしている者のいない世帯	
(9)		父母の職業	（国勢調査の年…　年…の4月1日から翌年3月31日までに子が生まれたときだけ書いてください）　父の職業　　　　　　母の職業	

その他	平成26年10月20日京都市北区長に胎児認知届出　平成27年4月15日父母婚姻届出（同時届出）

届出人	☑1．父／母　□2．法定代理人（　　）　□3．同居者　□4．医師　□5．助産師　□6．その他の立会者　□7．公設所の長
	住所　東京都千代田区平河町1丁目　10　番地／番号
	本籍　東京都千代田区平河町1丁目4　番地／番　筆頭者の氏名　甲野義太郎
	署名　甲野義太郎　㊞　昭和60年6月23日生

事件簿番号	

第1　出生届と認知届

記入の注意

鉛筆や消えやすいインキで書かないでください。

子が生まれた日からかぞえて14日以内に出してください。

子の本籍地でない役場に出すときは、2通出してください（役場が相当と認めたときは、1通で足りることもあります）。2通の場合でも、出生証明書は、原本1通と写し1通でさしつかえありません。

子の名は、常用漢字、人名用漢字、かたかな、ひらがなで書いてください。子が外国人のときは、原則かたかなで書くとともに、住民票の処理上必要ですから、ローマ字を付記してください。

よみかたは、戸籍には記載されません。住民票の処理上必要ですから書いてください。

□には、あてはまるものに☑のようにしるしをつけてください。

筆頭者の氏名には、戸籍のはじめに記載されている人の氏名を書いてください。

子の父または母が、まだ戸籍の筆頭者となっていない場合は、新しい戸籍がつくられますので、この欄に希望する本籍を書いてください。

届け出られた事項は、人口動態調査（統計法に基づく基幹統計調査、厚生労働省所管）にも用いられます。

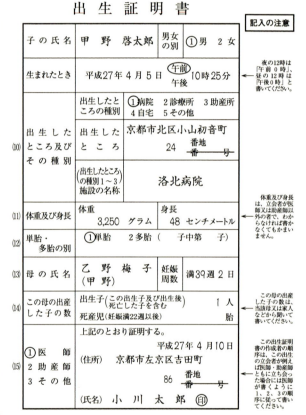

【事例4】

(3) 胎児認知の届出

認 知 届

平成 26 年 10 月 20 日 届出

京都市北区 長 殿

受理	平成 26 年 10 月 20 日	発送	平成 27 年 4 月 20 日
第	950 号		京都市北区 長 ㊞
送付	平成 27 年 4 月 21 日		
第	1235 号		

書類調査	戸籍記載	記載調査	附 票	住民票	通 知

	認知される子		認知する父
氏　名	（よみかた） 氏　　名 胎　児	父母との続き柄 □男 □女	（よみかた）こうの よしたろう 氏　　名 甲野　義太郎
生年月日	年　月　日		昭和 60 年 6 月 23 日
住　所 (住民登録をしているところ)	番地 番　号 世帯主の氏名		東京都千代田区平河町 1丁目　10 番地 番号 世帯主の氏名　甲野　幸雄
本　籍 (外国人のときは国籍だけを書いてください)	番地 番 筆頭者の氏名		東京都千代田区平河町 1丁目　　　　4 番地 番 筆頭者の氏名　甲野　幸雄
認知の種別	☑任意認知　　　　□審判　　年　月　日確定 　　　　　　　　　□判決　　年　月　日確定 □遺言認知（遺言執行者　　　　年　月　日　就職）		
子の母	氏名　乙野　梅子　　　　昭和 62 年 10 月 5 日生 本籍　京都市北区小山初音町　　　　18 番地 筆頭者の氏名　乙野　忠治		
その他	□未成年の子を認知する　□成年の子を認知する　□死亡した子を認知する　☑胎児を認知する この届出を承諾する。 住所　京都市北区小山初音町18番地 母　乙野　梅子　㊞		
届出人	☑父　□その他（　　　　　　　） 住所　東京都千代田区平河町1丁目　　　10 番地 番号 本籍　東京都千代田区平河町1丁目　　　4 番地 筆頭者の氏名　甲野　幸雄 署名　甲野　義太郎　㊞　　　昭和 60 年 6 月 23 日生		

第1　出生届と認知届

4　戸籍受附帳の記載（紙戸籍の場合の例）

(1) 婚姻の届出
東京都千代田区（本籍人）

受附番号	受理送付の別	受附月日 (事件発生月日)	件　名	届出事件本人の氏名 (届出人の資格氏名)	本籍又は国籍	備　　考
1050	受理	4月15日	婚　姻	甲野　義太郎 乙野　梅子	平河町1丁目4番地 京都市北区小山初音町18番地	夫の氏を称する婚姻 新戸籍編製 夫の従前の本籍地と同じ 4月15日発送

(2) 出生の届出
東京都千代田区（本籍人）

受附番号	受理送付の別	受附月日 (事件発生月日)	件　名	届出事件本人の氏名 (届出人の資格氏名)	本籍又は国籍	備　　考
1051	受理	4月15日 (4月5日)	出　生	甲野　啓太郎 (父　甲野義太郎)	平河町1丁目4番地	出生地　京都市北区 父母との続柄　長男 平成26年10月20日胎児認知届出

(3) 胎児認知の届出
東京都千代田区（婚姻の届出により母の本籍が他の市町村に転属したことにより胎児認知届が送付された例―標準準則38条2項）

受附番号	受理送付の別	受附月日 (事件発生月日)	件　名	届出事件本人の氏名 (届出人の資格氏名)	本籍又は国籍	備　　考
1235	送付	4月21日	認　知 (胎児)	乙野梅子の胎児 甲野　義太郎	京都市北区小山初音町18番地 平河町1丁目4番地	平成26年10月20日受付第950号で受理京都市北区長から平成27年4月21日送付 乙野梅子と甲野義太郎の婚姻届出4月15日第1050号で受付 胎児の出生届出4月15日第1051号で受付

【事例4】

5 戸籍の記載
図1 夫婦の新戸籍

（2の1）　　全 部 事 項 証 明

本　　籍	東京都千代田区平河町一丁目4番地
氏　　名	甲野　義太郎
戸籍事項 　　戸籍編製	【編製日】平成27年4月15日
戸籍に記録されている者	【名】義太郎 【生年月日】昭和60年6月23日　　【配偶者区分】夫 【父】甲野幸雄 【母】甲野松子 【続柄】長男
身分事項 　　出　　生 　　婚　　姻 　　認　　知	（省略） ――――――――――――――――――――― 【婚姻日】平成27年4月15日 【配偶者氏名】乙野梅子 【従前戸籍】東京都千代田区平河町一丁目4番地　甲野幸雄 ――――――――――――――――――――― 【胎児認知日】平成26年10月20日 【認知した子の氏名】甲野啓太郎 【認知した子の戸籍】東京都千代田区平河町一丁目4番地 　　甲野義太郎 【送付を受けた日】平成27年4月21日 【受理者】京都市北区長
戸籍に記録されている者	【名】梅子 【生年月日】昭和62年10月5日　　【配偶者区分】妻 【父】乙野忠治 【母】乙野春子 【続柄】長女
身分事項 　　出　　生 　　婚　　姻	（省略） ――――――――――――――――――――― 【婚姻日】平成27年4月15日 【配偶者氏名】甲野義太郎 【従前戸籍】京都市北区小山初音町18番地　乙野忠治
戸籍に記録されている者	【名】啓太郎 【生年月日】平成27年4月5日 【父】甲野義太郎 【母】甲野梅子 【続柄】長男

発行番号000001　　　　　　　　　　　　　　　　　　　　　　　　　以下次頁

第1　出生届と認知届

| | | （2の2） | 全 部 事 項 証 明 |

身分事項	
出　　生	【出生日】平成27年4月5日 【出生地】京都市北区 【届出日】平成27年4月15日 【届出人】父
認　　知	【胎児認知日】平成26年10月20日 【認知者氏名】甲野義太郎 【認知者の戸籍】東京都千代田区平河町一丁目4番地　甲野義太郎 【送付を受けた日】平成27年4月21日 【受理者】京都市北区長

以下余白

発行番号000001

【事例４】

図２　夫の婚姻前の戸籍

		（1の1）	全 部 事 項 証 明
本　　籍	東京都千代田区平河町一丁目４番地		
氏　　名	甲野　幸雄		
戸籍事項 　　戸籍編製	（省略）		
戸籍に記録されている者	【名】幸雄 【生年月日】昭和２９年８月８日　　　【配偶者区分】夫 【父】甲野太郎 【母】甲野花子 【続柄】二男		
身分事項 　　出　　生 　　婚　　姻	（省略） （省略）		
戸籍に記録されている者	【名】松子 【生年月日】昭和３２年５月１８日　　　【配偶者区分】妻 【父】乙川和夫 【母】乙川節子 【続柄】三女		
身分事項 　　出　　生 　　婚　　姻	（省略） （省略）		
戸籍に記録されている者 除　　籍	【名】義太郎 【生年月日】昭和６０年６月２３日 【父】甲野幸雄 【母】甲野松子 【続柄】長男		
身分事項 　　出　　生 　　婚　　姻	（省略） 【婚姻日】平成２７年４月１５日 【配偶者氏名】乙野梅子 【新本籍】東京都千代田区平河町一丁目４番地 【称する氏】夫の氏		以下余白

発行番号０００００１

第1　出生届と認知届

図3　妻の婚姻前の戸籍

	（1の1）	全部事項証明

本　　籍	京都市北区小山初音町１８番地
氏　　名	乙野　忠治
戸籍事項 　　戸籍編製	（省略）
戸籍に記録されている者	【名】忠治 【生年月日】昭和３０年１０月２０日　　【配偶者区分】夫 【父】乙野和市 【母】乙野秋子 【続柄】長男
身分事項 　　出　　生 　　婚　　姻	（省略） （省略）
戸籍に記録されている者	【名】春子 【生年月日】昭和３４年７月７日　　　【配偶者区分】妻 【父】山本市造 【母】山本トシ 【続柄】二女
身分事項 　　出　　生 　　婚　　姻	（省略） （省略）
戸籍に記録されている者 　　除　　籍	【名】梅子 【生年月日】昭和６２年１０月５日 【父】乙野忠治 【母】乙野春子 【続柄】長女
身分事項 　　出　　生 　　婚　　姻	（省略） 【婚姻日】平成２７年４月１５日 【配偶者氏名】甲野義太郎 【送付を受けた日】平成２７年４月２０日 【受理者】東京都千代田区長 【新本籍】東京都千代田区平河町一丁目４番地 【称する氏】夫の氏
	以下余白

発行番号０００００１

第2　出生届と婚姻届

事例5
出生の届出未了の子について、父母の婚姻の届出と同時に父から嫡出子出生の届出がされた場合

結　論

婚姻の届出を受理した後に出生の届出を受理し、その順序で処理する。

〔受付の順序、戸籍処理の流れ〕

解　説

1　事例の内容

　A女は、平成27年4月5日に嫡出でない子Bを出産したが、Bの出生の届出をする前に、Bの事実上の父C男と同年10月18日に婚姻の届出をした。また、C男は、同時にBの嫡出子出生の届出をした。

　この事例の場合において、どのように事務処理をするかというのが、本事例の問題である。

　なお、本事例は、子の出生から届出までの期間が、届出期間（出生の日から14日以内）を相当経過した後にされている（しかし、届出期間経過後の届出であっても、これを受理しなければならない－戸46条）。この場合、届出義務者である母は、届出期間内に届出をしないことになるため、届出の懈怠が生じることから、母については簡易裁判所に戸籍届出期間経過の通知

(いわゆる失期通知)を要することになる(戸135条・138条、標準準則41条)。

2 処理の順序

本事例は、母が嫡出でない子を出生した後、その出生の届出をしないうちに、父母の婚姻の届出がされ、同時に父から嫡出子出生の届出がされた場合であるから、次の(1)、(2)の順序で処理しなければならない。

(1) 婚姻の届出

本事例では、出生した子の父母が、子の出生の届出をする前に婚姻の届出をし、同時に当該子について父から嫡出子出生の届出をした場合であるが、この出生の届出については、父が当該子を自己の子と認める意思表示がされていると認められることから、認知の届出の効力を有するとされており(戸62条)、戸籍実務上一般に「戸籍法62条の嫡出子出生届」と呼ばれている。したがって、この出生の届出をするには、その前提として父母の婚姻が成立していなければならないため、本事例のように父母の婚姻届と子の出生届が同時にされた場合は、まず、父母の婚姻の届出(注)が受理されなければならない。もし、父母の婚姻の届出をしていない場合は、父から嫡出子出生の届出があっても、その届出は受理できない。その場合は、出生の届書の記載を、嫡出でない子と補正し、さらに届出人の資格を、例えば、同居している場合であれば、「同居者」と補正しなければ、当該出生の届出は受理できないことになる。

また、父母の婚姻の届出をしただけでは、出生した子と父との法律上の親子関係は発生しないから、父母の婚姻の届出後に、父から出生の届出(戸62条)をしない場合は、母は、当該子を嫡出でない子として出生の届出をするほかない。その場合は、その後に、認知の届出(任意認知・強制(裁判)認知)がされたときは、その時に法律上の父子関係が生じ、子は、準正嫡出子の身分を取得することになる(民789条2項)。

(注) 創設的届出(認知、縁組、離縁、婚姻又は離婚)が市・区役所又は町村

役場に出頭した者によってされる場合には、出頭した者に対しその者が届出事件本人であることの確認を実施することとしている（詳細については、【事例１】の（注）を参照願いたい。）。

(2) **出生の届出**

　ア　戸籍法第62条の出生の届出

　　本事例の出生の届出は、既に述べたとおり、戸籍法第62条の嫡出子出生届と呼ばれ、認知の届出の効力を有するとされている。この場合の出生子は、父母の婚姻前に出生し、その出生の届出未了のうちに父母が婚姻し、その後に父から嫡出子出生の届出がされたことにより、準正嫡出子としての身分を取得するものである（民789条２項）。

　　父母の婚姻前に出生した子の出生の届出は、本来、次のイで述べるように取り扱うべきところであるが、たまたま出生の届出未了のうちに父母が婚姻したときは、次のイの手続過程を省略して、当初から嫡出子としての出生の届出をすることができるものとし、その届出に認知の届出の効力をも認めるというのが、戸籍法第62条の規定の趣旨である。

　　したがって、同条に規定する届出は、出生の報告的届出と認知の届出の効力を有する創設的届出の性質を併せもつ届出であるから、必ず父から届出しなければならないことになる。この届出により、子は父母の氏を称し、直ちに父母の戸籍に入籍することになる（民790条１項、戸18条１項、昭和23．１．29民事甲136号通達）。

　イ　嫡出でない子の出生の届出

　　父母の婚姻前に出生した子は、嫡出でない子であるから、母が、嫡出でない子としての出生の届出をし（戸52条２項）、子は、母の氏を称し出生当時の母の戸籍に入籍することになる（民790条２項、戸18条２項）。

　　前記のように出生の届出をし、子が母と同一戸籍に在る場合におい

第2　出生届と婚姻届

て、その後、母が夫の氏を称して婚姻し、母の夫がその子を認知したときは、子は準正嫡出子の身分を取得することになる（民789条2項）が、子が父母の戸籍に入籍する場合は、別途入籍の届出を要することになる（民791条2項、戸98条1項、昭和62.10.1民二5000号通達第5の1）。なお、【事例16】を参照願いたい。

【事例5】

3　婚姻届及び出生届

(1)　婚姻届

婚　姻　届

平成 27 年 10 月 18 日 届出

東京都千代田区 長 殿

受理	平成 27 年 10 月 18 日	発送	平成 27 年 10 月 18 日
第	2345 号		東京都千代田区 長 ㊞
送付	平成 27 年 10 月 20 日		
第	1875 号		

書類調査	戸籍記載	記載調査	調査票	附　票	住民票	通　知

		夫になる人	妻になる人
	（よみかた）	こう の　よしたろう	おつ の　うめ こ
(1)	氏　名	甲野　義太郎	乙野　梅子
	生年月日	昭和 60 年 6 月 21 日	昭和 61 年 1 月 8 日
(2)	住　所（住民登録をしているところ）	東京都千代田区平河町　2丁目　3番地 世帯主の氏名　甲野 義太郎	東京都千代田区平河町　2丁目　3番地 世帯主の氏名　甲野 義太郎
(3)	本　籍（外国人のときは国籍だけを書いてください）	東京都千代田区平河町　1丁目　10番地 筆頭者の氏名　甲野 幸雄	京都市北区小山初音町　18番地 筆頭者の氏名　乙野 忠治
	父母の氏名父母との続き柄（他の養父母はその他の欄に書いてください）	父　甲野　幸雄　　続き柄 母　　　松子　　　長男	父　乙野　忠治　　続き柄 母　　　春子　　　長女
(4)	婚姻後の夫婦の氏・新しい本籍	☑夫の氏　□妻の氏　新本籍（左の☑の氏の人がすでに戸籍の筆頭者となっているときは書かないでください） 東京都千代田区平河町1丁目　10 番地	
(5)	同居を始めたとき	平成 27 年 9 月　（結婚式をあげたとき、または、同居を始めたときのうち早いほうを書いてください）	
(6)	初婚・再婚の別	☑初婚　□再婚（□死別 □離別　年　月　日）	☑初婚　□再婚（□死別 □離別　年　月　日）
(7)	同居を始める前の夫婦のそれぞれの世帯のおもな仕事と	夫□ 妻□ 1．農業だけまたは農業とその他の仕事を持っている世帯 夫☑ 妻□ 2．自由業・商工業・サービス業等を個人で経営している世帯 夫□ 妻□ 3．企業・個人商店等（官公庁は除く）の常用勤労者世帯で勤め先の従業者数が1人から99人までの世帯（日々または1年未満の契約の雇用者は5） 夫□ 妻☑ 4．3にあてはまらない常用勤労者世帯及び会社団体の役員の世帯（日々または1年未満の契約の雇用者は5） 夫□ 妻□ 5．1から4にあてはまらないその他の仕事をしている者のいる世帯 夫□ 妻□ 6．仕事をしている者のいない世帯	
(8)	夫妻の職業	（国勢調査の年…　年…の4月1日から翌年3月31日までに届出をするときだけ書いてください） 夫の職業　　　　　　　　　　　妻の職業	
	その他	戸籍法62条の出生の届出を、同時提出	
	届出人署名押印	夫　甲野　義太郎　㊞	妻　乙野　梅子　㊞
	事件簿番号		

第2　出生届と婚姻届

記入の注意

鉛筆や消えやすいインキで書かないでください。
この届は、あらかじめ用意して、結婚式をあげる日または同居を始める日に出すようにしてください。その日が日曜日や祝日でも届けることができます。
夫になる人または妻になる人の本籍地に出すときは2通、そのほかのところに出すときは3通出してください（役場が相当と認めたときは、1通で足りることもあります。）。
この届書を本籍地でない役場に出すときは、戸籍謄本または戸籍全部事項証明書が必要ですから、あらかじめ用意してください。

	証　　　　　人	
署名押印	乙川孝助　㊞	丙山竹子　㊞
生年月日	昭和 55 年 6 月 8 日	昭和 57 年 5 月 13 日
住所	東京都世田谷区若林 6丁目　　30　番地　45号	東京都中野区新井 8丁目　　9　番地　10号
本籍	東京都杉並区清水町 7丁目　　8　番地	東京都中野区野方 3丁目　　6　番地

「筆頭者の氏名」には、戸籍のはじめに記載されている人の氏名を書いてください。
父母がいま婚姻しているときは、母の氏は書かないで、名だけを書いてください。
養父母についても同じように書いてください。

☐には、あてはまるものに☑のようにしるしをつけてください。
外国人と婚姻する人が、まだ戸籍の筆頭者となっていない場合には、新しい戸籍がつくられますので、希望する本籍を書いてください。

再婚のときは、直前の婚姻について書いてください。
内縁のものはふくまれません。

届け出られた事項は、人口動態調査（統計法に基づく基幹統計調査、厚生労働省所管）にも用いられます。

【事例5】

(2) 出生届

出 生 届

平成 27 年 10 月 18 日 届出

東京都千代田区 長 殿

受理	平成27年10月18日 第 2346 号	発送	平成 年 月 日	
送付	平成 年 月 日 第 号		長印	
書類調査	戸籍記載	記載調査	調査票	附票　住民票　通知

(1)	子の氏名（よみかた）外国人のときはローマ字を付記してください	氏 甲野　　名 啓太郎（こうの　けいたろう）	父母との続き柄	☑嫡出子　□嫡出でない子　長　☑男　□女
(2)	生まれたとき	平成 27 年 4 月 5 日　☑午前　□午後　5 時 30 分		
(3)	生まれたところ	東京都千代田区大手町1丁目　2 番地 3 号		
(4)	住所（住民登録をするところ）	東京都千代田区平河町2丁目　3 番地世帯主の氏名 甲野 義太郎　世帯主との続き柄 子		
(5)	父母の氏名生年月日（子が生まれたときの年齢）	父 甲野 義太郎　昭和60年6月21日(満30歳)　母 甲野 梅子　昭和61年1月8日(満29歳)		
(6)	本籍（外国人のときは国籍だけを書いてください）	東京都千代田区平河町1丁目　10 番地筆頭者の氏名 甲野 義太郎		
(7)	同居を始めたとき	平成 27 年 9 月（結婚式をあげたとき、または、同居を始めたときのうち早いほうを書いてください）		
(8)	子が生まれたときの世帯のおもな仕事と	□1. 農業だけまたは農業とその他の仕事を持っている世帯☑2. 自由業・商工業・サービス業等を個人で経営している世帯□3. 企業・個人商店等（官公庁は除く）の常用勤労者世帯で勤め先の従業者数が1人から99人までの世帯（日々または1年未満の契約の雇用者は5）□4. 3にあてはまらない常用勤労者世帯及び会社団体の役員の世帯（日々または1年未満の契約の雇用者は5）□5. 1から4にあてはまらないその他の仕事をしている者のいる世帯□6. 仕事をしている者のいない世帯		
(9)	父母の職業	（国勢調査の年… 年…の4月1日から翌年3月31日までに子が生まれたときだけ書いてください）父の職業　　　母の職業		
その他	父母の婚姻の届出は、同時提出			
届出人	☑1.父 □2.法定代理人( ) □3.同居者 □4.医師 □5.助産師 □6.その他の立会者 □母 □7.公設所の長住所 東京都千代田区平河町2丁目　3 番地本籍 東京都千代田区平河町1丁目10 番地　筆頭者の氏名 甲野義太郎署名 甲野 義太郎 ㊞　昭和 60 年 6 月 21 日生			

事件簿番号	

第2　出生届と婚姻届

記入の注意

鉛筆や消えやすいインキで書かないでください。

子が生まれた日からかぞえて14日以内に出してください。

子の本籍地でない役場に出すときは、2通出してください（役場が相当と認めたときは、1通で足りることもあります）。2通の場合でも、出生証明書は、原本1通と写し1通でさしつかえありません。

子の名は、常用漢字、人名用漢字、かたかな、ひらがなで書いてください。子が外国人のときは、原則かたかなで書くとともに、住民票の処理上必要ですから、ローマ字を付記してください。

よみかたは、戸籍には記載されません。住民票の処理上必要ですから書いてください。

□には、あてはまるものに☑のようにしるしをつけてください。

筆頭者の氏名には、戸籍のはじめに記載されている人の氏名を書いてください。

子の父または母が、まだ戸籍の筆頭者となっていない場合は、新しい戸籍がつくられますので、この欄に希望する本籍を書いてください。

届け出られた事項は、人口動態調査（統計法に基づく基幹統計調査、厚生労働省所管）にも用いられます。

出生証明書

子の氏名	乙野　啓太郎		男女の別	①男　2女
生まれたとき	平成27年 4月 5日	午前/午後	5時30分	

(10) 出生したところ及びその種別	出生したところの種別	①病院　2診療所　3助産所　4自宅　5その他
	出生したところ	東京都千代田区大手町1丁目　2番地　3号
	（出生したところの種別1〜3）施設の名称	大手町病院

(11) 体重及び身長	体重 3,300 グラム	身長 48.5 センチメートル

(12) 単胎・多胎の別	①単胎　2多胎（　子中第　子）

(13) 母の氏名	乙野　梅子	妊娠週数	満39週5日

(14) この母の出産した子の数	出生子（この出生子及び出生後死亡した子を含む）　1人 死産児（妊娠満22週以後）　　　　　　　　　　　胎

(15) ①医師　2助産師　3その他	上記のとおり証明する。 平成27年 4月16日 （住所）東京都千代田区大手町3丁目 4番地 5号 （氏名）川村　良子　㊞

記入の注意

夜の12時は「午前0時」、昼の12時は「午後0時」と書いてください。

体重及び身長は、立会者が医師又は助産師以外の者で、わからなければ書かなくてもかまいません。

この母の出産した子の数は、当該母又は家人などから聞いて書いてください。

この出生証明書の作成者の順序は、この出生の立会者が例えば医師・助産師ともに立ち会った場合には医師が書くように1、2、3の順序に従って書いてください。

【事例5】

4　戸籍受附帳の記載（紙戸籍の場合の例）

(1)　婚姻の届出
東京都千代田区（本籍人）

受附番号	受理送付の別	受附月日 (事件発生月日)	件　名	届出事件本人の氏名 (届出人の資格氏名)	本　籍　又　は　国　籍	備　　考
2345	受理	10月18日	婚　姻	甲　野　義太郎 乙　野　梅　子	平河町1丁目10番地 京都市北区小山初音町18番地	夫の氏を称する婚姻 新戸籍編製 夫の従前の本籍地と同じ 　　　　　10月18日発送

(2)　出生の届出
東京都千代田区（本籍人）

受附番号	受理送付の別	受附月日 (事件発生月日)	件　名	届出事件本人の氏名 (届出人の資格氏名)	本　籍　又　は　国　籍	備　　考
2346	受理	10月18日 (4月5日)	出　生 (認知)	甲　野　啓太郎 (父　甲野義太郎)	平河町1丁目10番地	出生地　千代田区 続柄　長男 戸62条の出生届

（注）　戸籍法第62条の嫡出子出生の届出には、父の認知の届出の効力をも有するので、件名欄に認知の旨を括弧書きする。

第2　出生届と婚姻届

5　戸籍の記載
図1　婚姻による夫婦の戸籍及び子の入籍戸籍

(2の1)　　全　部　事　項　証　明

本　　籍	東京都千代田区平河町一丁目10番地
氏　　名	甲野　義太郎
戸籍事項 　　戸籍編製	【編製日】平成27年10月18日
戸籍に記録されている者	【名】義太郎 【生年月日】昭和60年6月21日　　【配偶者区分】夫 【父】甲野幸雄 【母】甲野松子 【続柄】長男
身分事項 　　出　　生 　　婚　　姻	【出生日】昭和60年6月21日 【出生地】東京都千代田区 【届出日】昭和60年6月25日 【届出人】父 【婚姻日】平成27年10月18日 【配偶者氏名】乙野梅子 【従前戸籍】東京都千代田区平河町一丁目10番地　甲野幸雄
戸籍に記録されている者	【名】梅子 【生年月日】昭和61年1月8日　　【配偶者区分】妻 【父】乙野忠治 【母】乙野春子 【続柄】長女
身分事項 　　出　　生 　　婚　　姻	【出生日】昭和61年1月8日 【出生地】京都市北区 【届出日】昭和61年1月10日 【届出人】父 【婚姻日】平成27年10月18日 【配偶者氏名】甲野義太郎 【従前戸籍】京都市北区小山初音町18番地　乙野忠治
戸籍に記録されている者	【名】啓太郎 【生年月日】平成27年4月5日

発行番号000001　　　　　　　　　　　　　　　　　　　　　　以下次頁

（2の2） 全 部 事 項 証 明

身分事項 　　出　　生	【父】甲野義太郎 【母】甲野梅子 【続柄】長男 【出生日】平成27年4月5日 【出生地】東京都千代田区 【届出日】平成27年10月18日 【届出人】父

以下余白

発行番号000001

第3　出生届と離婚届

> *事例6*
> 　夫の氏を称して婚姻した妻が、婚姻中に婚姻後200日以内に子を出生し、当該子を嫡出でない子として出生の届出と同時に夫婦が協議離婚の届出をした場合

結　論

　出生の届出を受理した後に離婚の届出を受理するか、又は、その逆の順序で離婚の届出を受理した後に出生の届出を受理するか、そのいずれでもよい。ここでは、次の順序で処理した場合について説明する。

〔受付の順序、戸籍処理の流れ〕

解　説

1　事例の内容

　妻Aは、夫Bと夫の氏を称して平成26年12月1日婚姻したが、婚姻後200日以内の平成27年5月10日子Cを出産した。ところが、子Cは夫Bとの間の子でないため、同月23日母Aは当該子Cを嫡出でない子として出生の届出をし、同時にAとBは、協議離婚の届出をした。
　この事例の場合において、どのように事務処理をするかというのが、本事例の問題である。

2　処理の順序

　本事例は、妻が婚姻中に婚姻後200日以内に子を出生し、その子を、嫡

【事例6】

出でない子として母Aが出生の届出をすると同時に、夫婦の協議離婚の届出をした場合であるが、いずれの届出を先に受理しても子の称する氏及び入籍戸籍に異同はない。ただし、届書の記載に留意が必要である（妻（母）の氏名・本籍の表示等）。ここでは、次の(1)、(2)の順序で処理する場合について説明する。

(1) **出生の届出**

　婚姻の成立後200日以内で、その婚姻中に出生した子は、民法第772条による嫡出の推定を受けないが、その子が母の夫によって懐胎された子であれば、父からの認知がされるまでもなく生来の嫡出子として取り扱うべきものとされている（大審院昭和15.1.23判決、大審院昭和15.9.20判決等）。したがって、この出生子は、夫から嫡出子としての出生届があった場合には、これを受理すべきものとされている（昭和26.6.27民事甲1332号回答、昭和27.1.29民事甲82号回答、昭和30.7.15民事甲1487号回答）。

　他方、当該子は嫡出の推定を受けないから、母の夫によって懐胎されたものでないとして、母が嫡出でない子の出生の届出をした場合には、これを受理をしなければならないとされている（昭和26.6.27民事甲1332号回答）。

　つまり、婚姻成立後200日以内の出生子は、夫によって懐胎されたものであれば「嫡出子」であり、夫以外の男子によって懐胎されたものであれば「嫡出でない子」ということになる。

　本事例では、懐胎事実を一番よく知っている母から、子が母の夫以外の男子によって懐胎されたものとして、嫡出でない子として届け出られたものである。

　嫡出でない子は、出生により母の氏を称することになる（民790条2項）ので、出生の届出によって当該子の入籍する戸籍は、出生当時の母の戸籍となる（戸18条2項）。本事例における出生子の場合は、夫の氏を称する婚姻によって編製された母の戸籍に入籍することになる。なお、父母の離婚の届出後に出生の届出を受理した場合であっても、本事例の出生子は、母

の離婚の届出前に出生しているので、入籍する戸籍は、出生当時の母の戸籍であることに変わりはない。当該子が離婚後の母の戸籍に入籍する場合は、家庭裁判所の許可（民791条1項）を得て入籍の届出を要することになる（戸98条1項）。

(2) **離婚の届出**

　夫婦が協議離婚の届出をする場合は、当事者間に離婚意思の合致がなければならないことはいうまでもないが、離婚の届出が、戸籍事務管掌者である市区町村長によって受理されるためには、当事者双方及び成年の証人二人以上から、口頭又は署名した書面によって届出をしなければならない（民765条1項・739条2項）。また、離婚する夫婦間に未成年の子がある場合は、夫婦の一方を親権者と定めなければならない（民765条1項・819条1項）とされているので、これらの規定、その他の法令に違反しないと認められない限り受理されないことになる（民765条1項）(**注1**)。

　ところで、本事例においては、出生子は母の嫡出でない子であることから、協議離婚の届出において親権に関する記載は不要である。

　また、協議離婚の届出を出生の届出より先に受理した場合において、夫婦間に未届の嫡出子がある場合は、いずれか一方を親権者と定める必要があるが（**注2**）、本事例においては、出生の届出未了の子は、母の嫡出でない子であるところから、その必要もないことになる。

　したがって、本事例においては、出生の届出と離婚の届出について、どちらかを先に受理しなければならないということはない。なお、【事例21】を参照願いたい。

　（**注1**）　創設的届出（認知、縁組、離縁、婚姻又は離婚）が市・区役所又は町村役場に出頭した者によってされる場合には、出頭した者に対しその者が届出事件本人であることの確認を実施することとしている（詳細については、【事例1】の（注）を参照願いたい。）。
　（**注2**）　父母の婚姻中に出生した嫡出子は、出生の届出の有無に関係なく父母

の共同親権に服し、父母が協議離婚するときは、その協議により、いずれか一方を子の親権者と定めなければならない（民819条1項）。しかし、出生の届出がされていない子の場合は、離婚の届出において、仮に子の親権者指定に関する事項の記載がされていても、子の戸籍がないから親権者指定に関する事項を記載することができない。この場合は、親権者指定に関する事項の記載は、子の出生の届出を待ってすることになる（昭和38.12.12～13愛媛県戸籍住民登録事務協議会決議、昭和40.9.14～15香川県戸籍住民登録事務協議会決議）。

3　出生届と離婚届

(1)　出生届

出　生　届

平成 27 年 5 月 23 日 届出

東京都千代田区 長 殿

受理	平成27年5月23日 第 695 号	発送	平成 年 月 日
送付	平成 年 月 日 第 号		長印

書類調査	戸籍記載	記載調査	調査票	附票	住民票	通知

(1)	子の氏名（よみかた）外国人のときはローマ字を付記してください	（こうの）氏 甲野　（けいたろう）名 啓太郎	父母との続き柄	☑嫡出子　□嫡出でない子　長　☑男 □女
(2)	生まれたとき	平成 27 年 5 月 10 日		☑午前　□午後　10 時 25 分
(3)	生まれたところ	京都市北区小山初音町　24 番地 号		
(4)	住所（住民登録をするところ）	京都市北区小山初音町　18 番地 号		
		世帯主の氏名　乙野忠治	世帯主との続き柄　子の子	
(5)	父母の氏名　生年月日（子が生まれたときの年齢）	父　　年　月　日（満　歳）	母 甲野梅子　昭和62年10月5日（満27歳）	
(6)	本籍　外国人のときは国籍だけを書いてください	東京都千代田区平河町1丁目　4 番地番		
		筆頭者の氏名　甲野義太郎		
(7)	同居を始めたとき	平成　年　月（結婚式をあげたとき、または、同居を始めたときのうち早いほうを書いてください）		
(8)	子が生まれたときの世帯のおもな仕事と	□1．農業だけまたは農業とその他の仕事を持っている世帯 □2．自由業・商工業・サービス業等を個人で経営している世帯 □3．企業・個人商店等（官公庁は除く）の常用勤労者世帯で勤め先の従業者数が1人から99人までの世帯（日々または1年未満の契約の雇用者は5） ☑4．3にあてはまらない常用勤労者世帯及び会社団体の役員の世帯（日々または1年未満の契約の雇用者は5） □5．1から4にあてはまらないその他の仕事をしている者のいる世帯 □6．仕事をしている者のいない世帯		
(9)	父母の職業	（国勢調査の年…　年…の4月1日から翌年3月31日までに子が生まれたときだけ書いてください） 父の職業　　　　　　　　母の職業		
	その他			

届出人	□1.父　☑母　□2.法定代理人（　　　）　□3.同居者　□4.医師　□5.助産師　□6.その他の立会者　□7.公設所の長
	住所　京都市北区小山初音町　18 番地 号
	本籍　東京都千代田区平河町1丁目4 番地番　筆頭者の氏名　甲野義太郎
	署名　甲野梅子　㊞　　昭和62年10月5日生

事件簿番号	

【事例6】

出 生 証 明 書

子 の 氏 名	甲野 啓太郎	男女の別	①男 2女		
生まれたとき	平成27年5月10日	(午前)/午後	10時25分		
⑽ 出生したところ及びその種別	出生したところの種別	①病院 2診療所 3助産所 4自宅 5その他			
	出生したところ	京都市北区小山初音町 24 番地/番/号			
	(出生したところ)の種別1～3施設の名称	洛北病院			
⑾ 体重及び身長	体重 3,200 グラム	身長 48.0 センチメートル			
⑿ 単胎・多胎の別	①単胎 2多胎（ 子中第 子）				
⒀ 母 の 氏 名	甲野 梅子	妊娠周数	満39週2日		
⒁ この母の出産した子の数	出生子（この出生子及び出生後死亡した子を含む）　1人 死産児（妊娠満22週以後）　　　　　　　　　　胎				
⒂ ①医師 2助産師 3その他	上記のとおり証明する。 平成27年5月15日 (住所) 京都市左京区吉田町 86 番地/番/号 (氏名) 小川 太郎 ㊞				

記入の注意

鉛筆や消えやすいインキで書かないでください。

子が生まれた日からかぞえて14日以内に出してください。

子の本籍地でない役場に出すときは、2通出してください（役場が相当と認めたときは、1通で足りることもあります。）。2通の場合でも、出生証明書は、原本1通と写し1通でさしつかえありません。

子の名は、常用漢字、人名用漢字、かたかな、ひらがなで書いてください。子が外国人のときは、原則かたかなで書くとともに、住民票の処理上必要ですから、ローマ字を付記してください。

よみかたは、戸籍には記載されません。住民票の処理上必要ですから書いてください。

□には、あてはまるものに☑のようにしるしをつけてください。

筆頭者の氏名には、戸籍のはじめに記載されている人の氏名を書いてください。

子の父または母が、まだ戸籍の筆頭者となっていない場合は、新しい戸籍がつくられますので、この欄に希望する本籍を書いてください。

届け出られた事項は、人口動態調査（統計法に基づく基幹統計調査、厚生労働省所管）にも用いられます。

記入の注意

夜の12時は「午前0時」、昼の12時は「午後0時」と書いてください。

体重及び身長は、立会者が医師又は助産師以外の者で、わからなければ書かなくてもかまいません。

この母の出産した子の数は、当該母又は家人などから聞いて書いてください。

この出生証明書の作成者の順序は、この出生の立会者が例えば医師・助産師ともに立ち会った場合に医師が書くように1、2、3の順序に従って書いてください。

第3　出生届と離婚届

(2) 離婚届

離　婚　届	受理	平成 27 年 5 月 23 日	発送	平成 27 年 5 月 23 日	
	第	696 号			東京都千代田区 長 印
平成 27 年 5 月 23 日 届出	送付	平成 27 年 5 月 25 日			
	第	478 号			
東京都千代田区 長 殿	書類調査	戸籍記載	記載調査	調査票	附 票	住民票	通 知

		夫	妻
(1)	（よみかた）	こうの　よしたろう	こうの　うめこ
	氏　名	氏　甲野　名　義太郎	氏　甲野　名　梅子
	生年月日	昭和 60 年 6 月 23 日	昭和 62 年 10 月 5 日
	住　所（住民登録をしているところ）	東京都杉並区清水町 1丁目　283 番地番　号	京都市北区小山初音町 18 番地番　号
		世帯主の氏名　甲野　義太郎	世帯主の氏名　乙野　忠治
(2)	本　籍（外国人のときは国籍だけを書いてください）	東京都千代田区平河町1丁目　4 番地番	
		筆頭者の氏名　甲野　義太郎	
	父母の氏名 父母との続き柄 （他の養父母はその他の欄に書いてください）	夫の父　甲野　幸雄　続き柄 　　母　　　　松子　長男	妻の父　乙野　忠治　続き柄 　　母　　　　春子　長女
(3)(4)	離婚の種別	☑協議離婚 □調停　　年　　月　　日成立 □審判　　年　　月　　日確定	□和解　　　　年　　月　　日成立 □請求の認諾　年　　月　　日認諾 □判決　　　　年　　月　　日確定
	婚姻前の氏にもどる者の本籍	□夫　☑妻　　□もとの戸籍にもどる 　　　　　　　☑新しい戸籍をつくる	
		京都市北区小山初音町　18 番地番	筆頭者の氏名　乙野　梅子
(5)	未成年の子の氏　名	夫が親権を行う子	妻が親権を行う子
(6)(7)	同居の期間	平成 26 年 11 月 から（同居を始めたとき）	平成 27 年 4 月 まで（別居したとき）
(8)	別居する前の住　所	東京都杉並区清水町1丁目　283 番地番　号	
(9)	別居する前の世帯のおもな仕事と	□1．農業だけまたは農業とその他の仕事を持っている世帯 □2．自由業・商工業・サービス業等を個人で経営している世帯 □3．企業・個人商店等（官公庁は除く）の常用勤労者世帯で勤め先の従業者数が1人から99人までの世帯（日々または1年未満の契約の雇用者は5） ☑4．3にあてはまらない常用勤労者世帯及び会社団体の役員の世帯（日々または1年未満の契約の雇用者は5） □5．1から4にあてはまらないその他の仕事をしている者のいる世帯 □6．仕事をしている者のいない世帯	
(10)	夫妻の職業	（国勢調査の年…　年…の4月1日から翌年3月31日までに届出をするときだけ書いてください） 夫の職業	妻の職業
	その他		
	届出人署名押印	夫　甲野　義太郎　㊞	妻　甲野　梅子　㊞
	事件簿番号		

【事例6】

記入の注意

鉛筆や消えやすいインキで書かないでください。
筆頭者の氏名欄には、戸籍のはじめに記載されている人の氏名を書いてください。
本籍地でない役場に出すときは、2通または3通出してください（役場が相当と認めたときは、1通で足りることもあります。）。また、そのさい戸籍謄本も必要です。
そのほかに必要なもの　調停離婚のとき　→　調停調書の謄本
　　　　　　　　　　　審判離婚のとき　→　審判書の謄本と確定証明書
　　　　　　　　　　　和解離婚のとき　→　和解調書の謄本
　　　　　　　　　　　認諾離婚のとき　→　認諾調書の謄本
　　　　　　　　　　　判決離婚のとき　→　判決書の謄本と確定証明書

	証　　　人　　（協議離婚のときだけ必要です）	
署押名印	乙川孝助　㊞	丙山竹子　㊞
生年月日	昭和 47 年 4 月 14 日	昭和 51 年 6 月 8 日
住所	東京都中野区野方 1丁目　34 番地/番　1 号	東京都世田谷区若林 4丁目　31 番地/番　18 号
本籍	東京都杉並区清水町 1丁目　52 番地/番	東京都世田谷区若林 4丁目　31 番地/番

父母がいま婚姻しているときは、母の氏は書かないで、名だけを書いてください。
養父母についても同じように書いてください。
□には、あてはまるものに☑のようにしるしをつけてください。

今後も離婚の際に称していた氏を称する場合には、左の欄には何も記載しないでください（この場合にはこの離婚届と同時に別の届書を提出する必要があります。）。

同居を始めたときの年月は、結婚式をあげた年月または同居を始めた年月のうち早いほうを書いてください。

届け出られた事項は、人口動態調査（統計法に基づく基幹統計調査、厚生労働省所管）にも用いられます。

未成年の子がいる場合は、次の□のあてはまるものにしるしをつけてください。
（面会交流）
　□取決めをしている。
　□まだ決めていない。
（養育費の分担）
　□取決めをしている。
　□まだ決めていない。

未成年の子がいる場合に父母が離婚をするときは、面会交流や養育費の分担など子の監護に必要な事項についても父母の協議で定めることとされています。この場合には、子の利益を最も優先して考えなければならないこととされています。

第3　出生届と離婚届

4　戸籍受附帳の記載（紙戸籍の場合の例）

(1)　出生の届出
東京都千代田区（本籍人）

受附番号	受理送付の別	受附月日 (事件発生月日)	件名	届出事件本人の氏名 (届出人の資格氏名)	本籍又は国籍	備考
695	受理	5月23日 (5月10日)	出生	甲野　啓太郎 (母　甲野梅子)	平河町1丁目4番地	出生地　京都市北区 嫡出でない子の届出 父母との続柄　長男

(2)　協議離婚の届出
東京都千代田区（本籍人）

受附番号	受理送付の別	受附月日 (事件発生月日)	件名	届出事件本人の氏名 (届出人の資格氏名)	本籍又は国籍	備考
696	受理	5月23日	離婚	甲野　義太郎 (乙野)　梅子	平河町1丁目4番地	妻梅子新戸籍編製 新本籍　京都市北区小山初音町18番地 5月23日発送

【事例6】

5 戸籍の記載
図1 夫婦の戸籍及び子の入籍戸籍

		(1の1)	全 部 事 項 証 明
本　　籍	東京都千代田区平河町一丁目4番地		
氏　　名	甲野　義太郎		
戸籍事項 　　戸籍編製	(省略)		
戸籍に記録されている者	【名】義太郎 【生年月日】昭和60年6月23日 【父】甲野幸雄 【母】甲野松子 【続柄】長男		
身分事項 　　出　　生 　　婚　　姻 　　離　　婚	(省略) (省略) 【離婚日】平成27年5月23日 【配偶者氏名】甲野梅子		
戸籍に記録されている者 　　除　　籍	【名】梅子 【生年月日】昭和62年10月5日 【父】乙野忠治 【母】乙野春子 【続柄】長女		
身分事項 　　出　　生 　　婚　　姻 　　離　　婚	(省略) (省略) 【離婚日】平成27年5月23日 【配偶者氏名】甲野義太郎 【新本籍】京都市北区小山初音町18番地		
戸籍に記録されている者	【名】啓太郎 【生年月日】平成27年5月10日 【父】 【母】甲野梅子 【続柄】長男		
身分事項 　　出　　生	【出生日】平成27年5月10日 【出生地】京都市北区 【届出日】平成27年5月23日 【届出人】母		
			以下余白

発行番号000001

第3　出生届と離婚届

図2　母の離婚後の戸籍

		(1の1)	全 部 事 項 証 明
本　　　籍	京都市北区小山初音町１８番地		
氏　　　名	乙野　梅子		
戸籍事項 　　戸籍編製	【編製日】平成２７年５月２５日		
戸籍に記録されている者	【名】梅子 【生年月日】昭和６０年１０月５日 【父】乙野忠治 【母】乙野春子 【続柄】長女		
身分事項 　　出　　生 　　離　　婚	（省略） 【離婚日】平成２７年５月２３日 【配偶者氏名】甲野義太郎 【送付を受けた日】平成２７年５月２５日 【受理者】東京都千代田区長 【従前戸籍】東京都千代田区平河町一丁目４番地　甲野義太郎		以下余白

発行番号０００００１

第4　出生届と入籍届

事例7

夫の氏を称して婚姻した妻が、婚姻後200日以内に子を出生し、出生の届出未了の間に夫婦は協議離婚の届出をした。その後、母が嫡出でない子として出生の届出をすると同時に、当該子について母の氏を称する入籍の届出（許可の審判書添付）をした場合

結　論

出生の届書の「その他」欄に母の氏を称する入籍をする旨の記載があるときは、離婚後の母の戸籍に直ちに嫡出でない子として入籍させることになる。したがって、入籍の届出は要しないことになる。

解　説

1　事例の内容

A女は、平成27年3月1日夫の氏を称して婚姻したが、婚姻後200日以内の同年9月10日Bを出生した。A女はBの出生の届出をするための準備をしていたところ、その間に夫との離婚の協議が調い、同月26日に協議離婚届の届出をした。その後、同年11月22日A女はBを嫡出でない子として出生の届出をすると同時に、子の氏を母の氏に変更する旨の許可の審判書を添付して、BをAの戸籍に入籍させる旨の入籍の届出をした。この事例の場合において、どのように事務処理をするかというのが本事例の問題である。

2　処理の順序

本事例は、妻が婚姻後200日以内に出生した子の出生の届出をしないま

ま、協議離婚の届出をし、その後に母が、嫡出でない子として出生の届出をすると同時に、当該子について母の氏を称する入籍の届出をした場合である。しかし、子の出生の届出をする前に、子について離婚後の母の氏を称する旨の許可審判（民791条１項、家事法160条）を得ているので、その旨を出生届書の「その他」欄に記載すれば足り、入籍の届出は要しない。

(1) **出生の届出**

本事例は、婚姻後200日以内に出生した子の出生の届出の問題である。当該出生子については、民法第772条による嫡出の推定を受けないが、母の夫によって懐胎された子であれば、父に認知されるまでもなく生来の嫡出子として取り扱うべきものとされている（大審院昭和15．1．23判決、大審院昭和15．9．20判決等）。したがって、夫から嫡出子として出生の届出があった場合には、これを受理すべきものとされている（昭和26．6．27民事甲1332号回答、昭和27．1．29民事甲82号回答、昭和30．7．15民事甲1487号回答）。

他方、当該出生子は嫡出の推定を受けないから、母の夫によって懐胎されたものでない場合は、母は、嫡出でない子として出生の届出をすることができる（昭和26．6．27民事甲1332号回答）。この場合、子の入籍すべき戸籍は出生当時の母の戸籍である（民790条２項、戸18条２項）。したがって、本事例の子の場合は、夫の氏を称する婚姻によって編製された母の在籍していた戸籍に入籍するのが原則的な取扱いである。

(2) **入籍の届出の処理**

子が父又は母と氏を異にする場合には、子は、家庭裁判所の許可を得て戸籍法の定める届出によって父又は母の氏を称することができるとされている（民791条１項、戸98条１項）。

本事例における出生子は、父母の婚姻後200日以内に出生したものであり、かつ、母の夫によって懐胎されたものでないとして、母が夫と離婚後に嫡出でない子として出生の届出をした場合であるため、子の入籍すべき戸籍は、前記の２の(1)で述べたとおり出生当時の母の戸籍となる。

しかし、この原則的な取扱いをすることになると、出生の届出をする時点では既に母とその前夫とは離婚が成立していること、また、出生子は前夫によって懐胎されたものでないことが明らかにされていること等から、出生の届出の当初から実体に合致した戸籍の記載を望む関係者の感情に反し、望ましくないといわざるを得ない。

　そこで、このような出生の届出の場合は、出生の届出以前に民法第791条第１項の規定による子の氏変更許可の審判を得ている場合は、その謄本を添付して、当該出生届書の「その他」欄に「母の氏を称して入籍する」旨の記載をしているときは、子は直ちに離婚後の母の戸籍に嫡出でない子として入籍させることができる取扱いが認められている（昭和46．２．17民事甲567号回答）。

　本事例は、前記のとおり出生の届出前に、当該子を離婚後の母の戸籍に入籍させるために必要な子の氏変更の許可審判を家庭裁判所から得ている事案である。したがって、前述の取扱いによって処理することができるので、入籍の届出は要しないことになる。

第4　出生届と入籍届

3　出生届及び入籍届

出生届

出　生　届 平成 27 年 11 月 22 日 届出 東京都千代田区 長 殿	受理　平成27年11月22日 第　　　1325 号		発送　平成　年　月　日 長　印	
	送付　平成　年　月　日 第　　　　　　号			
	書類調査	戸籍記載	記載調査	調査票	附票	住民票	通知

(1)	生ま れ た 子	子の氏名 (よみかた) (外国人のときはローマ字を付記してください)	氏　　　乙野 名 (おつの) (けいたろう) 啓太郎	父母との続き柄	□嫡出子 ☑嫡出でない子 〔長〕	☑男 □女
(2)		生まれたとき	平成 27 年 9 月 10 日	☑午前 10 時 25 分 □午後		
(3)		生まれたところ	京都市北区小山初音町 24 番地/番 号			
(4)		住　所 (住民登録をするところ)	東京都千代田区大手町1丁目 2 番地/番 3 号 世帯主の氏名 乙野梅子　世帯主との続き柄			
(5)	生ま れ た 子 の 父 と 母	父母の氏名 生年月日 (子が生まれたときの年齢)	父　　　　　　　年　月　日(満　歳)	母 乙野梅子 昭和 62 年 10 月 5 日(満 28 歳)		
(6)		本　籍 (外国人のときは国籍だけを書いてください)	東京都千代田区大手町1丁目 10 番地/番 筆頭者の氏名 乙野梅子			
(7)		同居を始めたとき	平成　年　月　(結婚式をあげたとき、または、同居を始めたときのうち早いほうを書いてください)			
(8)		子が生まれたときの世帯のおもな仕事と	□1. 農業だけまたは農業とその他の仕事を持っている世帯 □2. 自由業・商工業・サービス業等を個人で経営している世帯 □3. 企業・個人商店等(官公庁は除く)の常用勤労者世帯で勤め先の従業者数が1人から99人までの世帯(日々または1年未満の契約の雇用者は5) ☑4. 3にあてはまらない常用勤労者世帯及び会社団体の役員の世帯(日々または1年未満の契約の雇用者は5) □5. 1から4にあてはまらないその他の仕事をしている者のいる世帯 □6. 仕事をしている者のいない世帯			
(9)		父母の職業	(国勢調査の年… 年…の4月1日から翌年3月31日までに子が生まれたときだけ書いてください) 父の職業　　　　　　　母の職業			

その他	出生当時の母の戸籍の表示　東京都千代田区平河町1丁目4番地　甲野義太郎 母の氏を称して母の戸籍に入籍する。 母の氏を称する許可書謄本添付

届出人	□父 ☑1.母　□2.法定代理人(　　　)　□3.同居者　□4.医師　□5.助産師　□6.その他の立会者 □7.公設所の長
	住　所　東京都千代田区大手町1丁目 2 番地/番 3 号
	本　籍　東京都千代田区大手町1丁目10 番地/番　筆頭者の氏名 乙野梅子
	署　名　乙野梅子 ㊞　　昭和 62 年 10 月 5 日生

事件簿番号	

【事例7】

出 生 証 明 書

子の氏名	甲野 啓太郎	男女の別	① 男　2 女		
生まれたとき	平成27年 9月10日	①午前 午後	10時25分		

(10)	出生したところ及びその種別	出生したところの種別	①病院　2 診療所　3 助産所　4 自宅　5 その他
		出生したところ	京都市北区小山初音町 24 番地 番号
		(出生したところの種別1〜3)施設の名称	洛北病院

(11)	体重及び身長	体重 3,700グラム	身長 48.0センチメートル
(12)	単胎・多胎の別	①単胎　2 多胎（　子中第　子）	
(13)	母の氏名	甲野 梅子	妊娠週数 満39週2日
(14)	この母の出産した子の数	出生子（この出生子及び出生後死亡した子を含む）　1 人 死産児（妊娠満22週以後）　　　　　　　　　　　胎	

(15)	①医師 2 助産師 3 その他	上記のとおり証明する。 平成27年 9月15日 (住所) 京都市左京区吉田町 86 番地 番号 (氏名) 小川 太郎 ㊞

記入の注意

鉛筆や消えやすいインキで書かないでください。

子が生まれた日からかぞえて14日以内に出してください。

子の本籍地でない役場に出すときは、2通出してください（役場が相当と認めたときは、1通で足りることもあります。）。2通の場合でも、出生証明書は、原本1通と写し1通でさしつかえありません。

子の名は、常用漢字、人名用漢字、かたかな、ひらがなで書いてください。子が外国人のときは、原則かたかなで書くとともに、住民票の処理上必要ですから、ローマ字を付記してください。

よみかたは、戸籍には記載されません。住民票の処理上必要ですから書いてください。

□には、あてはまるものに☑のようにしるしをつけてください。

筆頭者の氏名には、戸籍のはじめに記載されている人の氏名を書いてください。

子の父または母が、まだ戸籍の筆頭者となっていない場合は、新しい戸籍がつくられますので、この欄に希望する本籍を書いてください。

届け出られた事項は、人口動態調査（統計法に基づく基幹統計調査、厚生労働省所管）にも用いられます。

記入の注意

夜の12時は「午前0時」、昼の12時は「午後0時」と書いてください。

体重及び身長は、立会者が医師又は助産師以外の者で、わからなければ書かなくてもかまいません。

この母の出産した子の数は、当該母又は家人などから聞いて書いてください。

この出生証明書の作成者の順序は、この出生の立会者が例えば医師・助産師ともに立ち会った場合には医師が書くように、1、2、3の順序に従って書いてください。

第4　出生届と入籍届

4　戸籍受附帳の記載（紙戸籍の場合の例）

出生の届出
東京都千代田区（本籍人）

受附番号	受理送付の別	受附月日 (事件発生月日)	件　名	届出事件本人の氏名 (届出人の資格氏名)	本籍又は国籍	備　考
1325	受理	11月22日 (9月10日)	出　生	乙野　啓太郎 (母　乙野梅子)	大手町1丁目10番地	出生地　京都市北区 父母との続柄　長男 嫡出でない子の出生届 母の氏を称して母の戸籍に入籍（許可書謄本添付） 出生当時の母の戸籍の表示　平河町1丁目4番地　甲野義太郎

74

【事例7】

5 戸籍の記載
図 母の戸籍

	（1の1）	全 部 事 項 証 明
本　　　籍	東京都千代田区大手町一丁目10番地	
氏　　　名	乙野　梅子	
戸籍事項 　戸籍編製	【編製日】平成27年9月26日	
戸籍に記録されている者	【名】梅子 【生年月日】昭和62年10月5日 【父】乙野和市 【母】乙野秋子 【続柄】二女	
身分事項 　出　　生 　離　　婚	（省略） 【離婚日】平成27年9月26日 【配偶者氏名】甲野義太郎 【従前戸籍】東京都千代田区平河町一丁目4番地　甲野義太郎	
戸籍に記録されている者	【名】啓太郎 【生年月日】平成27年9月10日 【父】 【母】乙野梅子 【続柄】長男	
身分事項 　出　　生	【出生日】平成27年9月10日 【出生地】京都市北区 【届出日】平成27年11月22日 【届出人】母 【特記事項】平成27年11月22日母の氏を称する入籍届出	
		以下余白

発行番号000001

第4　出生届と入籍届

事例8
　父母が養子となる縁組後に、縁組前に出生した子の出生の届出と同時に、当該子について父母の氏を称する入籍の届出（民法791条2項）がされた場合

結　論

出生の届出を受理した後に入籍の届出を受理し、その順序で処理する。

〔受付の順序、戸籍処理の流れ〕

解　説

1　事例の内容

　平成27年4月15日A・B夫婦は、Cの養子となる縁組の届出をした。ところが、A・B夫婦には同月5日に出生した子Dがおり、同月18日Dの出生の届出と同時にDについて父母の氏を称する入籍の届出（民791条2項）をした。この事例の場合において、どのように事務処理をするかというのが本事例の問題である。

2　処理の順序

　本事例は、子の出生後、その出生の届出未了の間に、父母が養子となる縁組の届出をした後、子の出生の届出と同時に、当該子が父母の氏を称する入籍の届出をした場合であるから、次の(2)、(3)の順序で処理するのが適当である。

(1) 養子縁組の届出

　養子縁組は、嫡出親子関係にない両当事者の間に嫡出親子と同一の親子関係を創設することを目的とする身分行為であって（民727条・809条）、届出によってのみ効力を生ずる要式行為とされている（民799条・739条1項）。養子縁組が有効に成立すると、養子は縁組の日（届出の日）から養親の嫡出子たる身分を取得し（民809条）、養子は養親の氏を称し（民810条）、原則として養親の戸籍に入籍することになる（戸18条3項）。ただし、夫婦で養子となる場合には、養親の戸籍に入籍せず、夫婦について養親の氏で別に新戸籍が編製される（戸20条）。

(2) 出生の届出

　本事例は、A・B夫婦について養子縁組により養親の氏を称して新戸籍が編製されたのであるが、同夫婦には、養子縁組前に出生した未届の嫡出子がいる。この嫡出子について出生の届出がされたときは、その子は出生当時の父母の戸籍、すなわち、父母の縁組前の戸籍に入籍することになる。なお、同戸籍が縁組により除籍されている場合は、同戸籍を回復した上で入籍することになる（注）。

(3) 入籍の届出

　子が父又は母と氏を異にする場合には、子は、家庭裁判所の許可を得て、入籍の届出をすることによって、父又は母の氏を称することができる（民791条1項、戸98条）。ただし、本事例のように父又は母が氏を改めたことにより子が父母と氏を異にする場合には、子は父母の婚姻中に限り、家庭裁判所の許可を得ないで、入籍の届出によって父母の氏を称することができるとされている（民791条2項、戸98条、昭和62.10.1民二第5000号通達第5の1(1)参照）。したがって、本事例の場合は、当該子は、出生の届出によって、いったん父母の縁組前の戸籍（子にとっては出生当時の父母の戸籍）に入籍し、同時に提出された入籍の届出によって、縁組後の父母の戸籍に入籍することになる。

第4　出生届と入籍届

(注)　父母の縁組前の戸籍が全員除籍によって消除されている場合に、縁組前に出生した子の出生の届出がされた場合は、当該出生子は、出生当時の父母の戸籍（父母の縁組前の戸籍）に入籍するのが原則であること、また、父母の縁組によって氏に変動を来すことはなく、したがって、父母の縁組後の戸籍に入籍することはないことから、当該消除された縁組前の父母の戸籍を回復した上、当該子をその回復後の戸籍に入籍させることになる。
　なお、本事例のように出生の届出と同時に父母の氏を称する入籍の届出がされているときは、前記により回復した戸籍は、出生の届出によって当該子を入籍させた後、父母の戸籍への入籍の届出によって直ちに消除されることから、回復戸籍を編製する実益がないので、便宜、子を回復前の除籍の末尾に記載し、回復戸籍の編製を省略することができるとされている（昭和32. 5. 22民事甲993号回答、昭和32. 9. 11民事甲1706号回答、昭和33. 5. 29民事甲1070号通達、昭和33. 10. 17民事甲1886号回答、木村三男著「設題解説戸籍実務の処理Ⅹ戸籍訂正総論編」86頁）。

3　出生届及び入籍届

(1)　出生届

出　生　届

平成 27 年 4 月 18 日 届出

東京都千代田区 長 殿

受理	平成27年 4月18日 第 683 号	発送 平成 年 月 日
送付	平成 年 月 日 第 号	長印
書類調査	戸籍記載　記載調査　調査票　附票　住民票　通知	

生まれた子	(1)	子の氏名 (よみかた) 外国人のときはローマ字を付記してください	(へい はら) 氏 丙原　名 信子 (のぶ こ)	父母との続き柄　☑嫡出子　□嫡出でない子　[長]　□男 ☑女
	(2)	生まれたとき	平成 27 年 4 月 5 日　□午前 ☑午後 6 時 50 分	
	(3)	生まれたところ	仙台市青葉区春日町 7 番地 25 号	
	(4)	住所 (住民登録をするところ)	東京都千代田区大手町1丁目 2 番地 3 号 世帯主の氏名 甲野 義太郎　世帯主との続き柄 子	
	(5)	父母の氏名 生年月日 (子が生まれたときの年齢)	父 甲野 義太郎　母 甲野 梅子 昭和60年 6月 23日(満29歳)　昭和62年 10月 5日(満27歳)	
生まれた子の父と母	(6)	本籍 外国人のときは国籍だけを書いてください	東京都千代田区大手町1丁目 10 番地 筆頭者の氏名 丙原 義太郎	
	(7)	同居を始めたとき	平成 26 年 4 月　(結婚式をあげたとき、または、同居を始めたときのうち早いほうを書いてください)	
	(8)	子が生まれたときの世帯のおもな仕事と	□1．農業だけまたは農業とその他の仕事を持っている世帯 □2．自由業・商工業・サービス業等を個人で経営している世帯 □3．企業・個人商店等(官公庁は除く)の常用勤労者世帯で勤め先の従業者数が1人から99人までの世帯(日々または1年未満の契約の雇用者は5) ☑4．3にあてはまらない常用勤労者世帯及び会社団体の役員の世帯(日々または1年未満の契約の雇用者は5) □5．1から4にあてはまらないその他の仕事をしている者のいる世帯 □6．仕事をしている者のいない世帯	
	(9)	父母の職業	(国勢調査の年…　年…の4月1日から翌年3月31日までに子が生まれたときだけ書いてください) 父の職業　母の職業	

その他	父義太郎、母梅子は平成27年4月15日甲野花子の養子となる縁組をしたため、事件本人は、縁組前の父母の戸籍を回復のうえ、入籍する。

届出人	☑1．父 □2．法定代理人(　)　□3．同居者　□4．医師　□5．助産師　□6．その他の立会者 □母　□7．公設所の長
	住所　東京都千代田区大手町1丁目 2 番地 3 号
	本籍　東京都千代田区平河町1丁目 4 番地　筆頭者の氏名 甲野義太郎
	署名　甲野 義太郎　㊞　昭和60年 6月 23日生

事件簿番号	

第4　出生届と入籍届

記入の注意

鉛筆や消えやすいインキで書かないでください。

子が生まれた日からかぞえて14日以内に出してください。

子の本籍地でない役場に出すときは、2通出してください（役場が相当と認めたときは、1通で足りることもあります。）。2通の場合でも、出生証明書は、原本1通と写し1通でさしつかえありません。

子の名は、常用漢字、人名用漢字、かたかな、ひらがなで書いてください。子が外国人のときは、原則かたかなで書くとともに、住民票の処理上必要ですから、ローマ字を付記してください。

よみかたは、戸籍には記載されません。住民票の処理上必要ですから書いてください。

□には、あてはまるものに☑のようにしるしをつけてください。

筆頭者の氏名には、戸籍のはじめに記載されている人の氏名を書いてください。

子の父または母が、まだ戸籍の筆頭者となっていない場合は、新しい戸籍がつくられますので、この欄に希望する本籍を書いてください。

届け出られた事項は、人口動態調査（統計法に基づく基幹統計調査、厚生労働省所管）にも用いられます。

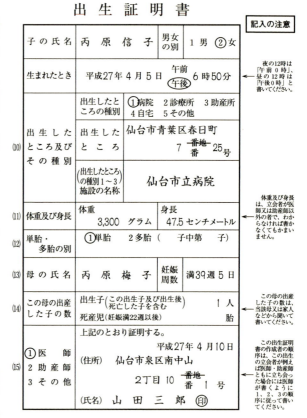

80

【事例8】

(2) 入籍届

入 籍 届

平成27年4月18日 届出

東京都千代田区長 殿

受理	平成27年4月18日	発送	平成〇〇年〇〇月〇〇日
第	684号		東京都千代田区長 印
送付	平成〇〇年〇〇月〇〇日		
第	〇〇号		
書類調査	戸籍記載	記載調査	附票	住民票	通知

入籍する人の氏名	(よみかた) へい はら / のぶ こ 氏 丙原 / 名 信子	平成27年4月5日生
住所 (住民登録をしているところ)	東京都千代田区大手町1丁目 2 番地 3号 世帯主の氏名 甲野 義太郎	
本籍	東京都千代田区大手町1丁目 10 番地 筆頭者の氏名 丙原 義太郎	
入籍の事由	□父 □養父 □母 □養母 の氏を称する入籍　□父 □養父 □母 □養母 と同籍する入籍 ☑父母 □養父母　　　　　　　　　　　　　　　□父母 □養父母 □従前の氏を称する入籍 （従前の氏を改めた年月日　年　月　日）	
入籍する戸籍 または 新しい本籍	☑すでにある戸籍に入る　□父または母の新戸籍に入る　□新しい戸籍をつくる 東京都千代田区平河町1丁目4 番地　筆頭者の氏名 甲野 義太郎	
父母の氏名 父母との続き柄	父 甲野 義太郎 母　　　梅子	続き柄 長 □男 　 ☑女
その他		
届出人署名押印	印	

届 出 人
(入籍する人が十五歳未満のときの届出人または配偶者とともに届け出るときの配偶者が書いてください。届出人となる未成年後見人が3人以上のときは、ここに書くことができない未成年後見人について、その他欄又は別紙（様式任意。届出人全員の契印が必要）に書いてください。)

資格	親権者（☑父 □養父）□未成年後見人 □配偶者	親権者（☑母 □養母）□未成年後見人
住所	東京都千代田区大手町 1丁目 2 番地 3号	左に同じ 番地 号
本籍	東京都千代田区平河町1丁目 4 番地 筆頭者の氏名 甲野義太郎	左に同じ 番地 筆頭者の氏名
署名押印	甲野 義太郎 印	甲野 梅子 印
生年月日	昭和60年6月23日	昭和62年10月5日

81

第4　出生届と入籍届

4　戸籍受附帳の記載（紙戸籍の場合の例）

(1)　出生の届出
東京都千代田区（本籍人）

受附番号	受理送付の別	受附月日 (事件発生月日)	件名	届出事件本人の氏名 (届出人の資格氏名)	本籍又は国籍	備考
683	受理	4月18日 （4月5日）	出生	丙原信子 （父 甲野義太郎）	大手町1丁目10番地	父母は同月15日甲野花子と縁組したため、縁組前の丙原義太郎の戸籍を回復の上入籍する。

(2)　入籍の届出
東京都千代田区（本籍人）

受附番号	受理送付の別	受附月日 (事件発生月日)	件名	届出事件本人の氏名 (届出人の資格氏名)	本籍又は国籍	備考
684	受理	4月18日	入籍	丙原信子 （親権者　父母）	大手町1丁目10番地	変更後の氏「甲野」 東京都千代田区平河町1丁目4番地　甲野義太郎戸籍に入籍

【事例８】

5　戸籍の記載
図１　父母の縁組前の戸籍（回復前の戸籍）

除　　籍	（1の1）　　全部事項証明
本　　籍	東京都千代田区大手町一丁目１０番地
氏　　名	丙原　義太郎
戸籍事項 　戸籍編製 　消　　除	（省略） 【消除日】平成２７年４月１８日 【消除事項】戸籍消除事項 【消除事由】戸籍消除の記録錯誤 【従前の記録】 　　【消除日】平成２７年４月１５日
戸籍に記録されている者 　　除　籍	【名】義太郎 【生年月日】昭和６０年６月２３日　　【配偶者区分】夫 【父】丙原信吉 【母】丙原夏子 【続柄】二男
身分事項 　出　　生 　婚　　姻 　養子縁組	（省略） （省略） 【縁組日】平成２７年４月１５日 【共同縁組者】妻 【養母氏名】甲野花子 【養親の戸籍】東京都千代田区平河町一丁目４番地　甲野花子 【新本籍】東京都千代田区平河町一丁目４番地
戸籍に記録されている者 　　除　籍	【名】梅子 【生年月日】昭和６２年１０月５日　　【配偶者区分】妻 【父】甲原忠太郎 【母】甲原杉子 【続柄】長女
身分事項 　出　　生 　婚　　姻 　養子縁組	（省略） （省略） 【縁組日】平成２７年４月１５日 【共同縁組者】夫 【養母氏名】甲野花子 【養親の戸籍】東京都千代田区平河町一丁目４番地　甲野花子 【新本籍】東京都千代田区平河町一丁目４番地
	以下余白

発行番号０００００１

第4　出生届と入籍届

図2　父母の縁組前の戸籍（回復後の戸籍）

除　　籍	（2の1）　　全部事項証明
本　　籍	東京都千代田区大手町一丁目１０番地
氏　　名	丙原　義太郎
戸籍事項 　戸籍編製 　戸籍回復 　戸籍消除	（省略） 【回復日】平成２７年４月１８日 【回復事由】戸籍消除の記録錯誤 【消除日】平成２７年４月１８日
戸籍に記録されている者 　　除　　籍	【名】義太郎 【生年月日】昭和６０年６月２３日　　【配偶者区分】夫 【父】丙原信吉 【母】丙原夏子 【続柄】二男
身分事項 　出　　生 　婚　　姻 　養子縁組	（省略） （省略） 【縁組日】平成２７年４月１５日 【共同縁組者】妻 【養母氏名】甲野花子 【養親の戸籍】東京都千代田区平河町一丁目４番地　甲野花子 【新本籍】東京都千代田区平河町一丁目４番地
戸籍に記録されている者 　　除　　籍	【名】梅子 【生年月日】昭和６２年１０月５日　　【配偶者区分】妻 【父】甲原忠太郎 【母】甲原杉子 【続柄】長女
身分事項 　出　　生 　婚　　姻 　養子縁組	（省略） （省略） 【縁組日】平成２７年４月１５日 【共同縁組者】夫 【養母氏名】甲野花子 【養親の戸籍】東京都千代田区平河町一丁目４番地　甲野花子 【新本籍】東京都千代田区平河町一丁目４番地

発行番号０００００１　　　　　　　　　　　　　　　　　　　以下次頁

【事例8】

| | （2の2） | 全 部 事 項 証 明 |

戸籍に記録されている者	【名】信子
除　籍	【生年月日】平成２７年４月５日 【父】甲野義太郎 【母】甲野梅子 【続柄】長女
身分事項 　　出　　生	【出生日】平成２７年４月５日 【出生地】仙台市青葉区 【届出日】平成２７年４月１８日 【届出人】父
入　　籍	【届出日】平成２７年４月１８日 【除籍事由】父母の氏を称する入籍 【届出人】親権者父母 【入籍戸籍】東京都千代田区平河町一丁目４番地　甲野義太郎
	以下余白

発行番号０００００１

第4　出生届と入籍届

図3　父母の縁組後の戸籍及び子の入籍戸籍

		（2の1）	全 部 事 項 証 明

本　　　籍	東京都千代田区平河町一丁目4番地
氏　　　名	甲野　義太郎
戸籍事項 　　戸籍編製	【編製日】平成27年4月15日
戸籍に記録されている者	【名】義太郎 【生年月日】昭和60年6月23日　　【配偶者区分】夫 【父】丙原信吉 【母】丙原夏子 【続柄】二男 【養母】甲野花子 【続柄】養子
身分事項 　　出　　生 　　婚　　姻 　　養子縁組	（省略） （省略） 【縁組日】平成27年4月15日 【共同縁組者】妻 【養母氏名】甲野花子 【養親の戸籍】東京都千代田区平河町一丁目4番地　甲野花子 【従前戸籍】東京都千代田区大手町一丁目10番地　丙原義太郎
戸籍に記録されている者	【名】梅子 【生年月日】昭和62年10月5日　　【配偶者区分】妻 【父】甲原忠太郎 【母】甲原杉子 【続柄】長女 【養母】甲野花子 【続柄】養女
身分事項 　　出　　生 　　婚　　姻 　　養子縁組	（省略） （省略） 【縁組日】平成27年4月15日 【共同縁組者】夫 【養母氏名】甲野花子 【養親の戸籍】東京都千代田区平河町一丁目4番地　甲野花子

発行番号000001　　　　　　　　　　　　　　　　　　　　　　　　　以下次頁

【事例8】

(2の2) 全 部 事 項 証 明

	【従前戸籍】東京都千代田区大手町一丁目10番地　丙原義太郎
戸籍に記録されている者	【名】信子 【生年月日】平成27年4月5日 【父】甲野義太郎 【母】甲野梅子 【続柄】長女
身分事項 　出　　生	（省略）
入　　籍	【届出日】平成27年4月18日 【入籍事由】父母の氏を称する入籍 【届出人】親権者父母 【従前戸籍】東京都千代田区大手町一丁目10番地　丙原義太郎
	以下余白

発行番号000001

第4　出生届と入籍届

〔参考〕
図4　父母の縁組前の戸籍（回復後の戸籍―回復戸籍編製省略）

除　　籍	（2の1）	全　部　事　項　証　明
本　　籍	東京都千代田区大手町一丁目10番地	
氏　　名	丙原　義太郎	
戸籍事項 　戸籍編製 　消　　除 　戸籍回復 　戸籍消除	（省略） 【消除日】平成27年4月18日 【消除事項】戸籍消除事項 【消除事由】戸籍消除の記録錯誤 【従前の記録】 　　【消除日】平成27年4月15日 【回復日】平成27年4月18日 【回復事由】戸籍消除の記録錯誤 【消除日】平成27年4月18日	
戸籍に記録されている者 　除　　籍	【名】義太郎 【生年月日】昭和60年6月23日　　【配偶者区分】夫 【父】丙原信吉 【母】丙原夏子 【続柄】二男	
身分事項 　出　　生 　婚　　姻 　養子縁組	（省略） （省略） 【縁組日】平成27年4月15日 【共同縁組者】妻 【養母氏名】甲野花子 【養親の戸籍】東京都千代田区平河町一丁目4番地　甲野花子 【新本籍】東京都千代田区平河町一丁目4番地	
戸籍に記録されている者 　除　　籍	【名】梅子 【生年月日】昭和62年10月5日　　【配偶者区分】妻 【父】甲原忠太郎 【母】甲原杉子 【続柄】長女	
身分事項 　出　　生 　婚　　姻 　養子縁組	（省略） （省略） 【縁組日】平成27年4月15日 【共同縁組者】夫 【養母氏名】甲野花子 【養親の戸籍】東京都千代田区平河町一丁目4番地　甲野花子 【新本籍】東京都千代田区平河町一丁目4番地	

発行番号000001　　　　　　　　　　　　　　　　　　　　　以下次頁

【事例8】

	(2の2)	全部事項証明

戸籍に記録されている者 除　籍	【名】信子 【生年月日】平成２７年４月５日 【父】甲野義太郎 【母】甲野梅子 【続柄】長女
身分事項 　　出　　生	【出生日】平成２７年４月５日 【出生地】仙台市青葉区 【届出日】平成２７年４月１８日 【届出人】父
入　　籍	【届出日】平成２７年４月１８日 【除籍事由】父母の氏を称する入籍 【届出人】親権者父母 【入籍戸籍】東京都千代田区平河町一丁目４番地　甲野義太郎
	以下余白

発行番号０００００１

第5　認知届と出生届

事例9

　父から認知の届出と同時に、母から嫡出でない子の出生の届出がされた場合、あるいは、父から認知の届出後、相当期間経過後に母から嫡出でない子の出生の届出がされた場合（若しくは、出生の届出がされない場合）

> 結　論

1　認知の届出と出生の届出が同時にされた場合は、出生の届出を受理した後に認知の届出を受理し、その順序で処理する。なお、【事例1】を参照のこと。
2　認知の届出後に母から出生の届出がされた場合は、母からの出生の届出が、認知の届出がされた後、どれくらいの期間を経て届出されたかによって、上記1によって処理するか、又は、次の3によって処理するか、いずれかの取扱いをすることになるものと考える。
3　認知の届出がされたが、母から出生の届出がされない場合（他の届出義務者からも届出がされない場合）は、認知の届書類を資料として、管轄法務局の長の許可を得て職権により出生の記載をすることになる。

> 解　説

1　事例の内容

(1)　A女は、平成27年9月16日嫡出でない子Bを出産したが、Bの事実上の父Cは、同月28日にBの認知の届出をし、同時にA女はBの嫡出でない子としての出生の届出をした場合。

(2) 前記(1)の場合において、A女が出生の届出をしたのが同年10月20日である場合。

(3) 前記(1)の場合において、A女又は他の届出義務者からも出生の届出がされない場合。

　以上の(1)、(2)及び(3)の事例の場合において、どのように事務処理をするかというのが、本事例の問題である。なお、本事例は、母の氏名、本籍及び子の名、出生地、出生年月日が特定されている場合の例である。

2　処理の順序

本事例は、父からの認知の届出と同時に母から嫡出でない子の出生の届出がされた場合、又は認知の届出がされてから相当期間を経過した後に出生の届出がされた場合、あるいは認知の届出がされたが出生の届出がされない場合の問題であるから、次の(1)、(2)又は(3)によって処理するのが適当である。

(1)　認知の届出と出生の届出が同時にされた場合

【事例1】の場合と同様に出生の届出を受理した後に認知の届出を受理し（注）、その順序で処理する。

この場合に先に認知の届出を受理し、処理するとすれば、出生の届出がされていない子について認知の届出をすることになるので、当該届書に被認知者を特定するために当該子の出生証明書及び母の戸籍謄本を添付させる必要が生じることになる。

しかし、認知の届出と出生の届出が同時に提出された場合は、それぞれの届書の「その他」欄に「出生届は、本日別件で提出済」又は「認知届は、本日別件で提出済」と記載することによって、相互の届出関係が明確になるので前記の被認知者を特定するための資料の添付は要しないことになる。

(2)　認知の届出後、相当期間を経過して出生の届出がされた場合

この場合、認知の届出に当たっては、被認知者を特定する必要があるため当該子の出生証明書と母の戸籍謄抄本の添付を要する。そして、当該認

第5　認知届と出生届

知の届出が受理された場合は、市区町村長は遅滞なく戸籍に認知事項の記載をしなければならない（戸規24条）が、被認知者である出生子については、戸籍に記載がされていないので、認知事項の記載ができないことになる。

　このような場合は、戸籍の記載をしないまま当該届出を長く放置しておくことは、戸籍の制度上許されないので、市区町村長は認知の届書類によって、出生の事実が判明していることから出生の届出義務者に対し、出生の届出をすべき旨を催告することになる（戸44条1項、2項）。

　前記のように届出義務者に催告したところ、出生の届出がされたときは、その届出に基づいて出生事項を記載し、その後に認知事項を記載することになる。しかし、催告しても届出をしない場合及び催告をすることができない場合は、市区町村長は、管轄法務局の長の許可を得て職権で出生の記載をすることになる（戸44条3項・24条2項）。これによって、認知の届出による戸籍の記載は可能になるので、出生事項の記載の後に認知事項の記載をすることになる（昭和36.12.14民事甲3114号通達）。

(3)　**認知の届出がされたが、母から出生の届出がされない場合**

　出生の届出については、届出義務者が定められている（戸52条）ので、母からの届出がされない場合は、次順位の届出義務者が届出をしなければならないとされている。したがって、それらの者が届出をしない場合は、前記(2)で述べたとおり届出の催告をすることになる（戸44条1項、2項）。催告をしても届出をしない場合、あるいは催告をすることができない場合は、(2)で述べたと同様に認知の届書類を資料にして管轄法務局の長の許可を得て、職権で出生に関する戸籍の記載をした上、認知の届出による認知事項の記載をすることになる（前掲民事甲3114号）。

　　（注）　創設的届出（認知、縁組、離縁、婚姻又は離婚）が市・区役所又は町村役場に出頭した者によってされる場合には、出頭した者に対しその者が届出事件本人であることの確認を実施することとしている（詳細については、【事例1】の（注）を参照願いたい。）。

【事例10】

事例10

母の前夫の嫡出推定される子について、母の後夫が、子と父（母の前夫）との親子関係不存在確認の裁判確定の謄本を添付して認知の届出をし、同時に母が、子と前夫との親子関係不存在確認の裁判確定の謄本を添付して戸籍訂正申請をした場合

結　論

　子と母の前夫との間における親子関係不存在確認の裁判の謄本及び確定証明書を添付してされた母からの戸籍訂正申請を受理した後、同時に母の後夫から提出された認知の届書を、先に届出された出生届による戸籍の記載を生来の嫡出子とする申出書として取り扱い、その順序で処理する。

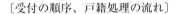
〔受付の順序、戸籍処理の流れ〕

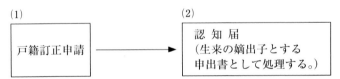

解　説

1　事例の内容

　父E母Fの離婚後300日以内で、かつ、母Fが他男Gと再婚した後、200日以内の平成27年4月9日に出生した子Hについて、E・F間の嫡出子としてFが同月26日出生の届出をし、Hは、E、Fの離婚当時の戸籍に入籍した。ところが、平成27年11月1日HとEとの親子関係不存在確認の裁判が確定し、同月7日にFからその戸籍訂正申請がされ、同時にGから認知の届出がされた。

　この事例の場合において、どのように事務処理をするかというのが、本

事例の問題である。

2 処理の順序

本事例は、父母の離婚後300日以内に出生した子が、出生の届出により、父母の離婚当時の戸籍に嫡出子として入籍した後、親子関係不存在確認の裁判が確定したため、その戸籍訂正の申請が申立人の母からされ、同時に母の再婚後の夫から認知の届出がされた場合である。この場合は、次の(2)、(3)の順序で処理するのが適当である。

なお、認知の届出は、生来の嫡出子とする申出書として取り扱うことになる。

(1) 出生の届出

父母の離婚後300日以内の出生子は、婚姻中に懐胎したものとして、夫の子と推定されるから、嫡出子ということになる（民772条）。一方、婚姻後200日以内に出生した子は、嫡出の推定はされないが、婚姻前の内縁の夫によって懐胎されたものである場合は、生来の嫡出子としての身分を有するとされている（大審院昭和15．1．23判決・民集19巻1号54頁）。

本事例の場合、当該出生子は、前婚の夫の嫡出子として推定されるので、この推定が排除されなければ、母の嫡出でない子又は後婚の夫の嫡出子（推定されない嫡出子）とすることはできない。その推定を排除するには、嫡出子否認の訴え（民775条、人訴2条2号）、親子関係存否確認の訴え（人訴2条2号）あるいは実父に対する認知の訴え（同条同号）等による裁判を確定させなければならない。

本事例のような事案が生じるのは、例えば、前婚について別居等の期間が長く続き、離婚の届出が遅れている状態のまま、後婚の相手方と内縁関係に入り、その間に子を懐胎し、その後、前婚についての離婚の届出をし、再婚禁止期間の6か月を経過した後に後婚の婚姻の届出をして、その後に子が出生した場合が考えられる。

このような場合の出生子の出生届については、①前夫との嫡出子として

出生の届出をして、いったん父母の離婚当時の戸籍に入籍させるか、あるいは、②出生の届出前に嫡出子否認の裁判又は親子関係不存在確認等の嫡出推定を排除する裁判を確定させた後、その裁判の謄本を添付して、後夫から嫡出子としての出生の届出をすることが考えられる。

　本事例は、前記の①による届出をした後、親子関係不存在確認の裁判を確定させた場合である。

(2)　戸籍訂正申請

　本事例は、前記のとおり、当該出生子につき前夫との嫡出子として出生の届出をして、いったん父母の離婚当時の戸籍に入籍させた後、親子関係不存在確認の裁判が確定した場合の戸籍訂正申請である。

　この訂正申請による戸籍の処理は、父母の離婚当時の戸籍に入籍している子の身分事項欄に訂正事項を記載し、父欄の記載を消除し、父母との続柄を訂正の上、その戸籍から当該子の記載の全部を消除して、出生当時の母の戸籍に移記することになる（神崎輝明・竹澤雅二郎著「設題解説戸籍実務の処理Ⅺ戸籍訂正各論編(1)出生」268頁以下参照）。

　前記の戸籍訂正の結果、当該子は、出生当時の母の戸籍（本事例では母の後夫の戸籍）に嫡出でない子として入籍した状態になる。しかし、当該子が、母と母の後夫との間において、婚姻後200日以内に出生したものである場合は、生来の嫡出子ということになる（前掲大審院判決）ので、そのように訂正することになる。

(3)　認知の届出の処理

　前記のとおり戸籍訂正がされたことにより、当該子は、戸籍の記載上、母が後夫との婚姻後200日以内に出生した嫡出でない子として記載されていることになる。

　ちなみに、婚姻成立後200日以内の出生子について、戸籍の先例は、子の父が母の夫でない場合は、嫡出でない子としての出生の届出ができるとし（昭和26.6.27民事甲1332号回答）、また、父が母の夫である場合は、嫡

出の推定は受けないが、生来の嫡出子であるから、嫡出子として出生の届出ができるものとしている（昭和15．4．8民事甲432号通達）。

　本事例の場合、当該子については、前記のとおり戸籍訂正後の戸籍の記載上から見れば、父母の婚姻後200日以内の出生子につき、母が嫡出でない子として出生の届出をした場合に当たることになる。ところが、当該子については、母の夫が、自己の子であるとして認知の届出をしていることから考えれば、生来の嫡出子ということになる（前掲大審院判決）。

　以上のとおり婚姻後200日以内に出生した子であっても、子の父が母の夫である場合は、生来の嫡出子とされるから、その子を母の夫（子の父）が認知するということは理論上あり得ないことである。したがって、本事例における母の夫である父からの認知の届出については、当該認知届書を認知届として受理することなく、当該子の戸籍の記載を生来の嫡出子の記載に訂正する旨の申出書として取り扱い、管轄法務局の長の許可を得て、子の身分事項欄に申出による訂正事項を記載し、父欄に父の氏名を記載し、父母との続柄欄を訂正する取り扱いをすることになる（昭和34．8．28民事甲1827号通達、木村三男・神崎輝明編著「全訂注解・戸籍記載例集」59頁参照）。

　なお、【事例2】を参照願いたい。

【事例10】

3　戸籍訂正申請及び認知届

(1)　戸籍訂正申請

戸 籍 訂 正 申 請

		発送年月日	平成27年11月7日
		東京都千代田区　長　印	

東京都千代田 市区町村 長　殿

平成27年11月7日申請

		受付	平成27年11月7日	戸籍
			第　941　号	調査

(一)	事件本人	本　　籍	群馬県前橋市大手町20番地	記載
		筆頭者氏名	乙　野　忠　治	記載調査
(二)		住所及び世帯主氏名	東京都世田谷区新町5丁目2番3号　甲山春夫	送付
(三)		氏　　名	乙　野　正　男	住民票
		生年月日	平成27年4月9日	記載
(四)		裁判の種類	親子関係不存在確認の裁判	通知／附票／記載
		裁判確定年月日	平成27年11月1日	通知
(五)		訂正の趣旨	事件本人乙野正男につき、平成27年11月1日乙野忠治との親子関係不存在確認の裁判確定により、次のとおり戸籍訂正する。 　上記乙野忠治戸籍中、事件本人の父の記載を消除し、父母との続柄を「長男」と訂正の上、出生当時の母の戸籍である東京都千代田区平河町3丁目10番地甲山春夫戸籍に移記の上消除する。	
(六)		添付書類	審判書謄本及び確定証明書 戸籍謄本	
(七)	申請人	本　　籍	東京都千代田区平河町3丁目10番地	
		筆頭者氏名	甲　山　春　夫	
		住　　所	東京都世田谷区新町5丁目2番3号	
		署名押印	甲　山　竹　子　印	
		生年月日	昭和63年5月8日	

（注意）事件本人又は申請人が二人以上であるときは、必要に応じ該当欄を区切って記載すること。

第5　認知届と出生届

(2)　認知届（注）

認　知　届

平成27年11月7日届出

東京都千代田区　　長殿

		東京都千代田区役所	平成 27 年 11 月 7 日　戸収第 456 号
		受理 平成27年11月7日　第　　号	発送 平成　年　月　日
		送付 平成　年　月　日　第　　号	長印
		書類調査　戸籍記載　記載調査　附票　住民票　通知	

		認知される子		認知する父
（よみかた）		こう　やま　　まさ　お	父母との続き柄	こう　やま　　はる　お
氏　　　名	氏　　名	甲山　正男	☑男　□女　長	氏　　名　甲山　春夫
生年月日		平成 27 年 4 月 9 日		昭和 61 年 4 月 5 日
住　　　所 （住民登録をしているところ）		東京都世田谷区新町 5丁目　2 番地 3 号 世帯主の氏名　甲山　春夫		東京都世田谷区新町 5丁目　2 番地 3 号 世帯主の氏名　甲山　春夫
本　　　籍 （外国人のときは国籍だけを書いてください）		東京都千代田区平河町 3丁目　　　　10 番地 筆頭者の氏名　甲山　春夫		東京都千代田区平河町 3丁目　　　　10 番地 筆頭者の氏名　甲山　春夫
認知の種別		☑任意認知 □遺言認知（遺言執行者　　　　年　月　日　就職）	□審判　　年　月　日確定 □判決　　年　月　日確定	
子の母		氏名　甲山　竹子　　　　　昭和 63 年 5 月 8 日生 本籍　東京都千代田区平河町3丁目　　10 番地 筆頭者の氏名　甲山　春夫		
その他		☑未成年の子を認知する　□成年の子を認知する　□死亡した子を認知する　□胎児を認知する 被認知者甲山正男は、この届出により嫡出子の身分を取得するので、父母との続き柄を「長男」と訂正する。		
届出人		☑父　□その他（　　　） 住所　東京都世田谷区新町5丁目　　　　　2 番地 3 号 本籍　東京都千代田区平河町3丁目　　10 番地　筆頭者の氏名　甲山春夫 署名　甲山　春夫　㊞　　　　　　昭和 61 年 4 月 5 日生		

（注）　この認知届は、認知の届出として受理することなく、子の戸籍の記載を生来の嫡出子の記載に訂正する旨の申出書として取り扱うことになる（解説2の(3)参照のこと）。
　　　この場合は、この申出について管轄法務局の長に許可申請をし、その指示を得ることになる。後掲の「戸籍訂正許可申請」参照のこと。

【事例10】

(3) 戸籍訂正許可申請

戸籍 ~~訂正~~ ~~記載~~ 許可申請	受付	平成27年11月10日		戸籍調査	
		第 1132 号			

東京 法務局長 氏 名 殿	戸発第461号 平成27年11月8日 申請 東京都千代田区長 氏 名 [職印]		記載	
			記載調査	

(1)	事件本人	本籍	東京都千代田区平河町3丁目10番地	送付通知	
		筆頭者氏名	甲 山 春 夫		
(2)		住所	東京都世田谷区新町5丁目2番3号　甲山春夫	住民票	
				記載	
(3)		氏名	甲 山 正 男	通知	
		生年月日	平成27年4月9日	附票	
				記載	
(4)	訂正・記載の事由		事件本人は、父子関係不存在確認の裁判確定による戸籍訂正申請により訂正された結果、同人は父母の婚姻後200日以内の出生子で、母から嫡出でない子として出生届がされていることになる。ところが、平成27年11月7日母の後婚の夫甲山春夫から事件本人を認知する届出があった。この届出は、事件本人を嫡出子とする旨の申し出として取り扱うことになるので、父の氏名を記載するとともに、父母との続柄の訂正処理をする。	通知	
(5)	訂正・記載の趣旨		事件本人の父欄に、「甲山春夫」と記載し、父母との続柄を「長男」と訂正する。		
(6)	添付書類		認知届書写し 戸籍謄本		

上記申請を許可する。　　　　　　　　　　　　第　351　号

平成27年11月9日

東京法務局長　氏　名　[職印]

(注) 1　本申請には、申請書副本1通を添付する。
　　 2　事件本人が二人以上であるときは、必要に応じ該当欄を区切り記載する。
　　 3　(4)欄には、訂正又は記載を要するに至った錯誤、遺漏又は過誤の事情を簡記する。
　　 4　(5)欄には、訂正又は記載の箇所及び方法を簡明に記載する。

第5 認知届と出生届

4　戸籍受附帳の記載（紙戸籍の場合の例）

(1)　戸籍訂正申請

東京都千代田区（本籍人）

受附番号	受理送付の別	受附月日 （事件発生月日）	件　名	届出事件本人の氏名 （届出人の資格氏名）	本籍又は国籍	備　考
941	受理	11月7日	戸籍訂正 （116条）	乙　野　正　男 （母　甲山竹子）	前橋市大手町20番地 （平河町3丁目10番地）	11月1日父乙野忠治との親子関係不存在の裁判確定 正男の訂正後の入籍戸籍　平河町3丁目10番地　甲山春夫 11月7日発送

(2)　戸籍訂正申出

東京都千代田区（本籍人）

受附番号	受理送付の別	受附月日 （事件発生月日）	件　名	届出事件本人の氏名 （届出人の資格氏名）	本籍又は国籍	備　考
1132	受理	11月10日	戸籍訂正 （24条2項）	甲　山　正　男 （父　甲山春夫）	平河町3丁目10番地	11月9日許可同月10日処理 父母婚姻後200日以内の出生子を母の届出により嫡出でない子と記載されているが、父が認知届をしたので、同届出を生来の嫡出子とする訂正申出書として取扱う（11月7日父申出）

【事例10】

5 戸籍の記載
図1 父母の離婚当時の戸籍

		（2の1）	全 部 事 項 証 明
本　　籍	群馬県前橋市大手町20番地		
氏　　名	乙野忠治		
戸籍事項 　戸籍編製	（省略）		
戸籍に記録されている者	【名】忠治 【生年月日】昭和60年9月3日 【父】乙野三郎 【母】乙野洋子 【続柄】長男		
身分事項 　出　　生 　婚　　姻 　離　　婚	（省略） （省略） 【離婚日】平成26年7月15日 【配偶者氏名】乙野竹子		
戸籍に記録されている者 　　除　　籍	【名】竹子 【生年月日】昭和63年5月8日 【父】丙川一郎 【母】丙川広子 【続柄】二女		
身分事項 　出　　生 　婚　　姻 　離　　婚	（省略） （省略） 【離婚日】平成26年7月15日 【配偶者氏名】乙野忠治 【入籍戸籍】栃木県足利市堀込町30番地　丙川一郎		
戸籍に記録されている者 　　除　　籍	【名】正男 【生年月日】平成27年4月9日 【父】 【母】甲山竹子 【続柄】長男		

発行番号000001　　　　　　　　　　　　　　　　　　　　　　　　　　以下次頁

第5　認知届と出生届

	（2の2）　全　部　事　項　証　明

身分事項	
出　　生	【出生日】平成27年4月9日 【出生地】栃木県足利市 【届出日】平成27年4月26日 【届出人】母
親　権	【親権者】母
消　　除	【消除日】平成27年11月9日 【消除事項】父の氏名 【消除事由】乙野忠治との親子関係不存在確認の裁判確定 【裁判確定日】平成27年11月1日 【申請日】平成27年11月7日 【申請人】母 【関連訂正事項】父母との続柄 【送付を受けた日】平成27年11月9日 【受理者】東京都千代田区長 【従前の記録】 　　【父】乙野忠治 　　【父母との続柄】長男
移　　記	【移記日】平成27年11月9日 【移記事項】出生事項 【移記事由】乙野忠治との親子関係不存在確認の裁判確定 【裁判確定日】平成27年11月1日 【申請日】平成27年11月7日 【申請人】母 【送付を受けた日】平成27年11月9日 【受理者】東京都千代田区長 【移記後の戸籍】東京都千代田区平河町三丁目10番地　甲山春夫

以下余白

発行番号000001

【事例10】

図２　子の出生当時の母の戸籍

（2の1）　全部事項証明

本　　籍	東京都千代田区平河町三丁目１０番地
氏　　名	甲山　春夫
戸籍事項 　　戸籍編製	（省略）
戸籍に記録されている者	【名】春夫 【生年月日】昭和６１年４月５日　　　　【配偶者区分】夫 【父】甲山幸夫 【母】甲山松子 【続柄】長男
身分事項 　　出　　生 　　婚　　姻	（省略） 【婚姻日】平成２７年１月２０日 【配偶者氏名】丙川竹子 【従前戸籍】東京都千代田区平河町三丁目１０番地　甲山幸夫
戸籍に記録されている者	【名】竹子 【生年月日】昭和６３年５月８日　　　　【配偶者区分】妻 【父】丙川一郎 【母】丙川広子 【続柄】二女
身分事項 　　出　　生 　　婚　　姻	（省略） 【婚姻日】平成２７年１月２０日 【配偶者氏名】甲山春夫 【従前戸籍】栃木県足利市堀込町３０番地　丙川一郎
戸籍に記録されている者	【名】正男 【生年月日】平成２７年４月９日 【父】甲山春夫 【母】甲山竹子 【続柄】長男
身分事項 　　出　　生	【出生日】平成２７年４月９日 【出生地】栃木県足利市 【届出日】平成２７年４月２６日 【届出人】母

発行番号０００００１　　　　　　　　　　　　　　　　　　　　　　以下次頁

第5　認知届と出生届

(2の2)　全部事項証明

| 移　記 | 【移記日】平成27年11月7日
【移記事項】出生事項
【移記事由】乙野忠治との親子関係不存在確認の裁判確定
【裁判確定日】平成27年11月1日
【申請日】平成27年11月7日
【申請人】母
【移記前の戸籍】群馬県前橋市大手町20番地　乙野忠治 |
| 記　録 | 【記録日】平成27年11月10日
【記録事項】父の氏名
【記録事由】父の申出
【許可日】平成27年11月9日
【関連訂正事項】父母との続柄
【従前の記録】
　　【父母との続柄】長男
【記録の内容】
　　【父】甲山春夫
　　　　　　　　　　　　　　　　　　　　　　　　　以下余白 |

発行番号000001

【事例11】

事例11
外国人女が他の日本人男と離婚後300日以内に出生した子について、後夫の日本人男が、子と父（妻の前夫）との親子関係不存在確認の裁判確定の謄本を添付して認知の届出をし、同時にその戸籍訂正申請をした場合

結論

子と外国人母の前夫（日本人）との間における親子関係不存在確認の裁判確定の謄本及び確定証明書を添付してされた日本人男（母の後夫）からの戸籍訂正申請を、まず受理し、次に、先の出生の届出を外国人母の嫡出でない子（外国人）とする出生届の追完届を届出義務者にさせた後、後夫の認知の届出を受理し、その順序で処理する。

〔受付の順序、戸籍処理の流れ〕

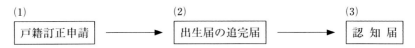
(1) 戸籍訂正申請 → (2) 出生届の追完届 → (3) 認知届

解説

1 事例の内容

外国人B女は、日本人C男との離婚後300日以内に出生した子Dについて、B・Cの嫡出子として出生の届出をし、DはC男の戸籍に入籍した。その後、B女は日本人E男と婚姻したが、Dの事実上の父はE男であることから、E男は、C男とDとの親子関係不存在確認の裁判の申立てをした。同裁判は平成27年5月1日確定したので、E男は、同月6日戸籍訂正申請をし、同時に日本人E男からDに対する認知の届出がされた。

この事例の場合において、どのように事務処理をするかというのが、本事例の問題である。

2　処理の順序

本事例は、外国人妻と日本人夫の離婚後300日以内に出生した子が、出生の届出により、日本人父の戸籍に嫡出子として入籍しているが、父子関係不存在確認の裁判が確定したため、その戸籍訂正の申請がされ、同時に母の再婚後の夫から認知の届出がされた場合である。この場合は、次の(1)、(2)及び(3)の順序で処理するのが適当である。

(1)　戸籍訂正の申請

本事例は、前記のとおり、外国人女と日本人男の離婚後300日以内に出生した子であるため、当該子は、民法第772条の規定により嫡出の推定を受けるので（通則法28条）、母から嫡出子として出生の届出がされ、日本人父の戸籍に入籍した。その後に、子と戸籍上の父との親子関係不存在確認の裁判が確定し、戸籍訂正の申請が母の後夫からされた場合である。

この場合、子は、戸籍上の日本人父との親子関係不存在確認の裁判が確定したことにより、父の嫡出推定が排除されたため、外国人母の嫡出でない子となる。その結果、子は日本国籍を有しないことになるから、当該戸籍訂正の申請により、戸籍から消除されることになる（神崎輝明・竹澤雅二郎著「設題解説戸籍実務の処理Ⅺ戸籍訂正各論編(1)出生」339頁以下参照）。

(2)　出生届に対する追完届

一方、当初に母からされた出生の届出は、届出義務者からの届出として有効なものである（戸52条1項）が、この出生の届出は、事件本人である子が外国人母と日本人父との間の嫡出子、すなわち、日本国籍を有するものとしてされた出生届である。しかし、日本人父との親子関係不存在確認の裁判確定の結果、当該子は日本国籍を有しないことになり、したがって、当該出生届には錯誤があるので、これを外国人母の嫡出でない子に訂正する必要がある。この場合の出生の届出の補完の方法は、親子関係不存在確

認の裁判の謄本を添付して、当初の出生届に追完する方法により処理することになる。具体的には、追完の届書に基本となる当初の出生届書の記載事項証明書及び親子関係不存在確認の裁判の謄本（確定証明書添付）を添付して出生届をした母が追完することになる。当該追完届書類は、「戸籍の記載を要しない事項、日本国籍を有しない者に関する届書報告書その他の書類つづり」（戸規50条、標準準則37条1項）につづって保存することになる。

(3) **認知の届出**

前記(1)及び(2)の手続きによって、当該子は、外国人女の嫡出でない子ということが明らかになるので、認知の届出（注）を受理する条件が調うことになる。

本事例の場合は、外国人母の後婚の日本人夫が、妻との婚姻前の嫡出でない子を認知する、いわゆる渉外的な認知届の場合であるから、通則法第29条第1項及び第2項により、子の出生当時又は認知当時の父の本国法又は認知当時の子の本国法のいずれによってもよいとされている。この場合、認知する者（父）の本国法によるときは、子の本国法がその子又は第三者の承諾又は同意のあることを認知の要件（保護要件）としているときは、その要件を備えることを要することになる。本事例では、日本人男が認知する場合であるから、同男について、日本民法上の認知の要件が備わっていればよいことになる。なお、その場合、子については保護要件を満たす必要があるが、それを証明するものとしては、子の本国法に規定されている子の保護要件を備えている旨を証明する書面、裁判所の許可書、母又は本人の同意書等である。なお、【事例3】を参照願いたい。

(注) 創設的届出（認知、縁組、離縁、婚姻又は離婚）が市・区役所又は町村役場に出頭した者によってされる場合には、出頭した者に対しその者が届出事件本人であることの確認を実施することとしている（詳細については、【事例1】の（注）を参照願いたい。）。

第5　認知届と出生届

3　戸籍訂正申請書、追完届及び認知届

(1)　戸籍訂正申請

戸 籍 訂 正 申 請

発送年月日	平成27年5月6日
東京都千代田区 長 ㊞	

東京都千代田 市㊅町村 長　殿

平成27年5月6日申請

受付	平成27年5月6日
	第　976　号

戸籍調査

(一)	事件本人	本　籍	栃木県宇都宮市若草町15番地		記載
		筆頭者氏名	丙 村 英 治		記載調査
(二)		住所及び世帯主氏名	東京都世田谷区用賀6丁目7番8号		送付
(三)		氏　名	丙 村 盛 夫		住民票
		生年月日	平成24年6月10日		記載
(四)		裁判の種類	親子関係不存在確認の裁判		通知
					附票
					記載
		裁判確定年月日	平成27年5月1日		通知
(五)		訂正の趣旨	事件本人丙村盛夫について、平成27年5月1日丙村英治との親子関係不存在確認の裁判が確定したため、同人は、母（国籍韓国）の嫡出でない子（国籍韓国）で日本国籍を有しないので、上記丙村英治戸籍から消除する。		
(六)		添付書類	審判書謄本及び確定証明書 戸籍謄本		
(七)	申請人	本　籍	東京都千代田区平河町2丁目30番地		
		筆頭者氏名	甲 野 幸 一		
		住　所	東京都世田谷区用賀6丁目7番8号		
		署名押印	甲 野 幸 一　　㊞		
		生年月日	昭和62年1月7日		

（注意）事件本人又は申請人が二人以上であるときは、必要に応じ該当欄を区切って記載すること。

【事例11】

(2) 追完届

追 完 届

東京都千代田 市区町村長 殿
平成27年5月6日届出

発送年月日	平成27年5月6日
	東京都千代田区　長　印

受付	平成27年5月6日　第977号
	書類調査　戸籍記載　記載調査　附票　住民票　通知

追完を要する届出事件	(一)	種類	出生届	届出の年月日	平成24年6月19日	基本届出事件の受付年月日及び受付番号	平成24年6月19日　第815号
	(二)	届出人	母　宋　花江			
	(三)	事件本人	本籍	栃木県宇都宮市若草町15	番地/番号
			筆頭者氏名	丙村英治	
	(四)		住所及び世帯主氏名	東京都世田谷区用賀6丁目7番8号	
	(五)		氏名	丙村盛夫	
			生年月日	平成24年6月10日	

(六)	追完の事由	上記の出生届について、平成27年5月1日事件本人丙村盛夫と父丙村英治との親子関係不存在確認の裁判が確定したため、事件本人を日本人として出生届出をしたのは、錯誤であるから、下記(七)欄のとおり追完する。
(七)	追完する事項	出生子について 1．氏名を「宋盛夫」と訂正する。 2．父母との続柄を「嫡出でない子」「長男」と訂正する。 3．父の記載を消除する。 4．本籍を「韓国」と訂正する。
(八)	添付書類	審判書謄本及び確定証明書

(九)	届出人	本籍	韓国
		筆頭者氏名	
		住所	東京都世田谷区用賀6丁目7番8号
		届出人の資格及び署名押印	宋　花江　㊞
		生年月日	西暦1988年4月17日

(3) 認知届

認 知 届

平成27年5月6日届出

東京都千代田区　長殿

受理	平成27年5月6日 第978号	発送	平成　年　月　日
送付	平成　年　月　日 第　号		長印

書類調査　戸籍記載　記載調査　附票　住民票　通知

	認知される子		認知する父
（よみかた）氏名	そん　もりお 宋　盛夫	父母との続き柄 ☑男　□女　長	こうの　こういち 甲野　幸一
生年月日	西暦2012年6月10日		昭和62年1月7日
住所 （住民登録をしているところ）	東京都世田谷区用賀 6丁目7番地8号 世帯主の氏名		東京都世田谷区用賀 6丁目7番地8号 世帯主の氏名　甲野幸一
本籍 （外国人のときは国籍だけを書いてください）	韓国 番地番 筆頭者の氏名		東京都千代田区平河町 2丁目30番地番 筆頭者の氏名　甲野幸一
認知の種別	☑任意認知 □遺言認知（遺言執行者　　　年　月　日就職）	□審判　　年　月　日確定 □判決　　年　月　日確定	
子の母	氏名　宋　花江　　西暦1988年4月17日生 本籍　韓国　　　　番地番 筆頭者の氏名		
その他	☑未成年の子を認知する　□成年の子を認知する　□死亡した子を認知する　□胎児を認知する 被認知者　宋盛夫はこの認知届により嫡出の身分を取得し「長男」となる。		
届出人	☑父　□その他（　　　　　） 住所　東京都世田谷区用賀6丁目7番地番8号 本籍　東京都千代田区平河町2丁目30番地番　筆頭者の氏名　甲野幸一 署名　甲野幸一　㊞　　昭和62年1月7日生		

【事例11】

4 戸籍受附帳の記載 （紙戸籍の場合の例）

(1) 戸籍訂正申請
東京都千代田区（非本籍人）

受附番号	受理送付の別	受附月日（事件発生月日）	件　名	届出事件本人の氏名（届出人の資格氏名）	本籍又は国籍	備　考
976	受理	5月6日	戸籍訂正（116条）	丙村盛夫 丙村英治 （申立人甲野幸一）	宇都宮市若草町15番地 同　上 平河町2丁目30番地	5月1日長男盛夫と父丙村英治との親子関係不存在確認の裁判確定この訂正により事件本人は日本国籍を有しないことになるから戸籍から消除する 5月6日発送

(2) 追完届
東京都千代田区（非本籍人）

受附番号	受理送付の別	受附月日（事件発生月日）	件　名	届出事件本人の氏名（届出人の資格氏名）	本籍又は国籍	備　考
977	受理	5月6日	その他（追完）	丙村盛夫（宋） （母　宋花江）	宇都宮市若草町15番地 （韓国）	氏名「宋盛夫」、父母との続柄を「嫡出でない子」「長男」と訂正、父の記載消除、本籍欄を「韓国」と訂正、基本の出生届の受付年月日・受付番号及び受理市を、平成24年6月19日第815号栃木県宇都宮市とする。 5月6日発送

(3) 認知届
東京都千代田区（本籍人）

受附番号	受理送付の別	受附月日（事件発生月日）	件　名	届出事件本人の氏名（届出人の資格氏名）	本籍又は国籍	備　考
978	受理	5月6日	認知	宋盛夫 甲野幸一	国籍　韓国 平河町2丁目30番地	認知者甲野幸一の戸籍の筆頭者は同人である被認知者宋盛夫は嫡出子長男となる

111

第5　認知届と出生届

5　戸籍の記載
図1　子の出生当時の父の戸籍

	（2の1）	全　部　事　項　証　明
本　　籍 氏　　名	栃木県宇都宮市若草町15番地 丙村　英治	
戸籍事項 　戸籍編製	（省略）	
戸籍に記録されている者	【名】英治 【生年月日】昭和59年9月10日 【父】丙村一郎 【母】丙村和子 【続柄】長男	
身分事項 　出　　生 　婚　　姻 　離　　婚	（省略） 【婚姻日】平成21年9月4日 【配偶者氏名】宋花江 【配偶者の国籍】韓国 【配偶者の生年月日】西暦1988年4月17日 【従前戸籍】栃木県宇都宮市若草町15番地　丙村一郎 【離婚日】平成23年10月12日 【配偶者氏名】宋花江 【配偶者の国籍】韓国	
戸籍に記録されている者 　消　　除	【名】盛夫 【生年月日】平成24年6月10日 【父】丙村英治 【母】宋花江 【続柄】長男	
身分事項 　消　　除	【消除日】平成27年5月8日 【消除事項】出生事項 【消除事由】丙村英治との親子関係不存在確認の裁判確定 【裁判確定日】平成27年5月1日 【申請日】平成27年5月6日 【申請人】甲野幸一 【送付を受けた日】平成27年5月8日 【受理者】東京都千代田区長	

発行番号000001　　　　　　　　　　　　　　　　　　　　　　　　　　　以下次頁

【事例11】

(2の2)　全部事項証明

消　　除	【従前の記録】 　　【出生日】平成２４年６月１０日 　　【出生地】栃木県宇都宮市 　　【届出日】平成２４年６月１９日 　　【届出人】母 【消除日】平成２７年５月８日 【消除事項】親権事項 【消除事由】丙村英治との親子関係不存在確認の裁判確定 【裁判確定日】平成２７年５月１日 【申請日】平成２７年５月６日 【申請人】甲野幸一 【送付を受けた日】平成２７年５月８日 【受理者】東京都千代田区長 【従前の記録】 　　【親権者】母
	以下余白

発行番号０００００１

第5　認知届と出生届

図2　認知者の戸籍

	（1の1）	全 部 事 項 証 明

本　　籍	東京都千代田区平河町二丁目30番地
氏　　名	甲野　幸一

戸籍事項 　　戸籍編製	（省略）
戸籍に記録されている者	【名】幸一 【生年月日】昭和62年1月7日　　　【配偶者区分】夫 【父】甲野幸夫 【母】甲野松子 【続柄】長男
身分事項 　　出　　生	（省略）
婚　　姻	【婚姻日】平成27年4月15日 【配偶者氏名】宋花江 【配偶者の国籍】韓国 【配偶者の生年月日】西暦1988年4月17日 【従前戸籍】東京都千代田区平河町二丁目30番地　甲野幸夫
認　　知	【認知日】平成27年5月6日 【認知した子の氏名】宋広夫 【認知した子の国籍】韓国 【認知した子の生年月日】西暦2012年6月10日 【認知した子の母の氏名】宋花江
	以下余白

発行番号000001

第6　認知届と婚姻届

事例12

父母の婚姻200日後の出生子について、出生の届出未了の間に親子関係不存在確認の裁判を確定させ、同裁判の謄本を添付して、母の後夫から嫡出子出生の届出と同時に父母の婚姻の届出がされた場合

[結　論]

婚姻の届出を受理した後に出生の届出を受理し、その順序で処理する。

〔受付の順序、戸籍処理の流れ〕

[解　説]

1　事例の内容

　A女は、夫C男との婚姻継続中にBを出産したが、Bの出生の届出をする前に、C男と協議離婚の届出をした。その後、BとC男との間において親子関係不存在確認の裁判が確定したので、Bの事実上の父D男は、A女との婚姻の届出及びBの嫡出子出生の届出を同時にした。

　この事例の場合において、どのように事務処理をするかというのが、本事例の問題である。

2　処理の順序

　本事例は、母の前夫の嫡出子の推定を受ける子について、出生の届出未了のまま母が前夫と離婚し、その後、前夫と子との間において親子関係不

第6　認知届と婚姻届

存在確認の裁判を確定させた上で、母が子の事実上の父と婚姻の届出をし、同時に父から嫡出子出生の届出をする場合であるから、次の(1)、(2)の順序で処理するのが適当である。

(1)　**婚姻の届出**

　本事例の婚姻の当事者である妻は、再婚であるため前婚の解消から6か月を経過している必要がある。すなわち、女性が再婚する場合には、再婚禁止期間の定めがあるから（民733条）、その期間を経過しているかについて審査することになる。もっとも、それ以外の婚姻の実質的成立要件を備えている必要があることは、いうまでもないので、その要件を審査したうえで受理することになる。

(2)　**出生の届出**

　本事例の出生子は、母が前夫との婚姻中に出生しているため、それが母と前夫との婚姻後200日後に出生したのであれば、嫡出の推定がされる（民772条）ので、たとえその子の事実上の父が他男であるとしても、そのまま出生の届出をすると、出生子は前夫と母との子として夫婦の戸籍に入籍することになる。本事例では、この出生の届出を未了にしたまま、母は、前夫と協議離婚の届出をし、親権者と指定された母は、当該出生子と前夫との親子関係不存在確認の裁判の申立てをし、その裁判を確定させるとともに、子の事実上の父と婚姻し、その後夫が前記の裁判の謄本を添付して、当該子につき嫡出子出生の届出（戸籍法62条の出生届）をしたという事案である。

　本事例の子は、父母婚姻中に出生した子であるから、夫の子と推定されるところ（民772条）、事実は妻が、夫以外の男との間に出生した子である。このような事例は、一般的には、夫が長期不在（外国滞在、行方不明）、あるいは事実上離婚別居等していた状況の中で、妻が、他男との間の子を出産した場合が考えられる。そして、このような場合の出生子について父子関係を否定するには、民法第772条の嫡出の推定が及ばないとして、嫡出

子否認の訴え（民775条）によることなく、親子関係不存在確認の訴え（人訴法2条）によることができるとされている。また、妻が夫の子を懐胎しえないことが確定判決又は審判の理由等から確認できるときは、戸籍実務上、母が嫡出でない子として、あるいは、母の後夫から嫡出子として出生の届出（戸62条）をすることが認められている（昭和28．12．11民事甲2335号回答、昭和39．2．6民事甲276号回答、昭和40．9．22民事甲2834号回答、昭和46．2．17民事甲567号回答等）。

本事例の場合は、前記後者の取扱いにより、後夫から婚姻前の出生子について出生の届出をする場合に該当するから、戸籍法第62条の規定による認知の届出の効力を有する嫡出子出生の届出ということになる。この出生の届出が受理されるためには、その前提として父母の婚姻の届出がされていなければならない。したがって、婚姻の届出を先に受理することになる（注1）。

(3) その他

本事例の出生子は、後夫からの出生の届出によりはじめて戸籍に入籍することになるので、従前の戸籍の記載はないから戸籍訂正の問題は生じない。ただ、形式的には出生の年月日からみて母の前婚中に出生しているので、嫡出の推定の排除がされた旨を出生事項中に【特記事項】のインデックスを設けて所要事項を記載することになる。

その場合の出生事項の記載は、次のとおりである（注2）。

(参考記載例12)

出　　生	【出生日】平成3年8月11日 【出生地】東京都千代田区 【届出日】平成3年12月19日 【届出人】母 【特記事項】平成3年12月9日甲野義太郎との親子関係不存在確認の裁判確定

（注1）　創設的届出（認知、縁組、離縁、婚姻又は離婚）が市・区役所又は町

第6　認知届と婚姻届

　　　村役場に出頭した者によってされる場合には、出頭した者に対しその者が届出事件本人であることの確認を実施することとしている（詳細については、【事例１】の（注）を参照願いたい。）。
（**注２**）　当該出生子について、その後、婚姻、縁組、転籍等により入籍戸籍又は新戸籍に出生事項を移記する場合は、特記事項の部分は記録を要しない。

【事例12】

3 婚姻届及び出生届

(1) 婚姻届

婚 姻 届

受理	平成28年 9月 8日	発送	平成28年 9月 8日
第	6560号		

平成28年 9月 8日届出

送付	平成28年 9月10日	東京都千代田区 長 ㊞
第	4300号	

東京都千代田区 長 殿

書類調査	戸籍記載	記載調査	調査票	附 票	住民票	通 知

		夫 に な る 人	妻 に な る 人
	（よみかた）	こうの よしたろう	おつの うめこ
(1)	氏　　名	氏 甲野　名 義太郎	氏 乙野　名 梅子
	生年月日	昭和60年 6月21日	昭和61年 1月 8日
(2)	住　　所（住民登録をしているところ）	東京都千代田区平河町 2丁目 3 番地 世帯主の氏名 甲野 義太郎	東京都千代田区平河町 2丁目 3 番地 世帯主の氏名 甲野 義太郎
(3)	本　　籍（外国人のときは国籍だけを書いてください）	東京都千代田区平河町 1丁目 10 番地 筆頭者の氏名 甲野 幸雄	京都市上京区小山初音町 18 番地 筆頭者の氏名 乙野 忠治
	父母の氏名父母との続き柄（他の養父母はその他の欄に書いてください）	父 甲野 幸雄　続き柄 長男 母　　 松子	父 乙野 忠治　続き柄 長女 母　　 春子
(4)	婚姻後の夫婦の氏・新しい本籍	☑夫の氏　□妻の氏　新本籍（左の☑の氏の人がすでに戸籍の筆頭者となっているときは書かないでください） 東京都千代田区平河町1丁目　　10 番地	
(5)	同居を始めたとき	平成 28 年 6 月　（結婚式をあげたとき、または、同居を始めたときのうち早いほうを書いてください）	
(6)	初婚・再婚の別	☑初婚　□再婚（□死別 □離別　年　月　日）	□初婚　☑再婚（□死別 ☑離別 28年 2月10日）
(7)	同居を始める前の夫婦のそれぞれの世帯のおもな仕事と	夫□妻□ 1．農業だけまたは農業とその他の仕事を持っている世帯 夫☑妻□ 2．自由業・商工業・サービス業等を個人で経営している世帯 夫□妻□ 3．企業・個人商店等（官公庁は除く）の常用勤労者世帯で勤め先の従業者数が1人から99人までの世帯（日々または1年未満の契約の雇用者は5） 夫□妻☑ 4．3にあてはまらない常用勤労者世帯及び会社団体の役員の世帯（日々または1年未満の契約の雇用者は5） 夫□妻□ 5．1から4にあてはまらないその他の仕事をしている者のいる世帯 夫□妻□ 6．仕事をしている者のいない世帯	
(8)	夫妻の職業	（国勢調査の年…　年…の4月1日から翌年3月31日までに届出をするときだけ書いてください） 夫の職業　　　　　　　　　妻の職業	
	その他	戸籍法62条の出生の届出を同時に提出済	
	届出人署名押印	夫　甲野 義太郎　㊞	妻　乙野 梅子　㊞
	事件簿番号		

第6　認知届と婚姻届

記入の注意

鉛筆や消えやすいインキで書かないでください。
この届は、あらかじめ用意して、結婚式をあげる日または同居を始める日に出すようにしてください。その日が日曜日や祝日でも届けることができます。
夫になる人または妻になる人の本籍地に出すときは2通、そのほかのところに出すときは3通出してください（役場が相当と認めたときは、1通で足りることもあります。）。
この届書を本籍地でない役場に出すときは、戸籍謄本または戸籍全部事項証明書が必要ですから、あらかじめ用意してください。

		証　　　　　人	
署押	名印	甲野　幸雄　㊞	甲野　松子　㊞
生年月日		昭和 29 年 8 月 31 日	昭和 34 年 12 月 16 日
住　　所		東京都世田谷区若林 6丁目　30　番地 45号	左記に同じ 　　　　　番地　　号
本　　籍		東京都千代田区平河町 1丁目　10　番地	左記に同じ 　　　　　番地

「筆頭者の氏名」には、戸籍のはじめに記載されている人の氏名を書いてください。
父母がいま婚姻しているときは、母の氏は書かないで、名だけを書いてください。
養父母についても同じように書いてください。

☐には、あてはまるものに☑のようにしるしをつけてください。
外国人と婚姻する人が、まだ戸籍の筆頭者となっていない場合には、新しい戸籍がつくられますので、希望する本籍を書いてください。

再婚のときは、直前の婚姻について書いてください。
内縁のものはふくまれません。

届け出られた事項は、人口動態調査（統計法に基づく基幹統計調査、厚生労働省所管）にも用いられます。

【事例12】

(2) 出生届

出　生　届

平成28年9月8日届出

東京都千代田区 長 殿

	受理	平成28年9月8日 第 6561 号	発送	平成 年 月 日
	送付	平成 年 月 日 第 号		長印
	書類調査	戸籍記載	記載調査	調査票	附票	住民票	通知

(1)	生まれた子	子の氏名（よみかた）（外国人のときはローマ字を付記してください）	氏 甲野　こうの／名 啓太郎　けいたろう	父母との続き柄　☑嫡出子　□嫡出でない子　[長]　☑男　□女
(2)		生まれたとき	平成28年2月1日　☑午前　□午後　5時3分	
(3)		生まれたところ	東京都千代田区大手町1丁目　2番地／番　3号	
(4)		住所（住民登録をするところ）	東京都千代田区平河町2丁目　3番地／番　号　世帯主の氏名 甲野義太郎　世帯主との続き柄 子	
(5)	生まれた子の父と母	父母の氏名生年月日（子が生まれたときの年齢）	父 甲野義太郎　昭和60年6月21日（満30歳）	母 甲野梅子　昭和61年1月8日（満30歳）
(6)		本籍（外国人のときは国籍だけを書いてください）	東京都千代田区平河町1丁目　10番地／番　筆頭者の氏名 甲野義太郎	
(7)		同居を始めたとき	平成18年6月（結婚式をあげたとき、または、同居を始めたときのうち早いほうを書いてください）	
(8)		子が生まれたときの世帯のおもな仕事と	□1．農業だけまたは農業とその他の仕事を持っている世帯　☑2．自由業・商工業・サービス業等を個人で経営している世帯　□3．企業・個人商店等（官公庁は除く）の常用勤労者世帯で勤め先の従業者数が1人から99人までの世帯（日々または1年未満の契約の雇用者は5）　□4．3にあてはまらない常用勤労者世帯及び会社団体の役員の世帯（日々または1年未満の契約の雇用者は5）　□5．1から4にあてはまらないその他の仕事をしている者のいる世帯　□6．仕事をしている者のいない世帯	
(9)		父母の職業	（国勢調査の年…　年…の4月1日から翌年3月31日までに子が生まれたときだけ書いてください）　父の職業　　　　　　　　母の職業	

その他	父母の婚姻の届出は、同時提出済 平成28年9月3日丙野秋雄との親子関係不存在確認の裁判確定につき裁判の謄本及び確定証明書添付

届出人	☑1．父／母　□2．法定代理人（　　　）　□3．同居者　□4．医師　□5．助産師　□6．その他の立会者　□7．公設所の長
	住所 東京都千代田区平河町2丁目　3番地／番　号
	本籍 東京都千代田区平河町1丁目10番地／番　筆頭者の氏名 甲野義太郎
	署名 甲野義太郎 ㊞　昭和60年6月21日生

事件簿番号	

第6 認知届と婚姻届

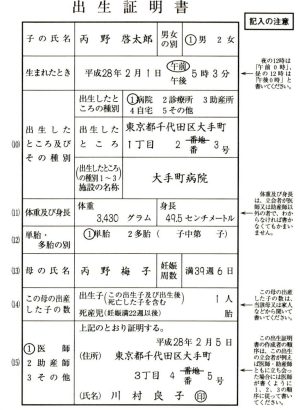

【事例12】

4 戸籍受附帳の記載（紙戸籍の場合の例）

(1) 婚姻の届出
東京都千代田区（本籍人）

受附番号	受理送付の別	受附月日 (事件発生月日)	件名	届出事件本人の氏名 (届出人の資格氏名)	本籍又は国籍	備考
6560	受理	9月8日	婚姻	甲野　義太郎 乙野　梅子	平河町1丁目10番地 京都市上京区小山初音町18番地	夫の氏を称する婚姻 新戸籍編製 夫の従前本籍地と同じ 　　　　9月8日発送

(2) 出生の届出
東京都千代田区（本籍人）

受附番号	受理送付の別	受附月日 (事件発生月日)	件名	届出事件本人の氏名 (届出人の資格氏名)	本籍又は国籍	備考
6561	受理	9月8日 (2月1日)	出生 (認知)	甲野　啓太郎 (父　甲野義太郎)	平河町1丁目10番地	出生地　千代田区 続柄　長男 戸62条の出生届

第6　認知届と婚姻届

5　戸籍の記載
図1　夫の婚姻前の戸籍

		（1の1）	全部事項証明
本　　籍	東京都千代田区平河町一丁目10番地		
氏　　名	甲野　幸雄		

戸籍事項 　　戸籍編製	（省略）
戸籍に記録されている者	【名】幸雄 【生年月日】昭和33年2月3日　　　【配偶者区分】夫 【父】甲野虎造 【母】甲野ハナ 【続柄】長男
身分事項 　　出　　生 　　婚　　姻	（省略） （省略）
戸籍に記録されている者	【名】松子 【生年月日】昭和35年2月5日　　　【配偶者区分】妻 【父】乙川和夫 【母】乙川節子 【続柄】二女
身分事項 　　出　　生 　　婚　　姻	（省略） （省略）
戸籍に記録されている者 除　　籍	【名】義太郎 【生年月日】昭和60年6月21日 【父】甲野幸雄 【母】甲野松子 【続柄】長男
身分事項 　　出　　生 　　婚　　姻	（省略） 【婚姻日】平成28年9月8日 【配偶者氏名】乙野梅子 【新本籍】東京都千代田区平河町一丁目10番地 【称する氏】夫の氏
	以下余白

発行番号000001

【事例12】

図2　妻の婚姻前の戸籍

	（1の1）	全部事項証明

本　　籍	京都市上京区小山初音町１８番地
氏　　名	乙野　忠治

戸籍事項 　　戸籍編製	（省略）

戸籍に記録されている者	【名】忠治 【生年月日】昭和３５年５月２日　　　【配偶者区分】夫 【父】乙野和市 【母】乙野秋子 【続柄】長男
身分事項 　　出　　生 　　婚　　姻	（省略） （省略）
戸籍に記録されている者	【名】春子 【生年月日】昭和３６年６月２日　　　【配偶者区分】妻 【父】山本市造 【母】山本トシ 【続柄】長女
身分事項 　　出　　生 　　婚　　姻	（省略） （省略）

〜〜〜〜〜〜〜〜〜〜〜〜〜〜〜〜〜〜〜〜〜〜〜〜〜〜〜〜〜〜

戸籍に記録されている者 除　　籍	【名】梅子 【生年月日】昭和６１年１月８日 【父】乙野忠治 【母】乙野春子 【続柄】長女
身分事項 　　出　　生 　　離　　婚 　　婚　　姻	（省略） （省略） 【婚姻日】平成２８年９月８日 【配偶者氏名】甲野義太郎 【送付を受けた日】平成２８年９月１０日 【受理者】東京都千代田区長 【新本籍】東京都千代田区平河町一丁目１０番地 【称する氏】夫の氏
	以下余白

発行番号０００００１

第6　認知届と婚姻届

図3　婚姻後の夫婦の戸籍

		（1の1）	全 部 事 項 証 明
本　　籍	東京都千代田区平河町一丁目10番地		
氏　　名	甲野　義太郎		
戸籍事項 　　戸籍編製	【編製日】平成28年9月8日		
戸籍に記録されている者	【名】義太郎 【生年月日】昭和60年6月21日　　【配偶者区分】夫 【父】甲野幸雄 【母】甲野松子 【続柄】長男		
身分事項 　　出　　生 　　婚　　姻	（省略） 【婚姻日】平成28年9月8日 【配偶者氏名】乙野梅子 【従前戸籍】東京都千代田区平河町一丁目10番地　甲野幸雄		
戸籍に記録されている者	【名】梅子 【生年月日】昭和61年1月8日　　【配偶者区分】妻 【父】乙野忠治 【母】乙野春子 【続柄】長女		
身分事項 　　出　　生 　　婚　　姻	（省略） 【婚姻日】平成28年9月8日 【配偶者氏名】甲野義太郎 【従前戸籍】京都市上京区小山初音町18番地　乙野忠治		
戸籍に記録されている者	【名】啓太郎 【生年月日】平成28年2月1日 【父】甲野義太郎 【母】甲野梅子 【続柄】長男		
身分事項 　　出　　生	【出生日】平成28年2月1日 【出生地】東京都千代田区 【届出日】平成28年9月8日 【届出人】父 【特記事項】平成28年9月3日丙野秋雄との親子関係不存在確認の裁判確定		
			以下余白

発行番号000001

事例13
外国人女の嫡出でない子について、日本人男から認知の届出と同時に子の父母の婚姻の届出がされた場合

結　論

認知の届出を受理した後に婚姻の届出を受理するか、又はその逆の順序で婚姻の届出を受理した後に認知の届出を受理するか、そのいずれでもよい。ここでは、次の順序で処理した場合について説明する。

〔受付の順序、戸籍処理の流れ〕

解　説

1　事例の内容

外国人A女は、日本人B男との間に婚姻外の子Cを平成27年2月1日に出産し、その出生の届出は、A女が所在地（住所地）において同月12日にしている。また、同年6月1日B男から子Cの認知の届出がされ、同時にA女とB男の婚姻の届出がされた。

この事例の場合において、どのように事務処理をするかというのが、本事例の問題である。

2　処理の順序

本事例は、外国人女の嫡出でない子を日本人男が認知の届出をすると同時に、同男女が婚姻の届出をする場合であるが、ここでは、次の(1)、(2)の順序で処理する場合について説明する。

第6　認知届と婚姻届

(1) **認知の届出**

　嫡出でない子と父との関係について、生理上の父子関係がある場合には、認知を要することなく、法律上の父子関係を認める法制（事実主義という）を採る国の場合は、父と子の間に父子関係があると認められるに足りる客観的な一定の事実、例えば、父の承認、裁判所等の公的機関の承認などがあれば出生によって法律上当然に発生するものとされる（戸籍実務研究会編「新版　初任者のための渉外戸籍実務の手引き」39頁）。

　これに対し、嫡出でない子と父との関係については、認知という身分法上の法律行為があってはじめて発生するとする認知主義の法制を採る国がある。わが国は認知主義を採っているから、父子関係は認知がなければ発生しない（ただし、母子関係は、分娩の事実によって当然発生するから、認知は要しない（最高裁昭和37．4．27判決・民集16巻7号1247頁））。

　認知には、父から届出により自己の子として認める任意認知（民781条、戸60条）と、父が任意認知しない場合に、子から裁判により父の認知を求める裁判認知（民787条、戸63条）がある。

　本事例は、日本人男が、外国人女の嫡出子でない子を認知する場合であり、渉外的な認知の届出である。渉外的認知の準拠法を規定する通則法第29条によれば、認知の実質的成立要件については、子の出生当時若しくは認知当時の認知する者の本国法、又は認知当時の子の本国法のいずれの法律によってもよいとされている。ただし、認知する者の本国法による場合においては、認知当時の子の本国法がその子又は第三者の承諾又は同意のあることを認知の要件とするときは、その要件（保護要件という）も備えなければならないとされている。

　本事例は、日本人男が市区町村長に認知の届出をする場合であるから、日本の民法に基づく実質的成立要件を備えている必要があり（**注1**）、子については、本国法上の保護要件を備えていなければならない。

　なお、日本人の父に認知された外国人の子については、認知のみでは日

本の国籍は取得しない（ただし、胎児認知及び胎児認知に準じる事例（平成11.11.11民二・五2420号通知）の場合を除く。）。もし、日本国籍の取得を望む場合は、日本国籍の取得届（国3条、国規1条・4条）をしなければならない。

(2) 婚姻の届出

　本事例は、婚姻の当事者を日本人男と外国人女とする、いわゆる渉外的な婚姻の届出である。この場合の実質的成立要件の準拠法は、各当事者の本国法とされている（通則法24条1項）ので、日本人については日本の民法の規定が、外国人についてはその者の本国法が適用されることになる。婚姻の実質的成立要件の審査は、前記のとおり、日本人については日本の民法の規定が適用されるので、戸籍又は届書に添付された戸籍謄本等によって審査することになる（**注2**）。

　一方、外国人については、その本国法が適用されるので、届書に添付された「婚姻要件具備証明書」によって審査するのが一般的である（「婚姻要件具備証明書」が得られない場合については、渉外戸籍実務研究会著「改訂設題解説渉外戸籍実務の処理Ⅰ総論・通則編」237頁以下参照のこと。）。

(3) 本事例の処理の結果

　ア　認知の届出の処理

　　　外国人A女の嫡出でない子Cを認知する旨の認知の届出に基づいて、認知した日本人B男の現在の戸籍の身分事項欄に外国人Cを認知した旨の事項が記載される。

　　　その後、B男の婚姻の届出がされた場合は、B男が戸籍の筆頭者でないときは、同人につき新戸籍が編製される（戸16条3項本文）。しかし、認知事項は、新戸籍に移記されない（戸規39条1項2号）。また、この場合は、認知届書の「その他」欄に、父母の婚姻の届出を同時に提出した旨の記載をする。

　イ　婚姻の届出の処理

　　　日本人B男が戸籍の筆頭者でない場合は、同人につき新戸籍が編製

され（戸16条3項本文）、新戸籍に婚姻事項が記載される。また、従前戸籍には婚姻による除籍事項が記載される。しかし、アで述べたように父の新戸籍には、認知事項は移記されない（戸規39条1項2号）。また、婚姻届書の「その他」欄には、父母の婚姻により子は嫡出子の身分を取得する旨を記載する。

　なお、外国人女の子は、認知によって嫡出子の身分を取得しても国籍及び氏の変動の問題は生じないから、子C（20歳未満）が日本国籍の取得を望むのであれば、別途国籍取得の届出をすることにより日本国籍を取得することができる（国3条・18条、国規1条・4条）。

　本事例については、【事例19】を参照願いたい。

(4) 婚姻の届出の後に認知の届出の順序で処理した場合

　婚姻の届出により、日本人B男が戸籍の筆頭者でないときは、同人につき新戸籍が編製され（戸16条3項本文）、新戸籍に婚姻事項が記載される。なお、B男が戸籍の筆頭者の場合は、B男の戸籍に婚姻事項が記載される（図3参照、ただし、身分事項欄のタイトルは、婚姻、認知の順に記載される。）。

　この場合の婚姻の届書の「その他」欄には、「認知の届出は、同時提出」と記載し、認知の届書の「その他」欄には、「この認知により嫡出子の身分を取得する子の表示　続柄　長女　氏名　金有里　成年月日　西暦2015年2月1日生　国籍　韓国　住所　東京都千代田区神田司町4番地」と記載する。

　　（注1・2）　創設的届出（認知、縁組、離縁、婚姻又は離婚）が市・区役所又は町村役場に出頭した者によってされる場合には、出頭した者に対しその者が届出事件本人であることの確認を実施することとしている（詳細については、【事例1】の（注）を参照願いたい。）。

3　認知届及び婚姻届

(1)　認知の届出

認　知　届

平成27年6月1日届出

東京都千代田区　長殿

受理	平成27年6月1日	発送	平成　年　月　日
第	2880号		
送付	平成　年　月　日		長印
第	号		

書類調査	戸籍記載	記載調査	附票	住民票	通知

	認知される子		認知する父
（よみかた）	きむ　ゆり	父母との続き柄	こうの　よしたろう
氏　名	金　有里	長　☐男　☑女	甲野　義太郎
生年月日	西暦2015年2月1日		昭和61年5月1日
住所（住民登録をしているところ）	東京都千代田区神田司町　4番地		東京都千代田区神田司町　4番地
	世帯主の氏名		世帯主の氏名　甲野　義太郎
本籍（外国人のときは国籍だけを書いてください）	韓国　　番地番		東京都千代田区平河町1丁目　4番地番
	筆頭者の氏名		筆頭者の氏名　甲野　幸雄

認知の種別	☑任意認知　☐審判　　年　月　日確定 　　　　　　　☐判決　　年　月　日確定 ☐遺言認知（遺言執行者　　年　月　日　就職）

子の母	氏名　金　恵英　　西暦1989年3月5日生
	本籍　韓国　　　　　番地番
	筆頭者の氏名

その他	☑未成年の子を認知する　☐成年の子を認知する　☐死亡した子を認知する　☐胎児を認知する
	父母の婚姻の届出は、同時提出

届出人	☑父　☐その他（　　　　　　）
	住所　東京都千代田区神田司町　4番地号
	本籍　東京都千代田区平河町1丁目　4番地番　筆頭者の氏名　甲野　幸雄
	署名　甲野　義太郎　㊞　　昭和61年5月1日生

第6　認知届と婚姻届

(2) 婚姻の届出

婚　姻　届

平成 27 年 6 月 1 日 届出

東京都千代田区 長 殿

		夫 に な る 人	妻 に な る 人	
(1)	（よみかた） 氏　　　名	こうの　　よしたろう 氏名　甲野　義太郎	きむ　　へよん 氏名　金　恵英	
	生年月日	昭和 61 年 5 月 1 日	西暦 1989 年 3 月 5 日	
(2)	住　　　所 (住民登録をしているところ)	東京都千代田区神田司町 4 番地／番号 世帯主の氏名　甲野　義太郎	東京都千代田区神田司町 4 番地／番号 世帯主の氏名	
(3)	本　　　籍 (外国人のときは国籍だけを書いてください)	東京都千代田区平河町 1丁目　4 番地 筆頭者の氏名　甲野　幸雄	韓　国 　　　　　番地／番 筆頭者の氏名	
	父母の氏名 父母との続き柄 (他の養父母はその他の欄に書いてください)	父　甲野　幸雄 母　　　松子	続き柄 長男	父　金　玉泉 母　　朴　英華	続き柄 長女
(4)	婚姻後の夫婦の 氏・新しい本籍	□夫の氏　　新本籍（左の☑の氏の人がすでに戸籍の筆頭者となっているときは書かないでください） ☑妻の氏　東京都千代田区平河町1丁目　　　4　番地／番		
(5)	同居を始めたとき	平成 27 年 5 月	（結婚式をあげたとき、または、同居を始めたときのうち早いほうを書いてください）	
(6)	初婚・再婚の別	☑初婚　再婚（□死別　　年　月　日） 　　　　　　　　（□離別）	☑初婚　再婚（□死別　　年　月　日） 　　　　　　　　（□離別）	
(7)	同居を始める前の夫婦のそれぞれの世帯のおもな仕事と	夫　妻　1．農業だけまたは農業とその他の仕事を持っている世帯 夫　妻　2．自由業・商工業・サービス業等を個人で経営している世帯 ☑夫　☑妻　3．企業・個人商店等（官公庁は除く）の常用勤労者世帯で勤め先の従業者数が1人から99人までの世帯（日々または1年未満の契約の雇用者は5） 夫　妻　4．3にあてはまらない常用勤労者世帯及び会社団体の役員の世帯（日々または1年未満の契約の雇用者は5） 夫　妻　5．1から4にあてはまらないその他の仕事をしている者のいる世帯 夫　妻　6．仕事をしている者のいない世帯		
(8)	夫妻の職業	（国勢調査の年…　年…の4月1日から翌年3月31日までに届出をするときだけ書いてください） 夫の職業　　　　　　　　　　　妻の職業		
	その他	この婚姻により嫡出子の身分を取得する子の表示 続柄　長女　氏名　金有里　生年月日　西暦2015年2月1日生　国籍　韓国 住所　東京都千代田区神田司町4番地　　　認知の届出は、同時提出		
	届出人 署名押印	夫　甲野　義太郎　㊞	妻　金　恵英　㊞	
	事件簿番号			

【事例13】

記入の注意

鉛筆や消えやすいインキで書かないでください。
この届は、あらかじめ用意して、結婚式をあげる日または同居を始める日に出すようにしてください。その日が日曜日や祝日でも届けることができます。
夫になる人または妻になる人の本籍地に出すときは2通、そのほかのところに出すときは3通出してください（役場が相当と認めたときは、1通で足りることもあります。）。
この届書を本籍地でない役場に出すときは、戸籍謄本または戸籍全部事項証明書が必要ですから、あらかじめ用意してください。

		証	人
署名押印		乙川 孝助 ㊞	丙山 竹子 ㊞
生年月日		昭和 38 年 8 月 3 日	昭和 40 年 6 月 8 日
住　所		東京都中野区野方 1丁目　34 番地番 1 号	東京都世田谷区若林 4丁目　31 番地番 18 号
本　籍		東京都杉並区清水町 1丁目　52 番地番	東京都世田谷区若林 4丁目　31 番地番

「筆頭者の氏名」には、戸籍のはじめに記載されている人の氏名を書いてください。
父母がいま婚姻しているときは、母の氏は書かないで、名だけを書いてください。
養父母についても同じように書いてください。

□には、あてはまるものに☑のようにしるしをつけてください。
外国人と婚姻する人が、まだ戸籍の筆頭者となっていない場合には、新しい戸籍がつくられますので、希望する本籍を書いてください。

再婚のときは、直前の婚姻について書いてください。
内縁のものはふくまれません。

届け出られた事項は、人口動態調査（統計法に基づく基幹統計調査、厚生労働省所管）にも用いられます。

第6　認知届と婚姻届

4　戸籍受附帳の記載（紙戸籍の場合の例）

(1)　認知の届出

東京都千代田区（本籍人）

受附番号	受理送付の別	受附月日 (事件発生月日)	件　名	届出事件本人の氏名 (届出人の資格氏名)	本籍又は国籍	備　　考
2880	受理	6月1日	認知	金　有里 甲野　義太郎	韓国 平河町1丁目4番地	認知者義太郎の戸籍の筆頭者甲野幸雄

(2)　婚姻の届出

東京都千代田区（本籍人）

受附番号	受理送付の別	受附月日 (事件発生月日)	件　名	届出事件本人の氏名 (届出人の資格氏名)	本籍又は国籍	備　　考
2881	受理	6月1日	婚姻	甲野　義太郎 金　恵英	平河町1丁目4番地 韓国	夫は新戸籍編製 夫の従前本籍地と同じ

【事例13】

5　戸籍の記載
図1　認知者である婚姻前の夫の戸籍

	（1の1）	全 部 事 項 証 明
本　　籍	東京都千代田区平河町一丁目4番地	
氏　　名	甲野　幸雄	

戸籍に記録されている者	【名】幸雄 【生年月日】昭和30年2月2日　　【配偶者区分】夫 【父】甲野義助 【母】甲野花子 【続柄】長男
身分事項 　出　　生 　婚　　姻	（省略） （省略）
戸籍に記録されている者	【名】松子 【生年月日】昭和33年2月3日　　【配偶者区分】妻 【父】乙野太郎 【母】乙野梅子 【続柄】二女
身分事項 　出　　生 　婚　　姻	（省略） （省略）
戸籍に記録されている者 除　　籍	【名】義太郎 【生年月日】昭和61年5月1日 【父】甲野幸雄 【母】甲野松子 【続柄】長男
身分事項 　出　　生 　認　　知 　婚　　姻	（省略） 【認知日】平成27年6月1日 【認知した子の氏名】金有里 【認知した子の国籍】韓国 【認知した子の生年月日】西暦2015年2月1日 【認知した子の母の氏名】金恵英 【婚姻日】平成27年6月1日 【配偶者氏名】金恵英 【配偶者の国籍】韓国 【配偶者の生年月日】西暦1989年3月5日 【新本籍】東京都千代田区平河町一丁目4番地
	以下余白

発行番号000001

図2　夫の新戸籍

		（1の1）	全　部　事　項　証　明
本　　　籍	東京都千代田区平河町一丁目4番地		
氏　　　名	甲野　義太郎		
戸籍事項 　　戸籍編製	【編製日】平成27年6月1日		
戸籍に記録されている者	【名】義太郎 【生年月日】昭和61年5月1日　　　　【配偶者区分】夫 【父】甲野幸雄 【母】甲野松子 【続柄】長男		
身分事項 　　出　　生 　　婚　　姻	（省略） 【婚姻日】平成27年6月1日 【配偶者氏名】金恵英 【配偶者の国籍】韓国 【配偶者の生年月日】西暦1989年3月5日 【従前戸籍】東京都千代田区平河町一丁目4番地　甲野幸雄 　　　　　　　　　　　　　　　　　　　　　　　　　　　　以下余白		

発行番号000001

【事例13】

図3　夫の戸籍（夫が婚姻前から筆頭者の場合）

		(1の1)	全 部 事 項 証 明
本　　籍	東京都千代田区平河町一丁目4番地		
氏　　名	甲野　義太郎		
戸籍事項 　戸籍編製	【編製日】平成25年9月3日		
戸籍に記録されている者	【名】義太郎 【生年月日】昭和61年5月1日　　　【配偶者区分】夫 【父】甲野幸雄 【母】甲野松子 【続柄】長男		
身分事項 　出　　生 　分　　籍 　認　　知 　婚　　姻	(省略) 【分籍日】平成25年9月3日 【従前戸籍】東京都千代田区平河町一丁目4番地　甲野幸雄 【認知日】平成27年6月1日 【認知した子の氏名】金有里 【認知した子の国籍】韓国 【認知した子の生年月日】西暦2015年2月1日 【認知した子の母の氏名】金恵英 【婚姻日】平成27年6月1日 【配偶者氏名】金恵英 【配偶者の国籍】韓国 【配偶者の生年月日】西暦1989年3月5日		
			以下余白

発行番号000001

第7　認知届と父母の婚姻届及び子の入籍届

> **事例14**
> 母と同籍している子について、父から認知の届出及び父母の婚姻の届出並びに子の入籍の届出が同時にされた場合

結　論

　認知の届出及び婚姻の届出並びに入籍の届出の順に受理し、その順序で処理する。又は、婚姻の届出及び認知の届出並びに入籍の届出の順に受理し、その順序で処理してもよい。

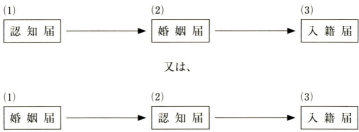

解　説

1　事例の内容

　A女の戸籍に在籍している嫡出でない子Bに対して、C男から認知の届出がされ、また、同時にA女とC男の夫の氏を称する婚姻の届出及びBの父母の戸籍への入籍の届出がされた。

　この事例の場合において、どのように事務処理をするかというのが、本

事例の問題である。

2　処理の順序

　本事例は、母と同籍する子について認知の届出をした者が、同時に認知した子の母との婚姻の届出をし、さらに当該子が父母の戸籍に入籍する届出を同時にする場合である。この場合の処理は、結論の前段の順序でするか（これによる場合は、子は(2)の父母の婚姻届で嫡出子の身分を取得する―婚姻準正―民789条1項）、又は、結論の後段の順序でしてもよいと考える（その場合は、子は父母の婚姻届受理後の(2)の認知届で嫡出子の身分を取得する―認知準正―民789条2項）。

　ここでは、前段の順序で処理する場合について説明する。なお、後段の順序で処理する場合については、以下の「(2)の婚姻の届出」の後半の箇所で説明している。

(1)　認知の届出

　嫡出でない子と父との法律上の親子関係については、認知という身分法上の法律行為によってはじめて発生するものとされている（民779条）。

　認知には、父が自ら自己の子として認める任意認知（民781条、戸60条）と、父が任意認知しない場合に、子の側からの認知の訴えによる裁判認知（民787条、戸63条）とがある。

　本事例は、父が認知の届出をした場合であるから、任意認知であり、この場合は、当該届出を市区町村長が審査し、これを受理したときに認知は成立し（民781条1項）（**注1**）、父子双方の戸籍に認知事項が記載される（戸規35条2号）が、戸籍は変動しない。

(2)　婚姻の届出

　婚姻の創設的届出は、当該届出を市区町村長が審査し、これを受理したときに婚姻が成立する（民739条）（**注2**）。

　本事例は、A女とC男が夫の氏を称する婚姻の届出をするものであるが、この婚姻が成立したときは、C男に認知されたA女の嫡出でない子Bは、

第7　認知届と父母の婚姻届及び子の入籍届

父母の婚姻により嫡出子の身分を取得することになる（民789条1項—婚姻準正）ので、婚姻届書の「その他」欄にその旨を記載する。

この婚姻の届出により、C男を筆頭者とするC男とA女夫婦の新戸籍が編製される（戸16条本文）が、C男が既に戸籍の筆頭者であるときは、新戸籍を編製することなくA女はその戸籍に入籍する（同条ただし書）。

C男に認知されたBは、父母の婚姻により嫡出子の身分を取得するので、同人の戸籍の身分事項欄にその旨の記載（法定記載例14・79）がされるが、父母の戸籍に当然には入籍しない。Bが婚姻後の父母の戸籍に入籍するには、別途父母の氏を称する入籍の届出をしなければならないが、家庭裁判所の許可を要しない（民791条2項、戸98条、昭和62.10.1民二5000号通達第5の3）（**注3**）。

なお、以上の説明は、認知の届出を先に受理し、その後に同時に届出された婚姻の届出を受理してその順序で処理する場合に関してである。

この順序とは反対に婚姻の届出を先に、認知の届出を後に処理するとした場合には、戸籍の記載は子について若干の相違がある（法定記載例14・16・79参照）。すなわち、この場合は、準正嫡出子の身分取得が認知の届出によってされることになるので、認知届書の「その他」欄にその旨の記載をすることになる。その場合の記載は「この認知により乙野幸子は嫡出子の身分を取得する。」となる。また、父母の婚姻届及び認知された子の父母の戸籍への入籍の届出を同時にしているので、前記の記載をした次に「父母の婚姻の届出は、同時提出」、「長女乙野幸子が父母の戸籍に入籍する届出は、同時提出」と記載する。

また、その場合は、認知の届書中の母の氏、本籍は、婚姻後のものを記載することになる。さらに、認知された子の戸籍の記載は、法定記載例16によることとなる。これは、認知の届出によって認知事項と父母との続柄の訂正事項の記載が同届出で同時にされるためである（法定記載例79の婚姻準正の場合と比較されたい。）。

(3) 入籍の届出

　子が父又は母と氏を異にしている場合に、子が、その父又は母の氏への変更をすることについては、民法第791条に規定がされている。

　本事例の場合のように父母の婚姻により準正嫡出子の身分を取得した子は、当然には父母の戸籍に入籍せず、入籍するには、別途に入籍の届出をしなければならないことは、前記(2)で述べたとおりである。その場合は、父母が婚姻中であるときは、家庭裁判所の許可を得ないで父母の氏を称することができるものとされている（民791条2項、戸98条）（**注4**）。

　本事例において入籍の届出がされたときは、Bは、父母の戸籍に入籍し、従前の戸籍から除籍される（**注5**）。

- （**注1・2**）　創設的届出（認知、縁組、離縁、婚姻又は離婚）が市・区役所又は町村役場に出頭した者によってされる場合には、出頭した者に対しその者が届出事件本人であることの確認を実施することとしている（詳細については、【事例1】の（注）を参照願いたい。）。
- （**注3・4**）　準正嫡出子について、従来、民法第789条第1項又は同条第2項の規定によって嫡出子の身分を取得したときは、同時に父母の氏を称するものとして、認知の届出又は婚姻の届出によって直ちに父母の戸籍に子を入籍させる取扱いがされていた（昭和35.12.16民事甲3091号通達）。しかし、民法の一部を改正する法律（昭和62年法律101号）の施行により、同法第791条が改正され（昭和63年1月1日施行）、父又は母が氏を改めたことにより父母と氏を異にすることになった子は、父母が婚姻中であるときは、家庭裁判所の許可を得ないで父母の氏を称することができることとされたので、従前の取扱いを改め、準正嫡出子は、当然には父母の氏を称しないとされた。この場合、準正嫡出子が父母の氏を称するには、戸籍法第98条に規定する入籍の届出によらなければならないとされた（昭和62.10.1民二5000号通達第5の1(1)及び3参照）。
- （**注5**）　準正嫡出子が父母の戸籍（あるいは他籍）に入籍する場合は、出生事項をそのまま移記し、認知事項（準正事項を含む）の移記は要しないとされている（昭和24.12.20民事甲2904号通達）。

3 認知届と父母の婚姻届及び子の入籍届

(1) 認知の届出

認 知 届

平成27年5月9日届出

東京都文京区　長殿

受理	平成27年5月9日	発送	平成27年5月9日
第	2326号		東京都文京区　長 印
送付	平成27年5月12日		
第	3300号		

書類調査　戸籍記載　記載調査　附　票　住民票　通　知

	認知される子	父母との続き柄	認知する父
（よみかた）	おつの　ゆきこ		こうの　いちろう
氏　名	氏　乙野　名　幸子	長　☐男　☑女	氏　甲野　名　一郎
生年月日	平成26年12月17日		昭和60年8月31日
住　所（住民登録をしているところ）	埼玉県川口市青木町 4丁目　6番地　3号 世帯主の氏名　乙野梅子		東京都文京区本郷 5丁目　12番地　6号 世帯主の氏名　甲野太郎
本　籍（外国人のときは国籍だけを書いてください）	埼玉県川口市青木町 4丁目　6番地 筆頭者の氏名　乙野梅子		東京都文京区本郷 5丁目　6番地 筆頭者の氏名　甲野太郎
認知の種別	☑任意認知　　☐審判　　年　月　日確定 　　　　　　　☐判決　　年　月　日確定 ☐遺言認知（遺言執行者　　　　年　月　日　就職）		
子の母	氏名　乙野梅子　　昭和61年6月3日生 本籍　子と同じ　　番地　番 筆頭者の氏名　子と同じ		
その他	☑未成年の子を認知する　☐成年の子を認知する　☐死亡した子を認知する　☐胎児を認知する 父母の婚姻の届出は、同時提出		
届出人	☑父　☐その他（　　　　　） 住所　東京都文京区本郷5丁目　12番地　6号 本籍　東京都文京区本郷5丁目　6番地　筆頭者の氏名　甲野太郎 署名　甲野一郎　㊞　　昭和60年8月31日生		

【事例14】

(2) 婚姻の届出

婚 姻 届

平成 27 年 5 月 9 日 届出

東京都文京区 長 殿

	受理	平成27年5月9日 第 2327 号	発送	平成27年5月9日
	送付	平成27年5月12日 第 3301 号	東京都文京区 長 ㊞	
	書類調査	戸籍記載	記載調査	調査票	附票	住民票	通知

		夫になる人	妻になる人
(1)	（よみかた） 氏　名	こうの　いちろう 甲野　一郎	おつの　うめこ 乙野　梅子
	生年月日	昭和60年8月31日	昭和61年6月3日
(2)	住　所 (住民登録をしているところ)	東京都文京区本郷 5丁目 12番地 6号 世帯主の氏名 甲野太郎	埼玉県川口市青木町 4丁目 6番地 3号 世帯主の氏名 乙野梅子
(3)	本　籍 (外国人のときは国籍だけを書いてください)	東京都文京区本郷 5丁目 6番地 筆頭者の氏名 甲野太郎	埼玉県川口市青木町 4丁目 6番地 筆頭者の氏名 乙野梅子
	父母の氏名 父母との続き柄 (他の養父母はその他の欄に書いてください)	父 甲野太郎　続き柄 長男 母　　春子	父 乙野三郎　続き柄 長女 母　　秋子
(4)	婚姻後の夫婦の氏・新しい本籍	☑夫の氏　□妻の氏　新本籍（左の☑の氏の人がすでに戸籍の筆頭者となっているときは書かないでください） 東京都文京区本郷5丁目　6番地	
(5)	同居を始めたとき	平成27年5月　（結婚式をあげたとき、または、同居を始めたときのうち早いほうを書いてください）	
(6)	初婚・再婚の別	☑初婚　□再婚（□死別 □離別　年月日）	☑初婚　□再婚（□死別 □離別　年月日）
(7)	同居を始める前の夫婦のそれぞれの世帯のおもな仕事と	夫□ 妻□ 1．農業だけまたは農業とその他の仕事を持っている世帯 夫☑ 妻□ 2．自由業・商工業・サービス業等を個人で経営している世帯 夫□ 妻□ 3．企業・個人商店等（官公庁は除く）の常用勤労者世帯で勤め先の従業者数が1人から99人までの世帯（日々または1年未満の契約の雇用者は5） 夫□ 妻☑ 4．3にあてはまらない常用勤労者世帯及び会社団体の役員の世帯（日々または1年未満の契約の雇用者は5） 夫□ 妻□ 5．1から4にあてはまらないその他の仕事をしている者のいる世帯 夫□ 妻□ 6．仕事をしている者のいない世帯	
(8)	夫妻の職業	（国勢調査の年…　年…の4月1日から翌年3月31日までに届出をするときだけ書いてください） 夫の職業　　　　　　　　妻の職業	
	その他	この婚姻により嫡出子「長女」の身分を取得する者 氏名 乙野幸子　平成26年12月17日生 戸籍の表示　母（妻）に同じ 婚姻後の戸籍に、長女乙野幸子が入籍する届出は、同時提出	
	届出人署名押印	夫　甲野一郎 ㊞	妻　乙野梅子 ㊞
	事件簿番号		

第7　認知届と父母の婚姻届及び子の入籍届

記入の注意

鉛筆や消えやすいインキで書かないでください。
この届は、あらかじめ用意して、結婚式をあげる日または同居を始める日に出すようにしてください。その日が日曜日や祝日でも届けることができます。
夫になる人または妻になる人の本籍地に出すときは2通、そのほかのところに出すときは3通出してください（役場が相当と認めたときは、1通で足りることもあります。）。
この届書を本籍地でない役場に出すときは、戸籍謄本または戸籍全部事項証明書が必要ですから、あらかじめ用意してください。

署名押印		証	人
署名押印	氏名	甲野太郎　㊞	乙野三郎　㊞
生年月日		昭和 34 年 9 月 5 日	昭和 36 年 8 月 31 日
住所		東京都文京区本郷	埼玉県川口市青木町
		5丁目　12　番地番　6号	4丁目　6　番地番　3号
本籍		東京都文京区本郷	埼玉県川口市青木町
		5丁目　6　番地番	3丁目　15　番地番

「筆頭者の氏名」には、戸籍のはじめに記載されている人の氏名を書いてください。
父母がいま婚姻しているときは、母の氏は書かないで、名だけを書いてください。
養父母についても同じように書いてください。

☐には、あてはまるものに☑のようにしるしをつけてください。
外国人と婚姻する人が、まだ戸籍の筆頭者となっていない場合には、新しい戸籍がつくられますので、希望する本籍を書いてください。

再婚のときは、直前の婚姻について書いてください。
内縁のものはふくまれません。

届け出られた事項は、人口動態調査（統計法に基づく基幹統計調査、厚生労働省所管）にも用いられます。

(3) 入籍の届出

入 籍 届

平成27年5月9日 届出

東京都文京区長 殿

受理	平成27年5月9日 第 2328号	発送	平成27年5月9日
送付	平成27年5月12日 第 3302号	東京都文京区 長 印	
書類調査	戸籍記載	記載調査	附 票	住民票	通 知

（よみかた） 入籍する人の 氏　名	氏　おつの　　　　　名　ゆきこ 乙　野　　　　　幸　子	平成26年12月17日生
住　所 (住民登録をして いるところ)	埼玉県川口市青木町4丁目　6番地3号 世帯主の氏名　乙野梅子	
本　籍	埼玉県川口市青木町4丁目　6番 筆頭者の氏名　乙野梅子	
入籍の事由	□父　□養父 □母　□養母　の氏を称する入籍 ☑父母　□養父母 □父　□養父 □母　□養母　と同籍する入籍 □父母　□養父母 □従前の氏を称する入籍　（従前の氏を改めた年月日　　年　月　日）	
入籍する戸籍 または 新しい本籍	☑すでにある戸籍に入る　□父または母の新戸籍に入る　□新しい戸籍をつくる 東京都文京区本郷5丁目　6番地　筆頭者の氏名　甲野一郎	
父母の氏名 父母との続き柄	父　甲野一郎 母　　　梅子	続き柄 長　□男 　　☑女
その他	父母の婚姻の届出及び認知の届出は、同時提出	
届出人 署名押印	印	

届　出　人

（入籍する人が十五歳未満のときの届出人または配偶者とともに届け出るときの配偶者が書かれています。届出人となる未成年後見人が3人以上のときは、ここに書くことができない未成年後見人について、その他欄又は別紙（様式任意。届出人全員の契印が必要）に書いてください。）

資　格	親権者（☑父　□養父）□未成年後見人　□配偶者	親権者（☑母　□養母）□未成年後見人
住　所	東京都文京区本郷 5丁目　12番地6号	左に同じ
本　籍	東京都文京区本郷5丁目 6番地　筆頭者の氏名　甲野一郎	左に同じ
署名押印	甲野一郎　㊞	甲野梅子　㊞
生年月日	昭和60年8月31日	昭和61年6月3日

【事例14】

第7　認知届と父母の婚姻届及び子の入籍届

4　戸籍受附帳の記載（紙戸籍の場合の例）

(1)　認知の届出

東京都文京区（本籍人）

受附番号	受理送付の別	受附月日（事件発生月日）	件名	届出事件本人の氏名（届出人の資格氏名）	本籍又は国籍	備考
2326	受理	5月9日	認知	乙野幸子 甲野一郎	埼玉県川口市青木町4丁目6番 本郷5丁目6番地	被認知者幸子の戸籍の筆頭者　乙野梅子 認知者一郎の戸籍の筆頭者　甲野太郎 5月9日発送

(2)　婚姻の届出

東京都文京区（本籍人）

受附番号	受理送付の別	受附月日（事件発生月日）	件名	届出事件本人の氏名（届出人の資格氏名）	本籍又は国籍	備考
2327	受理	5月9日	婚姻	甲野一郎 乙野梅子	本郷5丁目6番地 埼玉県川口市青木町4丁目6番	夫の氏を称する婚姻 新戸籍編製 夫の従前本籍地と同じ 5月9日発送

(3)　入籍の届出

東京都文京区（本籍人）

受附番号	受理送付の別	受附月日（事件発生月日）	件名	届出事件本人の氏名（届出人の資格氏名）	本籍又は国籍	備考
2328	受理	5月9日	入籍	乙野幸子 （親権者父母）	埼玉県川口市青木町4丁目6番	変更後の氏「甲野」 本郷5丁目6番地甲野一郎戸籍に入籍 5月9日発送

【事例14】

5　戸籍の記載
図1　認知者及び夫の婚姻前の夫の戸籍

	（2の1）	全 部 事 項 証 明

本　　　籍	東京都文京区本郷五丁目6番地
氏　　　名	甲野　太郎
戸籍事項 　　戸籍編製	（省略）
戸籍に記録されている者	【名】太郎 【生年月日】昭和33年12月10日　【配偶者区分】夫 【父】甲野義助 【母】甲野花子 【続柄】長男
身分事項 　　出　　生	（省略）
婚　　姻	（省略）
戸籍に記録されている者	【名】春子 【生年月日】昭和35年10月10日　【配偶者区分】妻 【父】乙川忠助 【母】乙川俊子 【続柄】二女
身分事項 　　出　　生	（省略）
婚　　姻	（省略）
戸籍に記録されている者 　除　　籍	【名】一郎 【生年月日】昭和60年8月31日 【父】甲野太郎 【母】甲野春子 【続柄】長男
身分事項 　　出　　生	（省略）

発行番号000001　　　　　　　　　　　　　　　　　　　　　　　　以下次頁

第7　認知届と父母の婚姻届及び子の入籍届

	（2の2）	全 部 事 項 証 明

認　　知	【認知日】平成27年5月9日 【認知した子の氏名】乙野幸子 【認知した子の戸籍】埼玉県川口市青木町四丁目6番　乙野梅子
婚　　姻	【婚姻日】平成27年5月9日 【配偶者氏名】乙野梅子 【新本籍】東京都文京区本郷五丁目6番地 【称する氏】夫の氏
	以下余白

発行番号000001

【事例14】

図2　被認知者及び妻の婚姻前の戸籍

除　　籍	（2の1）	全部事項証明
本　　籍	埼玉県川口市青木町四丁目6番	
氏　　名	乙野　梅子	

戸籍事項 　戸籍編製 　戸籍消除	（省略） 【消除日】平成27年5月12日
戸籍に記録されている者 　除　　籍	【名】梅子 【生年月日】昭和61年6月3日 【父】乙野三郎 【母】乙野秋子 【続柄】長女
身分事項 　出　　生 　子の出生 　婚　　姻	（省略） 【入籍日】平成26年12月26日 【入籍事由】子の出生届出 【従前戸籍】埼玉県川口市青木町三丁目15番地　乙野三郎 【婚姻日】平成27年5月9日 【配偶者氏名】甲野一郎 【送付を受けた日】平成27年5月12日 【受理者】東京都文京区長 【新本籍】東京都文京区本郷五丁目6番地 【称する氏】夫の氏
戸籍に記録されている者 　除　　籍	【名】幸子 【生年月日】平成26年12月17日 【父】甲野一郎 【母】乙野梅子 【続柄】長女
身分事項 　出　　生 　認　　知 　訂　　正	（省略） 【認知日】平成27年5月9日 【認知者氏名】甲野一郎 【認知者の戸籍】東京都文京区本郷五丁目6番地　甲野太郎 【送付を受けた日】平成27年5月12日 【受理者】東京都文京区長 【訂正日】平成27年5月12日 【訂正事項】父母との続柄 【訂正事由】平成27年5月9日父母婚姻届出

発行番号000001　　　　　　　　　　　　　　　　　　　　以下次頁

第7　認知届と父母の婚姻届及び子の入籍届

| | | （2の2） | 全 部 事 項 証 明 |

入　　籍	【送付を受けた日】平成２７年５月１２日 【受理者】東京都文京区長 【従前の記録】 　　【父母との続柄】長女
	【届出日】平成２７年５月９日 【除籍事由】父母の氏を称する入籍 【届出人】親権者父母 【送付を受けた日】平成２７年５月１２日 【受理者】東京都文京区長 【入籍戸籍】東京都文京区本郷五丁目６番地　甲野一郎

以下余白

発行番号０００００１

【事例14】

図3　夫婦の婚姻後の戸籍及び子の入籍戸籍

		（2の1）	全 部 事 項 証 明
本　　籍	東京都文京区本郷五丁目6番地		
氏　　名	甲野　一郎		
戸籍事項 　　戸籍編製	【編製日】平成27年5月9日		
戸籍に記録されている者	【名】一郎 【生年月日】昭和60年8月31日　　【配偶者区分】夫 【父】甲野太郎 【母】甲野春子 【続柄】長男		
身分事項 　　出　　生	（省略）		
婚　　姻	【婚姻日】平成27年5月9日 【配偶者氏名】乙野梅子 【従前戸籍】東京都文京区本郷五丁目6番地　甲野太郎		
戸籍に記録されている者	【名】梅子 【生年月日】昭和61年6月3日　　【配偶者区分】妻 【父】乙野三郎 【母】乙野秋子 【続柄】長女		
身分事項 　　出　　生	（省略）		
婚　　姻	【婚姻日】平成27年5月9日 【配偶者氏名】甲野一郎 【従前戸籍】埼玉県川口市青木町四丁目6番　乙野梅子		
戸籍に記録されている者	【名】幸子 【生年月日】平成26年12月17日 【父】甲野一郎 【母】甲野梅子 【続柄】長女		
身分事項 　　出　　生	【出生日】平成26年12月17日 【出生地】埼玉県川口市		

発行番号000001　　　　　　　　　　　　　　　　　　　　　　　　　以下次頁

第7　認知届と父母の婚姻届及び子の入籍届

| | （2の2） | 全 部 事 項 証 明 |

入　　籍	【届出日】平成２６年１２月２６日 【届出人】母
	【届出日】平成２７年５月９日 【入籍事由】父母の氏を称する入籍 【届出人】親権者父母 【従前戸籍】埼玉県川口市青木町四丁目６番　乙野梅子
	以下余白

発行番号０００００１

第8 胎児認知された子の出生の届出と父母の婚姻届

事例15
外国人女の胎児を日本人男が認知の届出をした後、同男女が婚姻の届出をすると同時に、婚姻の届出前に出生した胎児認知された子の出生の届出をした場合

結　論

婚姻の届出を受理した後に、出生の届出を受理し、その順序で処理した後、胎児認知の届出に基づく記載をする。

〔受付の順序、戸籍処理の流れ〕

解　説

1　事例の内容

日本人Ａ男は、外国人Ｂ女の胎児認知の届出を、平成27年3月16日にＢ女の所在地の市区町村長にした。その後、胎児認知された子Ｃが同年5月17日に出生したので、Ａ男は同月25日Ｃの出生の届出をするとともにＢ女との婚姻の届出を同時に提出した。

この場合において、どのように事務処理をするかというのが、本事例の問題である。

2　処理の順序

本事例は、外国人女の胎児について日本人男から認知の届出がされていたところ、胎児が出生し、その出生の届出前に、出生子の父と母との婚姻

第8　胎児認知された子の出生の届出と父母の婚姻届

の届出がされ、同時に当該子について嫡出子出生の届出がされた場合であるから、次の(1)、(2)の順序で処理するのが適当である。

なお、胎児認知の届出に基づく戸籍の記載は、その後にすることになる。

(1)　**婚姻の届出**

　婚姻の届出が市区町村長に提出された場合は、実質的成立要件及び形式的成立要件が備わっているときは、これが受理されることによって（民739条1項）、婚姻は成立することになる（**注1**）。本事例は、日本人と外国人の婚姻であり、いわゆる渉外的婚姻といわれるものであるが、この場合の婚姻の実質的成立要件の準拠法については、各当事者の本国法とされている（通則法24条1項）。また、形式的成立要件（方式）の準拠法については、原則として婚姻挙行地の法律によるとされている（同条2項）。ただし、当事者の一方が日本人である場合において日本で婚姻するときは、日本の法律によらなければならないとされている（同条3項ただし書）。

　本事例は、日本人が日本において婚姻する場合であるから、日本の方式、すなわち、市区町村長に届出をし、その受理によって婚姻は成立する（民739条、戸74条）。さらに、本事例は、婚姻当事者が婚姻の届出前に出生した胎児認知された子の出生の届出と同時に婚姻の届出をする場合であるが、出生子は、出生の時において既に日本人父を有していることになるので、生来的に日本国籍を取得していることとなる（国2条1号）。また、出生後に父母が婚姻しているので、準正嫡出子でもある（民789条1号、通則法29条）。

　本事例の場合は、上記により、準正嫡出子の出生の届出として処理するのが相当と考えられるから、婚姻の届出を出生の届出より先に受理するのが適当である。

(2)　**出生の届出**

　本事例については、外国人母B女の胎内にある子は、日本人父A男から胎児認知の届出がされており、胎児の出生後に父母が婚姻し、同時にその

子Cの出生の届出をする場合である。Cは、父母の婚姻前に出生しているので、本来ならば外国人B女の嫡出でない子となるが、日本人A男から胎児認知されているので、出生の時に法律上の父が在ることになるから、生来的に日本国籍を有することになる（国2条1号）。また、出生後（その届出前）において、父母が婚姻しているので準正嫡出子の身分を取得することになる（民789条1項）から、父の氏を称して父の戸籍に入籍することになる（民790条、戸18条1項）。

なお、この場合の出生の届出は、出生の時に胎児認知の効果として法律上の父子関係が生じていることから、戸籍法第62条の規定による出生届ではなく、通常の嫡出子出生の届出である。

(3) 胎児の認知の届出

父は、出生した子のみならず、母の胎内にある子をも認知することが認められるが、その場合は母の承諾が必要とされる（民783条1項）。胎児認知が認められている理由については、【事例4】の解説2の(3)に述べたとおりである。

なお、そこでも述べたところであるが、本事例のように外国人女の胎児について、日本人父が認知している場合、胎児は出生により生来的に日本国籍を有することになる（国2条1号、2号）ので、日本人父からの胎児認知の実益が認められる（注2）。

(4) 胎児認知の戸籍の記載

父が胎児認知した後に子が出生し、その出生届出前に父母が婚姻の届出をし、その後に子の出生の届出をする場合は、子は父母の婚姻により準正嫡出子の身分を取得しており、また、出生によって日本国籍を有しているので、その出生届は、父の氏を称し、父の戸籍に入籍する届出となる（民790条、戸18条1項）。

父の戸籍に入籍した当該子の戸籍の身分事項欄には、出生事項の次行に胎児認知事項を記載することになる。これは、法律上の父子関係及び嫡出

第8　胎児認知された子の出生の届出と父母の婚姻届

子の身分取得の経緯を明らかにするためにされるものと解されている（昭和60．2．19民二871号回答、「戸籍」491号108頁以下参照）。

なお、【事例18】を参照されたい。

（注1・2）　創設的届出（認知、縁組、離縁、婚姻又は離婚）が市・区役所又は町村役場に出頭した者によってされる場合には、出頭した者に対しその者が届出事件本人であることの確認を実施することとしている（詳細については、【事例1】の（注）を参照願いたい。）。

3 婚姻届・出生届及び胎児認知届

(1) 婚姻の届出

婚 姻 届

平成27年5月25日届出

東京都千代田区 長殿

受理	平成27年5月25日	発送	平成　年　月　日
第	2800 号		
送付	平成　年　月　日		長印
第	号		
書類調査	戸籍記載	記載調査	調査票	附票	住民票	通知

		夫になる人	妻になる人
(1)	（よみかた）	こう の いち ろう	い うん すく
	氏　名	甲野 一郎	李 恩淑
	生年月日	昭和60年6月30日	西暦1988年3月5日
(2)	住所（住民登録をしているところ）	東京都千代田区神田司町 4番地	東京都千代田区神田司町 4番地
	世帯主の氏名	甲野 一郎	
(3)	本籍（外国人のときは国籍だけを書いてください）	東京都千代田区神田司町 4番地	韓国
	筆頭者の氏名	甲野 一郎	
	父母の氏名 父母との続き柄 （他の養父母はその他の欄に書いてください）	父 甲野 太郎　続き柄 長男 母　　 花子	父 李 大徹　続き柄 長女 母 趙 春姫
(4)	婚姻後の夫婦の氏・新しい本籍	□夫の氏　□妻の氏	新本籍（左の☑の氏の人がすでに戸籍の筆頭者となっているときは書かないでください） 番地番
(5)	同居を始めたとき	平成27年3月 （結婚式をあげたとき、または、同居を始めたときのうち早いほうを書いてください）	
(6)	初婚・再婚の別	☑初婚　□再婚（□死別 □離別　年月日）	☑初婚　□再婚（□死別 □離別　年月日）
(7)	同居を始める前の夫婦のそれぞれの世帯のおもな仕事と	[夫]　[妻]　1．農業だけまたは農業とその他の仕事を持っている世帯 [夫]　[妻]　2．自由業・商工業・サービス業等を個人で経営している世帯 [夫]　[妻]　3．企業・個人商店等（官公庁は除く）の常用勤労者世帯で勤め先の従業者数が1人から99人までの世帯（日々または1年未満の契約の雇用者は5） [夫]✓　[妻]✓　4．3にあてはまらない常用勤労者世帯及び会社団体の役員の世帯（日々または1年未満の契約の雇用者は5） [夫]　[妻]　5．1から4にあてはまらないその他の仕事をしている者のいる世帯 [夫]　[妻]　6．仕事をしている者のいない世帯	
(8)	夫妻の職業	（国勢調査の年…　年…の4月1日から翌年3月31日までに届出をするときだけ書いてください） 夫の職業　　　　　　妻の職業	
	その他	甲野一郎は、李恩淑の胎児認知届出（平成27年3月16日東京都千代田区長に届出）、胎児は5月17日出生、出生届は同時提出	
	届出人署名押印	夫 甲野 一郎 ㊞	妻 李 恩淑 ㊞
	事件簿番号		

第8 胎児認知された子の出生の届出と父母の婚姻届

記入の注意

鉛筆や消えやすいインキで書かないでください。
この届は、あらかじめ用意して、結婚式をあげる日または同居を始める日に出すようにしてください。その日が日曜日や祝日でも届けることができます。
夫になる人または妻になる人の本籍地に出すときは2通、そのほかのところに出すときは3通出してください（役場が相当と認めたときは、1通で足りることもあります。）。
この届書を本籍地でない役場に出すときは、戸籍謄本または戸籍全部事項証明書が必要ですから、あらかじめ用意してください。

	証	人
署名押印	乙川孝助　㊞	丙山竹子　㊞
生年月日	昭和 37 年 4 月 14 日	昭和 41 年 6 月 8 日
住所	東京都中野区野方 1丁目　34　番地　1号	東京都世田谷区若林 4丁目　31　番地　18号
本籍	東京都杉並区清水町 1丁目　52　番地	東京都世田谷区若林 4丁目　31　番地

「筆頭者の氏名」には、戸籍のはじめに記載されている人の氏名を書いてください。
父母がいま婚姻しているときは、母の氏は書かないで、名だけを書いてください。
養父母についても同じように書いてください。

□には、あてはまるものに☑のようにしるしをつけてください。
外国人と婚姻する人が、まだ戸籍の筆頭者となっていない場合には、新しい戸籍がつくられますので、希望する本籍を書いてください。

再婚のときは、直前の婚姻について書いてください。
内縁のものはふくまれません。

届け出られた事項は、人口動態調査（統計法に基づく基幹統計調査、厚生労働省所管）にも用いられます。

【事例15】

(2) 出生の届出

出 生 届

平成27年5月25日届出

東京都千代田区 長 殿

受理 平成27年5月25日 第 2801 号	発送 平成 年 月 日	
送付 平成 年 月 日 第 号		長 印
書類調査 戸籍記載 記載調査 調査票 附票 住民票 通知		

(1)	子の氏名 （よみかた） (外国人のときはローマ字を付記してください)	こうの / けいたろう 氏 甲野　名 啓太郎	父母との続き柄	☑嫡出子 □嫡出でない子	長 ☑男 □女
(2)	生まれたとき	平成 27 年 5 月 17 日　☑午前 □午後　10 時 30 分			
(3)	生まれたところ	東京都港区赤坂葵町　2 番地／番 号			
(4)	住所 （住民登録をするところ）	東京都千代田区神田司町　4 番地／番 号 世帯主の氏名 甲野一郎　世帯主との続き柄 子			
(5)	父母の氏名 生年月日 （子が生まれたときの年齢）	父 甲野一郎　　　　　母 李恩淑 昭和60年6月30日（満29歳）　西暦1988年3月5日（満27歳）			
(6)	本籍 （外国人のときは国籍だけを書いてください）	東京都千代田区神田司町　4 番地／番 筆頭者の氏名 甲野一郎			
(7)	同居を始めたとき	平成27年3月（結婚式をあげたとき、または、同居を始めたときのうち早いほうを書いてください）			
(8)	子が生まれたときの世帯のおもな仕事と	□1．農業だけまたは農業とその他の仕事を持っている世帯 □2．自由業・商工業・サービス業等を個人で経営している世帯 □3．企業・個人商店等（官公庁は除く）の常用勤労者世帯で勤め先の従業者数が1人から99人までの世帯（日々または1年未満の契約の雇用者は5） ☑4．3にあてはまらない常用勤労者世帯及び会社団体の役員の世帯（日々または1年未満の契約の雇用者は5） □5．1から4にあてはまらないその他の仕事をしている者のいる世帯 □6．仕事をしている者のいない世帯			
(9)	父母の職業	（国勢調査の年…　年…の4月1日から翌年3月31日までに子が生まれたときだけ書いてください） 父の職業　　　　　母の職業			

その他	平成27年3月16日東京都千代田区長に胎児認知届出 父母の婚姻の届出は、同時提出

届出人	☑1．父 □　母　□2．法定代理人（　　　）□3．同居者 □4．医師 □5．助産師 □6．その他の立会者 □7．公設所の長
	住所 東京都千代田区神田司町　4 番地／番 号
	本籍 東京都千代田区神田司町　4 番地／番　筆頭者の氏名 甲野一郎
	署名 甲野一郎 ㊞　昭和60年6月30日生

事件簿番号	

第8　胎児認知された子の出生の届出と父母の婚姻届

【事例15】

(3) 胎児認知の届出

認　知　届

平成27年3月16日届出

東京都千代田区　長殿

受理	平成27年3月16日 第1573号	発送 平成　年　月　日	
送付	平成　年　月　日 第　　　　号		長印
書類調査	戸籍記載　記載調査　附票　住民票　通知		

	認知される子		認知する父
（よみかた）		父母との続き柄	こうの　　いちろう
氏　名	氏　胎　　　名　児	□男 □女	氏　甲野　　名　一郎
生年月日	年　月　日		昭和60年6月30日
住　所（住民登録をしているところ）	番地 番　号　世帯主の氏名		東京都千代田区神田司町 4番地 世帯主の氏名　甲野一郎
本　籍（外国人のときは国籍だけを書いてください）	番地 番　筆頭者の氏名		東京都千代田区神田司町 4番地 筆頭者の氏名　甲野一郎
認知の種別	☑任意認知　　□審判　年　月　日確定　　□判決　年　月　日確定 □遺言認知（遺言執行者　　　年　月　日　就職）		
子の母	氏名　李　恩淑　　西暦1988年3月5日生 本籍　韓国　　　　　　　　　　　　番地 番 筆頭者の氏名		
その他	□未成年の子を認知する　□成年の子を認知する　□死亡した子を認知する　☑胎児を認知する この届出を承諾する。 住所　東京都千代田区大手町1丁目2番3号 母　（サイン）　李　恩淑		
届出人	☑父　□その他（　　　　　） 住所　東京都千代田区神田司町　　　　4番地　番　号 本籍　東京都千代田区神田司町　4番地　筆頭者の氏名　甲野一郎 署名　甲野一郎　㊞　　　昭和60年6月30日生		

第8　胎児認知された子の出生の届出と父母の婚姻届

4　戸籍受附帳の記載（紙戸籍の場合の例）

(1)　婚姻の届出
東京都千代田区（本籍人）

受附番号	受理送付の別	受附月日 (事件発生月日)	件　名	届出事件本人の氏名 (届出人の資格氏名)	本籍又は国籍	備　　考
2800	受理	5月25日	婚　姻	甲野　一郎 李　恩淑	神田司町4番地 韓国	

(2)　出生の届出
東京都千代田区（本籍人）

受附番号	受理送付の別	受附月日 (事件発生月日)	件　名	届出事件本人の氏名 (届出人の資格氏名)	本籍又は国籍	備　　考
2801	受理	5月25日 (5月17日)	出　生	甲野　啓太郎 (父甲野一郎)	神田司町4番地	出生地　東京都港区 父母との続柄　長男 平成27年3月16日胎児認知届出 父母の婚姻届同時届出

(3)　胎児認知の届出
東京都千代田区（本籍人）

受附番号	受理送付の別	受附月日 (事件発生月日)	件　名	届出事件本人の氏名 (届出人の資格氏名)	本籍又は国籍	備　　考
1573	受理	3月16日	認　知 (胎児)	李　恩淑の胎児 甲野　一郎	韓国 神田司町4番地	李恩淑と甲野一郎の婚姻届出5月25日第2800号で受付 胎児の出生届出5月25日第2801号で受付

【事例15】

5　戸籍の記載
図　夫の戸籍

		（1の1）	全 部 事 項 証 明

本　　籍	東京都千代田区神田司町4番地
氏　　名	甲野　一郎

戸籍事項 　　戸籍編製	（省略）
戸籍に記録されている者	【名】一郎 【生年月日】昭和60年6月30日　　【配偶者区分】夫 【父】甲野太郎 【母】甲野花子 【続柄】長男
身分事項 　　出　　生 　　分　　籍 　　婚　　姻 　　認　　知	（省略） （省略） 【婚姻日】平成27年5月25日 【配偶者氏名】李恩淑 【配偶者の国籍】韓国 【配偶者の生年月日】西暦1988年3月5日 【胎児認知日】平成27年3月16日 【認知した子の氏名】甲野啓太郎 【認知した子の戸籍】東京都千代田区神田司町4番地　甲野一郎
戸籍に記録されている者	【名】啓太郎 【生年月日】平成27年5月17日 【父】甲野一郎 【母】李恩淑 【続柄】長男
身分事項 　　出　　生 　　認　　知	【出生日】平成27年5月17日 【出生地】東京都港区 【届出日】平成27年5月25日 【届出人】父 【胎児認知日】平成27年3月16日 【認知者氏名】甲野一郎 【認知者の戸籍】東京都千代田区神田司町4番地　甲野一郎
	以下余白

発行番号000001

第9　婚姻届と出生届

> **事例16**
> 父母の婚姻の届出と同時に、出生の届出未了の子について、父から嫡出子出生の届出がされた場合

結　論

婚姻の届出を受理した後に出生の届出を受理し、その順序で処理する。

〔受付の順序、戸籍処理の流れ〕

解　説

1　事例の内容

　E女は、平成27年5月6日に嫡出でない子Fを出産したが、Fの出生の届出をする前に、Fの事実上の父G男と同年9月10日に婚姻の届出をした。また、G男は、同時にFの嫡出子出生の届出をした。

　この事例の場合において、どのように事務処理をするかというのが、本事例の問題である。

　なお、本事例は、子の出生から届出までの期間が、届出期間（出生の日から14日以内）を相当経過した後にされている（しかし、届出期間経過後の届出であっても、これを受理しなければならない―戸46条）。この場合、届出義務者である母は、届出期間内に届出をしないことになるため、届出の懈怠が生じていることから、母については簡易裁判所に戸籍届出期間経過の

通知（いわゆる失期通知）を要することになる（戸135条・138条、標準準則41条）。

2　処理の順序

　本事例は、母が嫡出でない子を出生した後、その出生の届出をしないうちに、父母の婚姻の届出がされ、同時に父から嫡出子出生の届出がされた場合であるから、次の(1)、(2)の順序で処理しなければならない。

(1)　婚姻の届出

　本事例では、出生した子の父母が、子の出生の届出をする前に婚姻の届出をし、同時に当該子について父から嫡出子出生の届出をした場合であるが、この出生の届出については、父が当該子を自己の子と認める意思表示がされていると認められることから、認知の届出の効力を有するとされており（戸62条）、戸籍実務上一般に「戸籍法62条の嫡出子出生届」と呼ばれている。したがって、この出生の届出をするには、その前提として父母の婚姻が成立していなければならないため、本事例のように父母の婚姻届と子の出生届が同時にされた場合は、まず、父母の婚姻の届出（注）が受理されなければならない。もし、父母の婚姻の届出をしていない場合は、届出資格を父としての嫡出子出生の届出ができないから、その届出は受理されない。その場合は、出生の届書の記載を、嫡出でない子と補正し、さらに届出人の資格を、例えば、その届出人が同居している者であれば、「同居者」と補正しなければ、当該出生の届出は受理できないことになる。

　また、父母の婚姻の届出をしただけでは、出生した子と父との親子関係は発生しないから、父母の婚姻の届出後に、父から出生の届出（戸62条）をしない場合は、母は、当該子を嫡出でない子として出生の届出をするほかない。その場合は、その後に、認知の届出（任意認知又は強制（裁判）認知）をしたときは、そのときに父子関係が生じ、子は、準正嫡出子の身分を取得することになる（民789条2項）。

(2) **出生の届出**

　ア　戸籍法第62条の出生の届出

　　本事例の出生の届出は、既に述べたとおり、戸籍法第62条の嫡出子出生届と呼ばれ、認知の届出の効力を有するとされている。この場合の出生子は、父母の婚姻前に出生し、その出生の届出未了のうちに父母が婚姻し、その後に父から嫡出子出生の届出がされたことにより、準正嫡出子としての身分を取得するものである（民789条2項）。

　　父母の婚姻前に出生した子の出生の届出は、本来、次のイで述べるように取り扱うべきところであるが、たまたま出生の届出未了のうちに父母が婚姻したときは、次のイの手続過程を省略して、当初から嫡出子としての出生の届出をすることができるものとし、その届出に認知の届出の効力をも認めるというのが、戸籍法第62条の規定の趣旨である。

　　したがって、同条に規定する届出は、出生の報告的届出と認知の届出の効力を有する創設的届出の性質を併せもつ届出であるから、必ず父から届出しなければならないことになる。この届出により、子は父母の氏を称し、直ちに父母の戸籍に入籍することになる（民790条1項、戸18条1項、昭和23.1.29民事甲136号通達）。

　イ　嫡出でない子の出生の届出

　　父母の婚姻前に出生した子は、嫡出でない子であるから、母が、嫡出でない子としての出生の届出をし（戸52条2項）、子は、母の氏を称し出生当時の母の戸籍に入籍することになる（民790条2項、戸18条2項）。

　　前記のように出生の届出をし、子が母と同一戸籍に在る場合において、その後、母が夫の氏を称して婚姻し、母の夫がその子を認知したときは、子は準正嫡出子の身分を取得することになる（民789条2項）が、子が父母の戸籍に入籍する場合は、別途入籍の届出を要すること

【事例16】

になる（民791条2項、戸98条1項、昭和62.10.1民二5000号通達第5の1）。なお、【事例5】を参照願いたい。

（注）　創設的届出（認知、縁組、離縁、婚姻又は離婚）が市・区役所又は町村役場に出頭した者によってされる場合には、出頭した者に対しその者が届出事件本人であることの確認を実施することとしている（詳細については、【事例1】の（注）を参照願いたい。）。

第9　婚姻届と出生届

3　婚姻届及び出生届

(1)　婚姻届

婚　姻　届

平成27年9月10日届出

東京都千代田区　長　殿

受理	平成27年9月10日	発送	平成27年9月10日
第	2345号		東京都千代田区　長　印
送付	平成27年9月12日		
第	1875号		

書類調査	戸籍記載	記載調査	調査票	附票	住民票	通知

		夫になる人	妻になる人
(1)	（よみかた） 氏　名	おつの　よしお 氏　　名 乙野　義男	こうの　まつこ 氏　　名 甲野　松子
	生年月日	昭和60年7月10日	昭和61年1月9日
(2)	住　所 （住民登録をしているところ）	東京都千代田区平河町 1丁目2番地4号 世帯主の氏名　乙野義男	東京都千代田区平河町 1丁目2番地4号 世帯主の氏名　乙野義男
(3)	本　籍 （外国人のときは国籍だけを書いてください）	東京都千代田区平河町 3丁目20番地 筆頭者の氏名　乙野幸夫	京都市北区小山初音町 30番地 筆頭者の氏名　甲野忠吉
	父母の氏名 父母との続き柄 （他の養父母はその他の欄に書いてください）	父　乙野　幸夫　続き柄 母　　　　竹子　　2男	父　甲野　忠吉　続き柄 母　　　　秋子　　3女
(4)	婚姻後の夫婦の氏・新しい本籍	☑夫の氏 □妻の氏　新本籍（左の☑の氏の人がすでに戸籍の筆頭者となっているときは書かないでください） 東京都千代田区平河町3丁目20番地	
(5)	同居を始めたとき	平成27年8月　（結婚式をあげたとき、または、同居を始めたときのうち早いほうを書いてください）	
(6)	初婚・再婚の別	☑初婚　□再婚（□死別 □離別　年　月　日）	☑初婚　□再婚（□死別 □離別　年　月　日）
(7)	同居を始める前の夫婦のそれぞれの世帯のおもな仕事と	夫□　妻□　1．農業だけまたは農業とその他の仕事を持っている世帯 夫☑　妻□　2．自由業・商工業・サービス業等を個人で経営している世帯 夫□　妻□　3．企業・個人商店等（官公庁は除く）の常用勤労者世帯で勤め先の従業者数が1人から99人までの世帯（日々または1年未満の契約の雇用者は5） 夫□　妻☑　4．3にあてはまらない常用勤労者世帯及び会社団体の役員の世帯（日々または1年未満の契約の雇用者は5） 夫□　妻□　5．1から4にあてはまらないその他の仕事をしている者のいる世帯 夫□　妻□　6．仕事をしている者のいない世帯	
(8)	夫妻の職業	（国勢調査の年…　年…の4月1日から翌年3月31日までに届出をするときだけ書いてください） 夫の職業　　　　　　　　妻の職業	
	その他	戸籍法62条の出生の届出を、同時提出	
	届出人 署名押印	夫　乙野　義男　印	妻　甲野　松子　印
	事件簿番号		

【事例16】

記入の注意

鉛筆や消えやすいインキで書かないでください。
この届は、あらかじめ用意して、結婚式をあげる日または同居を始める日に出すようにしてください。その日が日曜日や祝日でも届けることができます。
夫になる人または妻になる人の本籍地に出すときは2通、そのほかのところに出すときは3通出してください（役場が相当と認めたときは、1通で足りることもあります。）。
この届書を本籍地でない役場に出すときは、戸籍謄本または戸籍全部事項証明書が必要ですから、あらかじめ用意してください。

		証	人	
署名押印		乙山孝二　㊞	丙川春子　㊞	
生年月日		昭和 55 年 8 月 6 日	昭和 57 年 4 月 15 日	
住所		東京都世田谷区若林 7丁目　20番地/番　25号	東京都中野区新井 9丁目　10番地/番　11号	
本籍		東京都杉並区清水町 9丁目　10番地/番	東京都中野区野方 5丁目　9番地/番	

「筆頭者の氏名」には、戸籍のはじめに記載されている人の氏名を書いてください。
父母がいま婚姻しているときは、母の氏は書かないで、名だけを書いてください。
養父母についても同じように書いてください。

□には、あてはまるものに☑のようにしるしをつけてください。
外国人と婚姻する人が、まだ戸籍の筆頭者となっていない場合には、新しい戸籍がつくられますので、希望する本籍を書いてください。

再婚のときは、直前の婚姻について書いてください。
内縁のものはふくまれません。

届け出られた事項は、人口動態調査（統計法に基づく基幹統計調査、厚生労働省所管）にも用いられます。

(2) 出生届

出 生 届	受理 平成27年9月10日 第　　2346　号	発送 平成　年　月　日	
平成 27 年 9 月 10 日 届出	送付 平成　年　月　日 第　　　　号		長印
東京都千代田区 長 殿	書類調査 ｜ 戸籍記載 ｜ 記載調査 ｜ 調査票 ｜ 附　票 ｜ 住民票 ｜ 通　知		

(1)	生まれた子	（よみかた） 子の氏名 (外国人のときはローマ字を付記してください)	氏 乙野　　名 啓太	父母との続き柄	☑嫡出子　　☑男 □嫡出でない子 [長] □女
(2)		生まれたとき	平成 27 年 5 月 6 日	☑午前 6 時 10 分 □午後	
(3)		生まれたところ	東京都千代田区大手町1丁目　2 番地 3 号		
(4)		住　所 (住民登録をするところ)	東京都千代田区平河町1丁目　2 番地 4 号 世帯主の氏名 乙野義男　　世帯主との続き柄 子		
(5)	生まれた子の父と母	父母の氏名 生年月日 (子が生まれたときの年齢)	父 乙野 義男 昭和60年7月10日(満 30 歳)	母 乙野 松子 昭和61年1月9日(満 29 歳)	
(6)		本　籍 (外国人のときは国籍だけを書いてください)	東京都千代田区平河町3丁目　20 番地 筆頭者の氏名 乙野 義男		
(7)		同居を始めたとき	平成 27 年 8 月　（結婚式をあげたとき、または、同居を始めたときのうち早いほうを書いてください）		
(8)		子が生まれたときの世帯のおもな仕事と	□1. 農業だけまたは農業とその他の仕事を持っている世帯 ☑2. 自由業・商工業・サービス業等を個人で経営している世帯 □3. 企業・個人商店等（官公庁は除く）の常用勤労者世帯で勤め先の従業者数が1人から99人までの世帯（日々または1年未満の契約の雇用者は5） □4. 3にあてはまらない常用勤労者世帯及び会社団体の役員の世帯（日々または1年未満の契約の雇用者は5） □5. 1から4にあてはまらないその他の仕事をしている者のいる世帯 □6. 仕事をしている者のいない世帯		
(9)		父母の職業	（国勢調査の年… 年の4月1日から翌年3月31日までに子が生まれたときだけ書いてください） 父の職業　　　　　　　母の職業		
	その他	父母の婚姻の届出は、同時提出			
	届出人	☑1.父 　母　□2.法定代理人(　　)　□3.同居者　□4.医師　□5.助産師　□6.その他の立会者 □7.公設所の長			
		住所 東京都千代田区平河町1丁目　2 番地 4 号			
		本籍 東京都千代田区平河町3丁目20 番地　筆頭者の氏名 乙野 義男			
		署名 乙野 義男 ㊞　　昭和 60 年 7 月 10 日生			
	事件簿番号				

【事例16】

出 生 証 明 書

子 の 氏 名	甲 野 啓 太	男女の別	① 男　2 女

生まれたとき	平成27年 5 月 6 日 ㋐午前 / 午後 6 時 10 分

(10) 出生したところ及びその種別

出生したところの種別	①病院　2 診療所　3 助産所　4 自宅　5 その他
出生したところ	東京都千代田区大手町1丁目 2 番地 3 号
(出生したところ)の種別1～3 施設の名称	大手町病院

(11) 体重及び身長

体重	3,300 グラム	身長	48.5 センチメートル

(12) 単胎・多胎の別　①単胎　2 多胎 （　子中第　子）

(13) 母の氏名　甲野 松子　妊娠周数　満39週 5 日

(14) この母の出産した子の数

出生子（この出生子及び出生後死亡した子を含む）	1 人
死産児（妊娠満22週以後）	胎

(15)
① 医師
2 助産師
3 その他

上記のとおり証明する。
平成27年 5 月16日
(住所) 東京都千代田区大手町3丁目 4 番地 5 号
(氏名) 川 村 良 子 ㊞

記入の注意

鉛筆や消えやすいインキで書かないでください。

子が生まれた日からかぞえて14日以内に出してください。

子の本籍地でない役場に出すときは、2通出してください（役場が相当と認めたときは、1通で足りることもあります）。2通の場合でも、出生証明書は、原本1通と写し1通でさしつかえありません。

子の名は、常用漢字、人名用漢字、かたかな、ひらがなで書いてください。子が外国人のときは、原則かたかなで書くとともに、住民票の処理上必要ですから、ローマ字を付記してください。

よみかたは、戸籍には記載されません。住民票の処理上必要ですから書いてください。

□には、あてはまるものに☑のようにしるしをつけてください。

筆頭者の氏名には、戸籍のはじめに記載されている人の氏名を書いてください。

子の父または母が、まだ戸籍の筆頭者となっていない場合は、新しい戸籍がつくられますので、この欄に希望する本籍を書いてください。

届け出られた事項は、人口動態調査（統計法に基づく基幹統計調査、厚生労働省所管）にも用いられます。

記入の注意

夜の12時は「午前0時」、昼の12時は「午後0時」と書いてください。

体重及び身長は、立会者が医師又は助産師以外の者で、わからなければ書かなくてもかまいません。

この母の出産した子の数は、当該母又は家人などから聞いて書いてください。

この出生証明書の作成者の順序は、この出生の立会者が例えば医師・助産師ともに立ち会った場合には医師が書くように1、2、3の順序に従って書いてください。

第9 婚姻届と出生届

4 戸籍受附帳の記載（紙戸籍の場合の例）

(1) 婚姻の届出
東京都千代田区（本籍人）

受附番号	受理送付の別	受附月日 (事件発生月日)	件　名	届出事件本人の氏名 (届出人の資格氏名)	本 籍 又 は 国 籍	備　　　考
2345	受理	9月10日	婚　姻	乙　野　義　男 甲　野　松　子	平河町3丁目20番地 京都市北区小山初音町30番地	夫の氏を称する婚姻 新戸籍編製 夫の従前の本籍地と同じ 　　　　9月10日発送

(2) 出生の届出
東京都千代田区（本籍人）

受附番号	受理送付の別	受附月日 (事件発生月日)	件　名	届出事件本人の氏名 (届出人の資格氏名)	本 籍 又 は 国 籍	備　　　考
2346	受理	9月10日 （5月6日）	出　生 （認知）	乙　野　啓　太 （父　乙野義男）	平河町3丁目20番地	出生地　千代田区 続柄　長男 戸62条の出生届

（注）　戸籍法第62条の嫡出子出生の届出には、父の認知の届出の効力をも有するので、件名欄に認知の旨を括弧書きする。

【事例16】

5　戸籍の記載
図　婚姻による夫婦の戸籍及び子の入籍戸籍

（2の1）　全部事項証明

本　　籍	東京都千代田区平河町三丁目20番地
氏　　名	乙野　義男
戸籍事項 　　戸籍編製	【編製日】平成27年9月10日
戸籍に記録されている者	【名】義男 【生年月日】昭和60年7月10日　　【配偶者区分】夫 【父】乙野幸夫 【母】乙野竹子 【続柄】二男
身分事項 　出　　生	【出生日】昭和60年7月10日 【出生地】東京都千代田区 【届出日】昭和60年7月23日 【届出人】父
婚　　姻	【婚姻日】平成27年9月10日 【配偶者氏名】甲野松子 【従前戸籍】東京都千代田区平河町三丁目20番地　乙野幸夫
戸籍に記録されている者	【名】松子 【生年月日】昭和61年1月9日　　【配偶者区分】妻 【父】甲野忠吉 【母】甲野秋子 【続柄】三女
身分事項 　出　　生	【出生日】昭和61年1月9日 【出生地】京都市北区 【届出日】昭和61年1月15日 【届出人】父
婚　　姻	【婚姻日】平成27年9月10日 【配偶者氏名】乙野義男 【従前戸籍】京都市北区小山初音町30番地　甲野忠吉
戸籍に記録されている者	【名】啓太 【生年月日】平成27年5月6日

発行番号000001　　　　　　　　　　　　　　　　　　　　以下次頁

第9　婚姻届と出生届

		(2の2)	全 部 事 項 証 明
身分事項 　　出　　生	【父】乙野義男 【母】乙野松子 【続柄】長男		
	【出生日】平成２７年５月６日 【出生地】東京都千代田区 【届出日】平成２７年９月１０日 【届出人】父		
			以下余白

発行番号０００００１

【事例17】

事例17
婚姻の届出と同時に、婚姻前に出生した胎児認知された子の出生の届出がされた場合

結　論

　婚姻の届出を受理した後に、出生の届出を受理し、その後に胎児認知の届出を受理している市区町村長から同届書の送付を受けて、その順序で処理する。

〔受付の順序、戸籍処理の流れ〕

解　説

1　事例の内容

　Ｂ女の胎児をＡ男が平成26年11月23日認知し、胎児Ｃは平成27年5月7日出生したが、その出生届出をする前の同月18日にＡ男とＢ女は夫の氏を称する婚姻の届出をし、同時に父Ａ男がＣの出生の届出をした。

　この事例の場合において、どのように事務処理をするかというのが、本事例の問題である。

2　処理の順序

　本事例は、胎児認知された子が出生し、その出生の届出をする前に、父母の婚姻の届出がされ、同時に胎児認知された子の出生の届出がされた場合であるから、次の(1)、(2)及び(3)の順序で処理するのが適当である。

(1) 婚姻の届出

本事例の子は、胎児認知されているから出生の時に法律上の父を有することになり、また、当該子の出生の届出前に父母が婚姻の届出をしているから、子は準正嫡出子の身分を取得することになる（民789条1項）。さらに、本事例は、婚姻の届出と同時に出生の届出をしているので、当該子は、出生の届出によって婚姻後の父母の氏を称して父母の戸籍に入籍する（民790条1項、戸18条1項）ことになるから、まず、婚姻の届出を受理する（注1）。

(2) 出生の届出

本事例の、胎児認知された子の出生の届出は、父母の婚姻の届出と同時にされていることから、戸籍法第62条に規定する認知の届出の効力を有する嫡出子出生の届出ともみられる。しかし、当該子については胎児認知の届出がされているので、認知の効力は出生の時に発生しているから、出生の届出に認知の効力を有するとする戸籍法第62条の出生届とは異なる取扱いになる。

この場合の出生の届出は、胎児認知された子の出生届として届出義務者が出生の届出をしなければならない（戸52条2項）が、本事例では、当該子は父母の婚姻により準正嫡出子の身分を取得している（民789条1項）から、父が届出をすることができる（戸52条1項）。

(3) 胎児認知の届出

父は、母の胎内に在る子でも、母の承諾を得て認知することができるとされている（民783条1項）。これが一般に胎児認知といわれているものである。この胎児認知は、父が子の出生前に不慮の事故死等に遭遇した場合のことを考えて、子との親子関係をあらかじめ明確なものにしておいて、仮に父が死亡した場合には、相続権や不法行為の損害賠償請求権等を子に確保させようという趣旨で認められているものである。この胎児認知をすることができる者は常に父のみに限られる。また、胎児認知された子が出

生したときは、出生時に認知の効力が生じることから、出生の時に法律上の父が存在することになる。

　近時、日本人と外国人に関する、いわゆる渉外戸籍届出事件が増加の一途をたどっていることは周知の事実であるが、その届出事件のうち外国人女の胎児を日本人の父が認知する事例が少なくないとされている。この場合、胎児認知の届出がされた胎児が出生したときは、当該子は、国籍法第2条第1号にいう「出生の時に父又は母が日本国民であるとき。」に該当し、日本国民とされるので、出生と同時に日本国籍を有することになる。すなわち、胎児認知の届出がされていることによって、当該出生子は、生来的に日本国籍を取得することができ、実益が認められることから、渉外的胎児認知の届出事件が少なくないとされる理由といえる。なお、胎児認知の届出（注2）はこれを受理しても直ちに戸籍に記載されることはなく、出生の届出がされた後に記載をすべきものとされている。

　胎児認知は、母の本籍地（外国人については母の所在地）に届出をするものとされており（戸61条、昭和29．3．6民事甲509号回答）、そして、同届書類は、母の本籍地の市区町村において保管することとなる（戸規50条）。また、母の本籍地が他の市区町村に転属した場合は、同市区町村長は、胎児認知届書の謄本を作成し、これを非本籍人に関するものとして保存する一方、同届書（原本）は、新本籍地に送付することとされている（標準準則38条）（注3）。本事例においては、婚姻により母の本籍地は、京都市北区から東京都千代田区に転属しているので、同届書（原本）は、婚姻後の本籍地（東京都千代田区）に送付することになるから、当該婚姻の届書が受理地（同区）から送付された場合は、その届出に基づいて送付することになる。

(4)　戸籍の記載

　胎児認知された子の父子関係は、出生の時に生ずるから、出生の届出に当たっては、届書の「その他」欄に「年月日胎児認知届出」と認知されて

第9　婚姻届と出生届

いる旨を記載する。

　また、本事例の場合、当該子は、父母の婚姻により、準正嫡出子の身分を取得しているから、出生の届出により父母の婚姻後の戸籍に入籍し、出生事項を記載した後、胎児認知事項を記載することになる。このような取扱いをするのは、本事例のように胎児認知された子の出生後、父母が婚姻し、父から嫡出子出生届がされた場合においても、胎児認知に関する事項は、法律上の父子関係及び嫡出子の身分取得の経緯を明らかにするうえで必要があるためとされている（昭和60.2.19民二871号回答、「戸籍」491号108頁以下参照）（**注4**）。なお、【事例4】を参照されたい。

（**注1・2**）　創設的届出（認知、縁組、離縁、婚姻又は離婚）が市・区役所又は町村役場に出頭した者によってされる場合には、出頭した者に対しその者が届出事件本人であることの確認を実施することとしている（詳細については、【事例1】の（**注**）を参照願いたい。）。
（**注3**）　日本人父が外国人母の胎児につき認知する場合、その届出は、母の住所地にすべきであり、また、この場合、子の出生により日本人父の身分事項欄に認知事項を記載するため、前もって届書の1通を父の本籍地に送付しておくこととされている（昭和29.3.6民事甲509号回答）。
（**注4**）　認知された胎児が出生したが、その出生以前に父母が既に婚姻している場合は、子は生来の嫡出子であるので、通常の嫡出子出生届をすべきであり、戸籍についても特に胎児認知事項を記載する必要はないとされている（大正6.3.19民370号回答）。

【事例17】

3 婚姻届・出生届及び胎児認知書

(1) 婚姻の届出

婚姻届

平成27年5月18日届出

東京都千代田区 長 殿

受理	平成27年 5月18日 第 1245 号	発送 平成27年 5月18日
送付	平成27年 5月20日 第 1025 号	東京都千代田区 長 印
書類調査	戸籍記載	記載調査	調査票	附票	住民票	通知

		夫になる人	妻になる人
(1)	（よみかた）氏名	こうの はるお 甲野 春男	おつの あきこ 乙野 秋子
	生年月日	昭和60年4月12日	昭和62年11月2日
(2)	住所（住民登録をしているところ）	東京都千代田区平河町 1丁目 15番地 3号 世帯主の氏名 甲野春男	左に同じ 世帯主の氏名
(3)	本籍（外国人のときは国籍だけを書いてください）	東京都千代田区平河町 1丁目 10番 筆頭者の氏名 甲野夏雄	京都市北区小山初音町 18番 筆頭者の氏名 乙野義治
	父母の氏名 父母との続き柄（他の養父母はその他の欄に書いてください）	父 甲野夏雄　母 竹子　続き柄 長男	父 乙野義治　母 冬子　続き柄 長女
(4)	婚姻後の夫婦の氏・新しい本籍	☑夫の氏 □妻の氏　新本籍（左の☑の氏の人がすでに戸籍の筆頭者となっているときは書かないでください）東京都千代田区平河町3丁目 20番地	
(5)	同居を始めたとき	平成27年3月（結婚式をあげたとき、または、同居を始めたときのうち早いほうを書いてください）	
(6)	初婚・再婚の別	☑初婚 □再婚（□死別 □離別　年　月　日）	☑初婚 □再婚（□死別 □離別　年　月　日）
(7)	同居を始める前の夫婦のそれぞれの世帯のおもな仕事と	夫□ 妻□ 1．農業だけまたは農業とその他の仕事を持っている世帯 夫☑ 妻□ 2．自由業・商工業・サービス業等を個人で経営している世帯 夫□ 妻□ 3．企業・個人商店等（官公庁は除く）の常用勤労者世帯で勤め先の従業者数が1人から99人までの世帯（日々または1年未満の契約の雇用者は5） 夫□ 妻☑ 4．3にあてはまらない常用勤労者世帯及び会社団体の役員の世帯（日々または1年未満の契約の雇用者は5） 夫□ 妻□ 5．1から4にあてはまらないその他の仕事をしている者のいる世帯 夫□ 妻□ 6．仕事をしている者のいない世帯	
(8)	夫妻の職業	（国勢調査の年…　年…の4月1日から翌年3月31日までに届出をするときだけ書いてください）夫の職業　　　妻の職業	
	その他	甲野春男は、乙野秋子の胎児を認知届出（平成26年11月23日京都市北区長に届出、胎児は本年5月7日出生、本日別件で出生届出）	
	届出人署名押印	夫 甲野春男 印	妻 乙野秋子 印
	事件簿番号		

第9 婚姻届と出生届

記入の注意

鉛筆や消えやすいインキで書かないでください。
この届は、あらかじめ用意して、結婚式をあげる日または同居を始める日に出すようにしてください。その日が日曜日や祝日でも届けることができます。
夫になる人または妻になる人の本籍地に出すときは2通、そのほかのところに出すときは3通出してください（役場が相当と認めたときは、1通で足りることもあります。）。
この届書を本籍地でない役場に出すときは、戸籍謄本または戸籍全部事項証明書が必要ですから、あらかじめ用意してください。

署押名印		証　　　　　人	
署名押印		乙林孝治　㊞	丙川和子　㊞
生年月日		昭和 27 年 6 月 12 日	昭和 31 年 7 月 9 日
住所		東京都中野区野方 4丁目　2 番地/番 3 号	東京都世田谷区若林 5丁目　5 番地/番 6 号
本籍		東京都杉並区清水町 3丁目　40 番地/番	東京都世田谷区若林 7丁目　20 番地/番

「筆頭者の氏名」には、戸籍のはじめに記載されている人の氏名を書いてください。
父母がいま婚姻しているときは、母の氏は書かないで、名だけを書いてください。
養父母についても同じように書いてください。

□には、あてはまるものに☑のようにしるしをつけてください。
外国人と婚姻する人が、まだ戸籍の筆頭者となっていない場合には、新しい戸籍がつくられますので、希望する本籍を書いてください。

再婚のときは、直前の婚姻について書いてください。
内縁のものはふくまれません。

届け出られた事項は、人口動態調査（統計法に基づく基幹統計調査、厚生労働省所管）にも用いられます。

【事例17】

(2) 出生の届出

出　生　届

平成 27 年 5 月 18 日 届出

東京都千代田区 長 殿

受理	平成27年5月18日 第 1246 号	発送	平成 年 月 日
送付	平成 年 月 日 第 号		長印
書類調査	戸籍記載	記載調査	調査票　附　票　住民票　通　知

(1)	子の氏名（よみかた）（外国人のときはローマ字を付記してください）	氏　甲野　　こうの　　名　一郎　　いちろう	父母との続き柄	☑嫡出子　□嫡出でない子　長　☑男　□女
(2)	生まれたとき	平成 27 年 5 月 7 日	☑午前 □午後	9 時 30 分
(3)	生まれたところ	京都市北区小山初音町　25 番地		
(4)	住　所（住民登録をするところ）	東京都千代田区平河町1丁目　15 番地 3 号		
		世帯主の氏名　甲野春男	世帯主との続き柄　子	
(5)	父母の氏名生年月日（子が生まれたときの年齢）	父　甲野春男　昭和60年4月12日(満30歳)	母　甲野秋子　昭和62年11月2日(満27歳)	
(6)	本　籍（外国人のときは国籍だけを書いてください）	東京都千代田区平河町3丁目　20 番地		
		筆頭者の氏名　甲野春男		
(7)	同居を始めたとき	平成 27 年 3 月（結婚式をあげたとき、または、同居を始めたときのうち早いほうを書いてください）		
(8)	子が生まれたときの世帯のおもな仕事と	□1．農業だけまたは農業とその他の仕事を持っている世帯 ☑2．自由業・商工業・サービス業等を個人で経営している世帯 □3．企業・個人商店等（官公庁は除く）の常用勤労者世帯で勤め先の従業者数が1人から99人までの世帯（日々または1年未満の契約の雇用者は5） □4．3にあてはまらない常用勤労者世帯及び会社団体の役員の世帯（日々または1年未満の契約の雇用者は5） □5．1から4にあてはまらないその他の仕事をしている者のいる世帯 □6．仕事をしている者のいない世帯		
(9)	父母の職業	（国勢調査の年… 年…の4月1日から翌年3月31日までに子が生まれたときだけ書いてください）　父の職業　　　母の職業		
その他	平成26年11月23日京都市北区長に胎児認知届出 平成27年5月18日父母婚姻届出（同時届出）			
届出人	☑1．父 □2．法定代理人（　　　）□3．同居者 □4．医師 □5．助産師 □6．その他の立会者 □　母 □7．公設所の長			
	住　所　東京都千代田区平河町1丁目　15 番地 3 号			
	本　籍　東京都千代田区平河町3丁目20番地　筆頭者の氏名　甲野春男			
	署名　甲野春男　㊞　昭和 60 年 4 月 12 日生			

事件簿番号

第9　婚姻届と出生届

記入の注意

鉛筆や消えやすいインキで書かないでください。

子が生まれた日からかぞえて14日以内に出してください。

子の本籍地でない役場に出すときは、2通出してください（役場が相当と認めたときは、1通で足りることもあります。）。2通の場合でも、出生証明書は、原本1通と写し1通でさしつかえありません。

子の名は、常用漢字、人名用漢字、かたかな、ひらがなで書いてください。子が外国人のときは、原則かたかなで書くとともに、住民票の処理上必要ですから、ローマ字を付記してください。

よみかたは、戸籍には記載されません。住民票の処理上必要ですから書いてください。

□には、あてはまるものに☑のようにしるしをつけてください。

筆頭者の氏名には、戸籍のはじめに記載されている人の氏名を書いてください。

子の父または母が、まだ戸籍の筆頭者となっていない場合は、新しい戸籍がつくられますので、この欄に希望する本籍を書いてください。

届け出られた事項は、人口動態調査（統計法に基づく基幹統計調査、厚生労働省所管）にも用いられます。

出生証明書

記入の注意

子の氏名	甲野 一郎	男女の別	①男　2女
生まれたとき	平成27年5月7日	午前／午後	9時30分

夜の12時は「午前0時」、昼の12時は「午後0時」と書いてください。

(10) 出生したところ及びその種別

出生したところの種別	①病院　2診療所　3助産所　4自宅　5その他
出生したところ	京都市北区小山初音町 25 番地／番号
（出生したところ）の種別1〜3施設の名称	洛北病院

(11) 体重及び身長

体重	3,250 グラム	身長	48 センチメートル

体重及び身長は、立会者が医師又は助産師以外の者で、わからなければ書かなくてもかまいません。

(12) 単胎・多胎の別　①単胎　2多胎（　子中第　子）

(13) 母の氏名　乙野 秋子（甲野）　妊娠周数　満39週2日

(14) この母の出産した子の数

出生子（この出生子及び出生後死亡した子を含む）	1人
死産児（妊娠満22週以後）	胎

この母の出産した子の数は、当該母又は家人などから聞いて書いてください。

(15) 1医師　2助産師　3その他

上記のとおり証明する。
平成27年5月11日
（住所）京都市左京区吉田町 86 番地／番号
（氏名）小川 太郎 ㊞

この出生証明書の作成の順序は、この出生の立会者が例えば医師・助産師ともに立ち会った場合に医師が書くように1、2、3の順序に従って書いてください。

【事例17】

(3) 胎児認知の届出

認 知 届

平成26年11月23日届出

京都市北区　長殿

受理	平成26年11月23日 第 987 号	発送 平成27年5月18日	京都市北区　長 ㊞
送付	平成27年5月20日 第 1303 号		
書類調査	戸籍記載	記載調査	附　票	住民票	通　知

	認知される子		父母との続き柄	認知する父	
（よみかた）	氏	名		こうの氏	はるお名
氏　名	胎	児	□男 □女	甲野	春男
生年月日	年　月　日			昭和60年4月12日	

住　所 （住民登録をしているところ）		東京都千代田区平河町 1丁目　15番地 3号
	世帯主の氏名	世帯主の氏名　甲野春男

本　籍 （外国人のときは国籍だけを書いてください）		東京都千代田区平河町 1丁目　10番地
	筆頭者の氏名	筆頭者の氏名　甲野夏雄

認知の種別	☑任意認知　　□審判　年　月　日確定 　　　　　　　　□判決　年　月　日確定 □遺言認知（遺言執行者　　年　月　日　就職）

子　の　母	氏名　乙野秋子　昭和62年11月2日生
	本籍　京都市北区小山初音町　18番地
	筆頭者の氏名　乙野義治

その他	□未成年の子を認知する　□成年の子を認知する　□死亡した子を認知する　☑胎児を認知する
	この届出を承諾する。 住所　京都市北区小山初音町18番地 母　乙野秋子　㊞

届出人	☑父　□その他（　　　　）
	住所　東京都千代田区平河町1丁目　15番地 3号
	本籍　東京都千代田区平河町1丁目　10番地　筆頭者の氏名　甲野夏雄
	署名　甲野春男　㊞　昭和60年4月12日生

第9　婚姻届と出生届

4　戸籍受附帳の記載（紙戸籍の場合の例）

(1)　婚姻の届出

東京都千代田区（本籍人）

受附番号	受理送付の別	受附月日 (事件発生月日)	件名	届出事件本人の氏名 (届出人の資格氏名)	本籍又は国籍	備考
1245	受理	5月18日	婚姻	甲野春男 乙野秋子	平河町1丁目10番地 京都市北区小山初音町18番地	夫の氏を称する婚姻 新戸籍編製 新本籍　平河町3丁目20番地 5月18日発送

(2)　出生の届出

東京都千代田区（本籍人）

受附番号	受理送付の別	受附月日 (事件発生月日)	件名	届出事件本人の氏名 (届出人の資格氏名)	本籍又は国籍	備考
1246	受理	5月18日 (5月7日)	出生	甲野一郎 (父　甲野春男)	平河町3丁目20番地	出生地　京都市北区 父母との続柄　長男 平成26年11月23日胎児認知届出

(3)　胎児認知の届出

東京都千代田区（婚姻の届出により母の本籍が他の市町村に転属したことにより胎児認知届が送付された例—標準準則38条2項）

受附番号	受理送付の別	受附月日 (事件発生月日)	件名	届出事件本人の氏名 (届出人の資格氏名)	本籍又は国籍	備考
1303	送付	5月20日	認知 (胎児)	乙野秋子の胎児 甲野春男	京都市北区小山初音町18 平河町1丁目10番地	平成26年11月23日受付第987号で受理京都市北区長から平成27年5月20日送付 乙野秋子と甲野春男の婚姻届出5月18日第1245号で受付 胎児の出生届出5月18日第1246号で受付

【事例17】

5　戸籍の記載
図1　夫婦の新戸籍

		(2の1)	全 部 事 項 証 明

本　　籍	東京都千代田区平河町三丁目20番地
氏　　名	甲野　春男
戸籍事項 　　戸籍編製	【編製日】平成27年5月18日
戸籍に記録されている者	【名】春男 【生年月日】昭和60年4月12日　　　【配偶者区分】夫 【父】甲野夏雄 【母】甲野竹子 【続柄】長男
身分事項 　　出　　生 　　婚　　姻 　　認　　知	(省略) 【婚姻日】平成27年5月18日 【配偶者氏名】乙野秋子 【従前戸籍】東京都千代田区平河町一丁目10番地　甲野夏雄 【胎児認知日】平成26年11月23日 【認知した子の氏名】甲野一郎 【認知した子の戸籍】東京都千代田区平河町三丁目20番地　甲野春男 【送付を受けた日】平成27年5月20日 【受理者】京都市北区長
戸籍に記録されている者	【名】秋子 【生年月日】昭和62年11月2日　　　【配偶者区分】妻 【父】乙野義治 【母】乙野冬子 【続柄】長女
身分事項 　　出　　生 　　婚　　姻	(省略) 【婚姻日】平成27年5月18日 【配偶者氏名】甲野春男 【従前戸籍】京都市北区小山初音町18番地　乙野義治
戸籍に記録されている者	【名】一郎 【生年月日】平成27年5月7日 【父】甲野春男 【母】甲野秋子

発行番号000001　　　　　　　　　　　　　　　　　　　　　　　　　　以下次頁

第9　婚姻届と出生届

| | | （2の2） | 全 部 事 項 証 明 |

	【続柄】長男
身分事項	
出　　　生	【出生日】平成２７年５月７日
	【出生地】京都市北区
	【届出日】平成２７年５月１８日
	【届出人】父
認　　　知	【胎児認知日】平成２６年１１月２３日
	【認知者氏名】甲野春男
	【認知者の戸籍】東京都千代田区平河町一丁目１０番地　甲野夏雄
	【送付を受けた日】平成２７年５月２０日
	【受理者】京都市北区長
	以下余白

発行番号０００００１

【事例17】

図2　夫の婚姻前の戸籍

	(1の1)	全 部 事 項 証 明
本　　籍	東京都千代田区平河町一丁目10番地	
氏　　名	甲野　夏雄	
戸籍事項 　　戸籍編製	（省略）	
戸籍に記録されている者	【名】夏雄 【生年月日】昭和29年8月8日　　　【配偶者区分】夫 【父】甲野太郎 【母】甲野花子 【続柄】二男	
身分事項 　　出　　生 　　婚　　姻	（省略） （省略）	
戸籍に記録されている者	【名】竹子 【生年月日】昭和32年5月18日　　　【配偶者区分】妻 【父】乙川和夫 【母】乙川節子 【続柄】三女	
身分事項 　　出　　生 　　婚　　姻	（省略） （省略）	
戸籍に記録されている者 除　　籍	【名】春男 【生年月日】昭和60年4月12日 【父】甲野夏雄 【母】甲野竹子 【続柄】長男	
身分事項 　　出　　生 　　婚　　姻	（省略） 【婚姻日】平成27年5月18日 【配偶者氏名】乙野秋子 【新本籍】東京都千代田区平河町三丁目20番地 【称する氏】夫の氏	
		以下余白

発行番号000001

図3　妻の婚姻前の戸籍

		(1の1)	全部事項証明
本　籍	京都市北区小山初音町１８番地		
氏　名	乙野　義治		

戸籍事項 　　戸籍編製	（省略）
戸籍に記録されている者	【名】義治 【生年月日】昭和３０年１０月２０日　【配偶者区分】夫 【父】乙野和夫 【母】乙野道子 【続柄】長男
身分事項 　　出　生 　　婚　姻	（省略） （省略）
戸籍に記録されている者	【名】冬子 【生年月日】昭和３４年１２月７日　　【配偶者区分】妻 【父】山本市郎 【母】山本正子 【続柄】二女
身分事項 　　出　生 　　婚　姻	（省略） （省略）
戸籍に記録されている者 除　籍	【名】秋子 【生年月日】昭和６２年１１月２日 【父】乙野義治 【母】乙野冬子 【続柄】長女
身分事項 　　出　生 　　婚　姻	（省略） 【婚姻日】平成２７年５月１８日 【配偶者氏名】甲野春男 【送付を受けた日】平成２７年５月２０日 【受理者】東京都千代田区長 【新本籍】東京都千代田区平河町三丁目２０番地 【称する氏】夫の氏
	以下余白

発行番号０００００１

【事例18】

事例18
外国人女と日本人男の婚姻の届出と同時に、婚姻の届出前に出生した胎児認知された子の出生の届出がされた場合

結　論

婚姻の届出を受理した後に、出生の届出を受理し、その順序で処理した後、胎児認知の届出に基づく記載をする。

〔受付の順序、戸籍処理の流れ〕

解　説

1　事例の内容

日本人Ｄ男は、外国人Ｅ女の胎児認知の届出を平成27年４月17日にＥ女の所在地の市区町村長に届出した。その後胎児認知された子Ｆが同年６月18日に出生したので、Ｄ男は同月26日Ｆの出生の届出をするとともにＥ女との婚姻の届出を同時に提出した。

この場合において、どのように事務処理をするかというのが、本事例の問題である。

2　処理の順序

本事例は、外国人女の胎児について日本人男から認知の届出がされていたところ、胎児が出生し、その出生の届出前に、出生子の父と母との婚姻の届出がされ、同時に当該子について嫡出子出生の届出がされた場合であるから、次の(1)、(2)の順序で処理するのが適当である。

なお、胎児認知の届出に基づく戸籍の記載は、その後にすることになる。

189

第9　婚姻届と出生届

(1)　**婚姻の届出**

　婚姻の届出が市区町村長に提出された場合は、実質的成立要件及び形式的成立要件が備わっているときは、これが受理されることによって（民739条1項）、婚姻は成立することになる。

　本事例は、日本人と外国人の婚姻であり、いわゆる渉外的婚姻といわれるものであるが、この場合の婚姻の実質的成立要件の準拠法については、各当事者の本国法とされている（通則法24条1項）。また、形式的成立要件（方式）の準拠法については、原則として婚姻挙行地の法律によるとされている（同条2項）。ただし、当事者の一方が日本人である場合において日本で婚姻するときは、日本の法律によらなければならないとされている（同条3項ただし書）。

　本事例は、日本人が日本において婚姻する場合であるから、日本の方式、すなわち、市区町村長に届出をし、その受理によって婚姻は成立する（民739条、戸74条）（**注1**）。さらに、本事例は、婚姻当事者が婚姻の届出前に出生した胎児認知された子の出生の届出と同時に婚姻の届出をする場合であるが、出生子は、出生の時において既に日本人父を有していることになるので、生来的に日本国籍を取得していることとなる（国2条1号）。また、出生後に父母が婚姻しているので、準正嫡出子でもある（民789条1号、通則法29条）。

　本事例の場合は、準正嫡出子の出生の届出として処理するのが相当と考えられるから、婚姻の届出を出生の届出より先に受理するのが適当である。

(2)　**出生の届出**

　本事例については、外国人母E女の胎内にある子は、日本人父D男から胎児認知の届出がされており、胎児の出生後に父母が婚姻し、同時にその子Fの出生の届出をする場合である。Fは、父母の婚姻前に出生しているので、本来ならば外国人E女の嫡出でない子となるが、日本人D男から胎児認知されているので、出生の時に法律上の父が在ることになるから、生

来的に日本国籍を有することになる（国2条1号）。また、出生後（その届出前）において、父母が婚姻しているので準正嫡出子の身分を取得することになる（民789条1項）から、父の氏を称して父の戸籍に入籍することになる（民790条、戸18条1項）。

なお、この場合の出生の届出は、出生の時に胎児認知の効果として法律上の父子関係が生じていることから、戸籍法第62条の規定による出生届ではなく、通常の嫡出子出生の届出である。

(3) 胎児の認知の届出

父は、出生した子のみならず、母の胎内にある子をも認知することが認められるが、その場合は母の承諾が必要とされる（民783条1項）。胎児認知が認められている理由については、【事例4】の解説2の(3)に述べたとおりである。

なお、そこでも述べたところであるが、本事例のように外国人女の胎児について、日本人父が認知している場合、胎児は出生により生来的に日本国籍を有することになる（国2条1号、2号）ので、日本人父からの胎児認知の実益が認められる（注2）。

(4) 胎児認知の戸籍の記載

父が胎児認知した後に子が出生し、その出生届出前に父母が婚姻の届出をし、その後に子の出生の届出をする場合は、子は父母の婚姻により準正嫡出子の身分を取得しており、また、出生によって日本国籍を有しているので、その出生届は、父の氏を称し、父の戸籍に入籍する届出となる（民790条、戸18条1項）。

父の戸籍に入籍した当該子の戸籍の身分事項欄には、出生事項の次行に胎児認知事項を記載することになる。これは、法律上の父子関係及び嫡出子の身分取得の経緯を明らかにするためにされるものと解されている（昭和60．2．19民二871号回答、「戸籍」491号108頁以下参照）。

なお、【事例15】を参照願いたい。

(**注1・2**)　創設的届出（認知、縁組、離縁、婚姻又は離婚）が市・区役所又は町村役場に出頭した者によってされる場合には、出頭した者に対しその者が届出事件本人であることの確認を実施することとしている（詳細については、【事例1】の（**注**）を参照願いたい。）。

【事例18】

3 婚姻届・出生届及び胎児認知届
(1) 婚姻の届出

婚 姻 届

平成 27 年 6 月 26 日 届出

東京都千代田区 長 殿

受理	平成27年 6月 26日	発送	平成 年 月 日
第	2800 号		
送付	平成 年 月 日		長 印
第	号		
書類調査	戸籍記載	記載調査	調査票	附票	住民票	通知

		夫になる人	妻になる人
(1)	(よみかた)	こうの たろう	い へ_すく
	氏 名	甲野 太郎	李 恵淑
	生年月日	昭和 60 年 7 月 29 日	西暦 1988 年 4 月 6 日
(2)	住 所（住民登録をしているところ）	東京都千代田区神田淡路町 6番地1号 世帯主の氏名 甲野太郎	東京都千代田区神田淡路町 6番地1号 世帯主の氏名
(3)	本 籍（外国人のときは国籍だけを書いてください）	東京都千代田区神田淡路町 6番地 筆頭者の氏名 甲野太郎	韓国 筆頭者の氏名
	父母の氏名 父母との続き柄（他の養父母はその他の欄に書いてください）	父 甲野 一郎 　続き柄 長男 母　　 花子	父 李 大哲 　続き柄 長女 母 趙 秋姫
(4)	婚姻後の夫婦の氏・新しい本籍	□夫の氏　□妻の氏	新本籍（左の☑の氏の人がすでに戸籍の筆頭者となっているときは書かないでください） 番地／番
(5)	同居を始めたとき	平成 26 年 3 月 （結婚式をあげたとき、または、同居を始めたときのうち早いほうを書いてください）	
(6)	初婚・再婚の別	☑初婚　□再婚　□死別／□離別　年　月　日	☑初婚　□再婚　□死別／□離別　年　月　日
(7)	同居を始める前の夫婦のそれぞれの世帯のおもな仕事と	夫□妻□ 1．農業だけまたは農業とその他の仕事を持っている世帯 夫□妻□ 2．自由業・商工業・サービス業等を個人で経営している世帯 夫□妻□ 3．企業・個人商店等（官公庁は除く）の常用勤労者世帯で勤め先の従業者数が1人から99人までの世帯（日々または1年未満の契約の雇用者は5） 夫☑妻☑ 4．3にあてはまらない常用勤労者世帯及び会社団体の役員の世帯（日々または1年未満の契約の雇用者は5） 夫□妻□ 5．1から4にあてはまらないその他の仕事をしている者のいる世帯 夫□妻□ 6．仕事をしている者のいない世帯	
(8)	夫妻の職業	（国勢調査の年…　年…の4月1日から翌年3月31日までに届出をするときだけ書いてください） 夫の職業	妻の職業
	その他	甲野太郎は、李恵淑の胎児認知届出（平成27年4月17日東京都千代田区長に届出）、胎児は6月18日出生、出生届出は同時提出	
	届出人署名押印	夫　甲野 太郎　㊞	妻　李 恵淑　㊞
	事件簿番号		

第9　婚姻届と出生届

記入の注意

鉛筆や消えやすいインキで書かないでください。
この届は、あらかじめ用意して、結婚式をあげる日または同居を始める日に出すようにしてください。その日が日曜日や祝日でも届けることができます。
夫になる人または妻になる人の本籍地に出すときは2通、そのほかのところに出すときは3通出してください（役場が相当と認めたときは、1通で足りることもあります。）。
この届書を本籍地でない役場に出すときは、戸籍謄本または戸籍全部事項証明書が必要ですから、あらかじめ用意してください。

	証	人
署名押印	丙山孝助　㊞	乙川竹子　㊞
生年月日	昭和 27 年 5 月 17 日	昭和 31 年 8 月 9 日
住所	東京都中野区野方 4丁目　31 番地/番　18号	東京都世田谷区若林 1丁目　34 番地/番　1号
本籍	東京都杉並区清水町 5丁目　40 番地/番	東京都世田谷区若林 1丁目　30 番地/番

「筆頭者の氏名」には、戸籍のはじめに記載されている人の氏名を書いてください。
父母がいま婚姻しているときは、母の氏は書かないで、名だけを書いてください。
養父母についても同じように書いてください。

□には、あてはまるものに☑のようにしるしをつけてください。
外国人と婚姻する人が、まだ戸籍の筆頭者となっていない場合には、新しい戸籍がつくられますので、希望する本籍を書いてください。

再婚のときは、直前の婚姻について書いてください。
内縁のものはふくまれません。

届け出られた事項は、人口動態調査（統計法に基づく基幹統計調査、厚生労働省所管）にも用いられます。

【事例18】

(2) 出生の届出

出　生　届

平成 27 年 6 月 26 日 届出

東京都千代田区 長 殿

受理	平成 27 年 6 月 26 日		発送	平成　年　月　日	
第	2801 号				
送付	平成　年　月　日			長印	
第	号				
書類調査	戸籍記載	記載調査	調査票	附票	住民票	通知

(1)	子の氏名 （よみかた） （外国人のときはローマ字を付記してください）	氏 甲野　名 恵太 こうの　けいた	父母との続き柄	☑嫡出子　　　長　☑男 □嫡出でない子　　　□女
(2)	生まれたとき	平成 27 年 6 月 18 日	☑午前 □午後	10 時 30 分
(3)	生まれたところ	東京都港区赤坂葵町　2 番地／番／号		
(4)	住所 （住民登録をするところ）	東京都千代田区神田淡路町　6 番地／番 1 号 世帯主の氏名 甲野　太郎　世帯主との続き柄 子		
(5)	父母の氏名 生年月日 （子が生まれたときの年齢）	父 甲野　太郎 昭和 60 年 7 月 29 日（満 29 歳）	母 李　恵淑 西暦 1988 年 4 月 6 日（満 27 歳）	
(6)	本籍 （外国人のときは国籍だけを書いてください）	東京都千代田区神田淡路町　6 番地／番 筆頭者の氏名 甲野　太郎		
(7)	同居を始めたとき	平成 26 年 3 月　（結婚式をあげたとき、または、同居を始めたときのうち早いほうを書いてください）		
(8)	子が生まれたときの世帯のおもな仕事と	□1. 農業だけまたは農業とその他の仕事を持っている世帯 □2. 自由業・商工業・サービス業等を個人で経営している世帯 □3. 企業・個人商店等（官公庁は除く）の常用勤労者世帯で勤め先の従業者数が1人から99人までの世帯（日々または1年未満の契約の雇用者は5） ☑4. 3にあてはまらない常用勤労者世帯及び会社団体の役員の世帯（日々または1年未満の契約の雇用者は5） □5. 1から4にあてはまらないその他の仕事をしている者のいる世帯 □6. 仕事をしている者のいない世帯		
(9)	父母の職業	（国勢調査の年…　年…の4月1日から翌年3月31日までに子が生まれたときだけ書いてください） 父の職業　　　　　　　　　母の職業		
その他	平成27年4月17日東京都千代田区長に胎児認知届出 父母の婚姻の届出は、同時提出			
届出人	☑1. 父 □　母　□2. 法定代理人（　　　）　□3. 同居者　□4. 医師　□5. 助産師　□6. その他の立会者 □7. 公設所の長			
	住所 東京都千代田区神田淡路町　6 番地／番 1 号			
	本籍 東京都千代田区神田淡路町　6 番地／番　筆頭者の氏名 甲野　太郎			
	署名 甲野　太郎 ㊞　　昭和 60 年 7 月 29 日生			
事件簿番号				

第9　婚姻届と出生届

記入の注意

鉛筆や消えやすいインキで書かないでください。

子が生まれた日からかぞえて14日以内に出してください。

子の本籍地でない役場に出すときは、2通出してください（役場が相当と認めたときは、1通で足りることもあります。）。2通の場合でも、出生証明書は、原本1通と写し1通でさしつかえありません。

子の名は、常用漢字、人名用漢字、かたかな、ひらがなで書いてください。子が外国人のときは、原則かたかなで書くとともに、住民票の処理上必要ですから、ローマ字を付記してください。

よみかたは、戸籍には記載されません。住民票の処理上必要ですから書いてください。

□には、あてはまるものに☑のようにしるしをつけてください。

筆頭者の氏名には、戸籍のはじめに記載されている人の氏名を書いてください。

子の父または母が、まだ戸籍の筆頭者となっていない場合は、新しい戸籍がつくられますので、この欄に希望する本籍を書いてください。

届け出られた事項は、人口動態調査（統計法に基づく基幹統計調査、厚生労働省所管）にも用いられます。

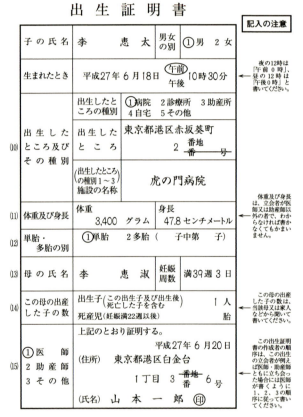

【事例18】

(3) 胎児認知の届出

認　知　届	受理 平成27年 4月17日 第　　　1573　号	発送 平成　年　月　日	
平成27年4月17日届出	送付 平成　年　月　日 第　　　　号	長　印	
東京都千代田区　長殿	書類調査　戸籍記載　記載調査　附　票　住民票　通　知		

	認　知　さ　れ　る　子		父母との 続き柄	認　知　す　る　父	
(よみかた)	氏　　　　　名			こうの　　　　　たろう 氏　　　　　名	
氏　　名	胎	児	☐ 男 ☐ 女	甲野　　太郎	
生年月日	年　　月　　日			昭和60年 7月29日	
住　　所 (住民登録をして いるところ)	番地 番　　号			東京都千代田区神田淡路町 6　番地　1号	
	世帯主 の氏名			世帯主 の氏名　甲野 太郎	
本　　籍 (外国人のときは 国籍だけを書い てください)	番地 番			東京都千代田区神田淡路町 6　番地 番	
	筆頭者 の氏名			筆頭者 の氏名　甲野 太郎	
認知の種別	☒ 任意認知　　　　　☐ 審判　　　年　　月　　日確定 　　　　　　　　　　　☐ 判決　　　年　　月　　日確定 ☐ 遺言認知（遺言執行者　　　年　　月　　日　就職）				
子　の　母	氏名　李　恵淑　　　　　　　　　西暦1988年 4月 6日生 本籍　韓国　　　　　　　　　　　　　　　　　　　番地 　　　　　　　　　　　　　　　　　　　　　　　　番 筆頭者 の氏名				
そ の 他	☐ 未成年の子を認知する　☐ 成年の子を認知する　☐ 死亡した子を認知する　☒ 胎児を認知する この届出を承諾する。 住所　東京都千代田区平河町1丁目2番3号 母　（サイン）　李　恵淑				
届 出 人	☒ 父　☐ その他（　　　　　　）				
	住　所　東京都千代田区神田淡路町　　　　　6　番地　1号 　　　　　　　　　　　　　　　　　　　　　　　　番				
	本　籍　東京都千代田区神田淡路町　　6　番地 　　　　　　　　　　　　　　　　　　　番　筆頭者 　　　　　　　　　　　　　　　　　　　　　の氏名　甲野 太郎				
	署　名　　甲野　太郎　　㊞　　　昭和60年 7月29日生				

第9 婚姻届と出生届

4 戸籍受附帳の記載（紙戸籍の場合の例）

(1) 婚姻の届出

東京都千代田区（本籍人）

受附番号	受理送付の別	受附月日 (事件発生月日)	件　名	届出事件本人の氏名 (届出人の資格氏名)	本籍又は国籍	備　　考
2800	受理	6月26日	婚　姻	甲野　太郎 李　　恵淑	神田淡路町6番地 韓　国	

(2) 出生の届出

東京都千代田区（本籍人）

受附番号	受理送付の別	受附月日 (事件発生月日)	件　名	届出事件本人の氏名 (届出人の資格氏名)	本籍又は国籍	備　　考
2801	受理	6月26日 (6月18日)	出　生	甲野　恵太 （父甲野太郎）	神田淡路町6番地	出生地　東京都港区 父母との続柄　長男 平成27年4月17日胎児認知届出 父母の婚姻届同時届出

(3) 胎児認知の届出

東京都千代田区（本籍人）

受附番号	受理送付の別	受附月日 (事件発生月日)	件　名	届出事件本人の氏名 (届出人の資格氏名)	本籍又は国籍	備　　考
1573	受理	4月17日	認　知 （胎児）	李恵淑の胎児 甲野　太郎	韓　国 神田淡路町6番地	李恵叔と甲野太郎の婚姻届出6月26日第2800号で受付 胎児の出生届出6月26日第2801号で受付

【事例18】

5　戸籍の記載
　図　夫の戸籍

	（1の1）	全　部　事　項　証　明
本　　　籍	東京都千代田区神田淡路町6番地	
氏　　　名	甲野　太郎	
戸籍事項 　　戸籍編製	（省略）	
戸籍に記録されている者	【名】太郎 【生年月日】昭和60年7月29日　　【配偶者区分】夫 【父】甲野一郎 【母】甲野花子 【続柄】長男	
身分事項 　　出　　生 　　分　　籍 　　婚　　姻 　　認　　知	（省略） （省略） 【婚姻日】平成27年6月26日 【配偶者氏名】李恵淑 【配偶者の国籍】韓国 【配偶者の生年月日】西暦1988年4月6日 【胎児認知日】平成27年4月17日 【認知した子の氏名】甲野恵太 【認知した子の戸籍】東京都千代田区神田淡路町6番地　甲野太郎	
戸籍に記録されている者	【名】恵太 【生年月日】平成27年6月18日 【父】甲野太郎 【母】李恵淑 【続柄】長男	
身分事項 　　出　　生 　　認　　知	【出生日】平成27年6月18日 【出生地】東京都港区 【届出日】平成27年6月26日 【届出人】父 【胎児認知日】平成27年4月17日 【認知者氏名】甲野太郎 【認知者の戸籍】東京都千代田区神田淡路町6番地　甲野太郎	
		以下余白

発行番号000001

第10　婚姻届と認知届

> **事例19**
> 日本人男と外国人女の婚姻の届出と同時に、同女の嫡出でない子について、同男から認知の届出がされた場合

結論

婚姻の届出を受理した後に認知の届出を受理するか、又はその逆の順序で認知の届出を受理した後に婚姻の届出を受理するか、そのいずれでもよい。ここでは、次の順序で処理した場合について説明する。

〔受付の順序、戸籍処理の流れ〕

解説

1　事例の内容

外国人Ｄ女は、日本人Ｅ男との間に婚姻外の子Ｆを平成27年３月２日に出産し、その出生の届出は、Ｄ女が所在地（住所地）において同月15日にしている。また、同年７月１日にＤ女とＥ男の婚姻の届出がされ、同時にＥ男から子Ｆの認知の届出がされた。

この事例の場合において、どのように事務処理をするかというのが、本事例の問題である。

2　処理の順序

本事例は、外国人女と日本人男の婚姻の届出をすると同時に、外国人妻の嫡出でない子を日本人夫が認知の届出をする場合であるが、ここでは、

【事例19】

次の(1)、(2)の順序で処理する場合について説明する。

(1) **婚姻の届出**

　本事例は、婚姻の当事者を日本人男と外国人女とする、いわゆる渉外的婚姻の届出である。この場合の実質的成立要件の準拠法は、各当事者の本国法とされている（通則法24条１項）ので、日本人については日本の民法の規定が、外国人についてはその者の本国法が適用されることになる。婚姻の実質的成立要件の審査は、前記のとおり、日本人については日本の民法の規定が適用されるので、戸籍又は届書に添付された戸籍謄本等によって審査することになる（**注１**）。

　一方、外国人については、その本国法が適用されるので、届書に添付された「婚姻要件具備証明書」によって審査するのが一般的である（「婚姻要件具備証明書」が得られない場合については、渉外戸籍実務研究会著「改訂　設題解説渉外戸籍実務の処理Ⅰ総論・通則編」237頁以下を参照されたい。）。

(2) **認知の届出**

　嫡出でない子と父との関係について、生理上の父子関係がある場合には、認知を要することなく、法律上の父子関係を認める法制（事実主義という）を採る国の場合は、父と子の間に父子関係があると認められるに足りる客観的な一定の事実、例えば、父の承認、裁判所等の公的機関の承認などがあれば出生によって法律上当然に発生するものとされる（戸籍実務研究会編「新版初任者のための渉外戸籍実務の手引き」39頁）。

　これに対し、嫡出でない子と父との関係については、認知という身分法上の法律行為があってはじめて発生するとする認知主義の法制を採る国がある。わが国は認知主義を採っているから、父子関係は認知がなければ発生しない（ただし、母子関係は、分娩の事実によって当然発生するから、認知は要しない（最高裁昭和37．4．27判決・民集16巻７号1247頁））。

　認知には、父から届出により自己の子として認める任意認知（民781条、戸60条）と、父が任意認知しない場合に、子から裁判により父の認知を求

201

める裁判認知（民787条、戸63条）がある。

　本事例は、日本人男が、外国人女の嫡出子でない子を認知する場合であり、渉外的な認知の届出である。渉外的認知の準拠法を規定する通則法第29条によれば、認知の実質的成立要件については、子の出生当時若しくは認知当時の認知する者の本国法、又は認知当時の子の本国法のいずれの法律によってもよいとされている。ただし、認知する者の本国法による場合においては、認知当時の子の本国法がその子又は第三者の承諾又は同意のあることを認知の要件とするときは、その要件（保護要件という）も備えなければならないとされている。

　本事例は、日本人男が市区町村長に認知の届出をする場合であるから、日本の民法に基づく実質的成立要件を備えている必要があり（**注2**）、子については、本国法の保護要件を備えていなければならない。

　なお、日本人の父に認知された外国人の子については、認知のみでは日本の国籍は取得しない（ただし、胎児認知及び胎児認知に準じる事例（平成11.11.11民二・五2420号通知）の場合を除く。）。もし、日本国籍の取得を望む場合は、日本国籍の取得届（国3条、国規1条・4条）をしなければならない。

(3) **本事例の処理の結果**

　ア　婚姻の届出の処理

　　　日本人E男が戸籍の筆頭者でない場合は、同人につき新戸籍が編製され（戸16条3項本文）、新戸籍に婚姻事項が記載される。また、従前戸籍には婚姻による除籍事項が記載される。

　　　その後に認知の届出に基づき、前記の新戸籍に認知事項が記載される。この場合は、同時に届出され、後に処理される認知の届書の「その他」欄には、子Fは、この認知の届出により嫡出子（準正嫡出子）の身分を取得するので、その旨を記載することになる（後掲3の(2)の認知届を参照のこと。）。

【事例19】

イ　認知の届出の処理

　外国人Ｄ女の嫡出でない子Ｆを認知する旨の認知の届出に基づいて、認知した日本人Ｅ男が婚姻により編製した新戸籍の身分事項欄に、外国人Ｆを認知した旨の事項が記載される。

　なお、この場合は、認知の届書の「その他」欄には、子Ｆは、父母の婚姻により嫡出子（準正嫡出子）の身分を取得するので、その旨の記載をすることになる（後掲３の(2)の認知届を参照のこと。）。

　なお、嫡出子の身分を取得しても国籍及び氏の変動は生じないから、子Ｆが日本国籍の取得を望むのであれば、別途国籍取得の届出をすることにより日本国籍を取得することができる（国３条・18条、国規１条・４条）。なお、認知の届出を先に処理し、婚姻の届出を後に処理した場合については、【事例13】を参照願いたい。

（注１・２）　創設的届出（認知、縁組、離縁、婚姻又は離婚）が市・区役所又は町村役場に出頭した者によってされる場合には、出頭した者に対しその者が届出事件本人であることの確認を実施することとしている（詳細については、【事例１】の（**注**）を参照願いたい。）。

3 婚姻届及び認知届

(1) 婚姻の届出

婚 姻 届

平成27年7月1日届出

東京都千代田区 長殿

受理	平成27年7月1日	発送	平成 年 月 日
第	2880号		
送付	平成 年 月 日		長印
第	号		
書類調査	戸籍記載	記載調査	調査票	附票	住民票	通知

		夫になる人	妻になる人	
(1)	（よみかた）	こうの よしじ	ぱく みひ	
	氏 名	甲野 義二	朴 美姫	
	生年月日	昭和61年6月2日	西暦1989年4月6日	
(2)	住 所（住民登録をしているところ）	東京都千代田区神田淡路町 10番地1号	東京都千代田区神田淡路町 10番地1号	
	世帯主の氏名	甲野 義二	世帯主の氏名	
(3)	本 籍（外国人のときは国籍だけを書いてください）	東京都千代田区平河町 5丁目 20番地	韓国 番地番	
	筆頭者の氏名	甲野 幸男	筆頭者の氏名	
	父母の氏名 父母との続き柄（他の養父母はその他の欄に書いてください）	父 甲野 幸男	続き柄 長男	父 朴 秀栄	続き柄 長女
		母 梅子		母 金 華英	
(4)	婚姻後の夫婦の氏・新しい本籍	□夫の氏 ☑妻の氏	新本籍（左の☑の氏の人がすでに戸籍の筆頭者となっているときは書かないでください） 東京都千代田区平河町5丁目 20番地番		
(5)	同居を始めたとき	平成27年5月	（結婚式をあげたとき、または、同居を始めたときのうち早いほうを書いてください）		
(6)	初婚・再婚の別	☑初婚 再婚（□死別 □離別 年 月 日）	☑初婚 再婚（□死別 □離別 年 月 日）		
(7)	同居を始める前の夫婦のそれぞれの世帯のおもな仕事と	夫 妻 1．農業だけまたは農業とその他の仕事を持っている世帯 夫 妻 2．自由業・商工業・サービス業等を個人で経営している世帯 夫 ☑妻 3．企業・個人商店等（官公庁は除く）の常用勤労者世帯で勤め先の従業者数が1人から99人までの世帯（日々または1年未満の契約の雇用者は5） 夫 妻 4．3にあてはまらない常用勤労者世帯及び会社団体の役員の世帯（日々または1年未満の契約の雇用者は5） 夫 妻 5．1から4にあてはまらないその他の仕事をしている者のいる世帯 夫 妻 6．仕事をしている者のいない世帯			
(8)	夫妻の職業	（国勢調査の年… 年…の4月1日から翌年3月31日までに届出をするときだけ書いてください）			
		夫の職業	妻の職業		
その他	認知の届出は、同時提出				
届出人署名押印	夫 甲野 義二 ㊞	妻 朴 美姫 ㊞			
事件簿番号					

【事例19】

記 入 の 注 意

鉛筆や消えやすいインキで書かないでください。
この届は、あらかじめ用意して、結婚式をあげる日または同居を始める日に出すようにしてください。その日が日曜日や祝日でも届けることができます。
夫になる人または妻になる人の本籍地に出すときは2通、そのほかのところに出すときは3通出してください（役場が相当と認めたときは、1通で足りることもあります。）。
この届書を本籍地でない役場に出すときは、戸籍謄本または戸籍全部事項証明書が必要ですから、あらかじめ用意してください。

	証	人	
署名押印	丙 川 孝 治　㊞	乙 山 梅 子　㊞	
生 年 月 日	昭和 39 年 9 月 4 日	昭和 41 年 7 月 9 日	
住　所	東京都中野区野方 6丁目　30 番地 1 号	東京都世田谷区若林 4丁目　50 番地 4 号	
本　籍	東京都杉並区清水町 2丁目　40 番地	東京都世田谷区若林 4丁目　20 番地	

「筆頭者の氏名」には、戸籍のはじめに記載されている人の氏名を書いてください。
父母がいま婚姻しているときは、母の氏は書かないで、名だけを書いてください。
養父母についても同じように書いてください。

☐には、あてはまるものに☑のようにしるしをつけてください。
外国人と婚姻する人が、まだ戸籍の筆頭者となっていない場合には、新しい戸籍がつくられますので、希望する本籍を書いてください。

再婚のときは、直前の婚姻について書いてください。
内縁のものはふくまれません。

届け出られた事項は、人口動態調査（統計法に基づく基幹統計調査、厚生労働省所管）にも用いられます。

第10 婚姻届と認知届

(2) 認知の届出

認　知　届

平成 27 年 7 月 1 日届出

東京都千代田区　　長殿

		受理　平成27年　7月　1日 第　　　2881　号	発送　平成　　年　　月　　日
		送付　平成　　年　　月　　日 第　　　　　　号	長印
		書類調査　戸籍記載　記載調査　附　票　住民票　通　知	

		認 知 さ れ る 子		認 知 す る 父
氏　　名	（よみかた）	ぱく　　　　みり 氏　　　　名 朴　　美里	父母との 続き柄 長　☐男 　　☑女	こうの　　　よしじ 氏　　　　名 甲野　義二
生年月日		西暦2015年 3月 2日		昭和 61 年 6 月 2 日
住　　所 (住民登録をして いるところ)		東京都千代田区神田淡路町 10 番地 1 号 世帯主 の氏名		東京都千代田区神田淡路町 10 番地 1 号 世帯主 の氏名 甲野 義二
本　　籍 (外国人のときは 国籍だけを書い てください)		韓　国 番地 番 筆頭者 の氏名		東京都千代田区平河町 5丁目　　　20 番地 番 筆頭者 の氏名　甲野 義二
認知の種別		☑ 任意認知 ☐ 遺言認知（遺言執行者　　　　　　年　　月　　日　就職）	☐ 審判　　年　　月　　日確定 ☐ 判決　　年　　月　　日確定	
子　の　母		氏名　朴　美姫　　　　　　　　　　西暦1989年　4月　6日生 本籍　韓　国　　　　　　　　　　　　　　　　　番地 　　　　　　　　　　　　　　　　　　　　　　　番 筆頭者 の氏名		
そ の 他		☑ 未成年の子を認知する　☐ 成年の子を認知する　☐ 死亡した子を認知する　☐ 胎児を認知する この認知により、朴美里は嫡出子の身分を取得する。 父母の婚姻の届出は、同時提出		
届 出 人		☑ 父　☐ その他（　　　　　　　　） 住　所　東京都千代田区神田淡路町　　　　　　10 番地 1 号 本　籍　東京都千代田区平河町5丁目　　20 番地　　筆頭者 　　　　　　　　　　　　　　　　　　　　　　　　番　　の氏名　甲野義二 署　名　甲野　義二　　㊞　　　　昭和 61 年 6 月 2 日生		

【事例19】

4　戸籍受附帳の記載（紙戸籍の場合の例）

(1)　婚姻の届出
東京都千代田区（本籍人）

受附番号	受理送付の別	受附月日 (事件発生月日)	件　名	届出事件本人の氏名 (届出人の資格氏名)	本籍又は国籍	備　　考
2880	受理	7月1日	婚　姻	甲　野　義　二 朴　　　美　姫	平河町5丁目20番地 韓　国	夫は新戸籍編製 夫の従前本籍地と同じ

(2)　認知の届出
東京都千代田区（本籍人）

受附番号	受理送付の別	受附月日 (事件発生月日)	件　名	届出事件本人の氏名 (届出人の資格氏名)	本籍又は国籍	備　　考
2881	受理	7月1日	認　知	朴　　　美　里 甲　野　義　二	韓　国 平河町5丁目20番地	認知者甲野義二の戸籍の筆頭者は、同人

第10　婚姻届と認知届

5　戸籍の記載
図1　認知者である婚姻前の夫の戸籍

	（1の1）	全 部 事 項 証 明

本　　籍	東京都千代田区平河町五丁目20番地
氏　　名	甲野　幸男

戸籍に記録されている者	【名】幸男
	【生年月日】昭和30年2月2日　　　【配偶者区分】夫
	【父】甲野義助
	【母】甲野花子
	【続柄】長男
身分事項 　　出　生 　　婚　姻	（省略） （省略）
戸籍に記録されている者	【名】梅子
	【生年月日】昭和33年2月3日　　　【配偶者区分】妻
	【父】乙野三郎
	【母】乙野松子
	【続柄】二女
身分事項 　　出　生 　　婚　姻	（省略） （省略）
戸籍に記録されている者 　除　籍	【名】義二
	【生年月日】昭和61年6月2日
	【父】甲野幸男
	【母】甲野梅子
	【続柄】長男
身分事項 　　出　生 　　婚　姻	（省略） 【婚姻日】平成27年7月1日 【配偶者氏名】朴美姫 【配偶者の国籍】韓国 【配偶者の生年月日】西暦1989年4月6日 【新本籍】東京都千代田区平河町五丁目20番地
	以下余白

発行番号000001

【事例19】

図2　夫の新戸籍

(1の1)　全部事項証明

本　　籍	東京都千代田区平河町五丁目20番地
氏　　名	甲野　義二
戸籍事項 　　戸籍編製	【編製日】平成27年7月1日
戸籍に記録されている者	【名】義二 【生年月日】昭和61年6月2日　　　　【配偶者区分】夫 【父】甲野幸男 【母】甲野梅子 【続柄】長男
身分事項 　　出　　生 　　婚　　姻 　　認　　知	（省略） 【婚姻日】平成27年7月1日 【配偶者氏名】朴美姫 【配偶者の国籍】韓国 【配偶者の生年月日】西暦1989年4月6日 【従前戸籍】東京都千代田区平河町五丁目20番地　甲野幸男 【認知日】平成27年7月1日 【認知した子の氏名】朴美里 【認知した子の国籍】韓国 【認知した子の生年月日】西暦2015年3月2日 【認知した子の母の氏名】朴里佳

以下余白

発行番号000001

第10 婚姻届と認知届

図3　夫の戸籍（夫が婚姻前から筆頭者の場合）

		(1の1)	全 部 事 項 証 明
本　　籍	東京都千代田区平河町五丁目20番地		
氏　　名	甲野　義二		
戸籍事項 　戸籍編製	【編製日】平成25年9月3日		
戸籍に記録されている者	【名】義二 【生年月日】昭和61年6月2日　　　【配偶者区分】夫 【父】甲野幸男 【母】甲野梅子 【続柄】長男		
身分事項 　出　　生 　分　　籍 　婚　　姻 　認　　知	（省略） 【分籍日】平成25年9月3日 【従前戸籍】東京都千代田区平河町五丁目20番地　甲野幸男 【婚姻日】平成27年7月1日 【配偶者氏名】朴美姫 【配偶者の国籍】韓国 【配偶者の生年月日】西暦1989年4月6日 【認知日】平成27年7月1日 【認知した子の氏名】朴美里 【認知した子の国籍】韓国 【認知した子の生年月日】西暦2015年3月2日 【認知した子の母の氏名】朴里佳		
			以下余白

発行番号000001

第11　婚姻届と氏の変更届

> 事例20
> 　戸籍の筆頭者以外の者が、外国人との婚姻の届出と同時に、外国人との婚姻による氏の変更の届出（戸籍法107条2項の届）をした場合

結　論

　婚姻の届出を受理した後に氏の変更の届出（戸籍法107条2項の届）を受理し、その順序で処理する。

〔受付の順序、戸籍処理の流れ〕

解　説

1　事例の内容

　父母の戸籍に同籍しているA女と外国人B男との婚姻の届出と同時に、A女から外国人B男の称している氏への変更の届出（戸籍法107条2項の届）がされた。

　この事例において、どのように事務処理をするかというのが、本事例の問題である。

2　処理の順序

　本事例は、日本人女が外国人男と婚姻の届出をすると同時にその氏を当該外国人配偶者の称している氏に変更する氏変更の届出がされた場合であ

るから、次の(1)、(2)の順序で処理することになる。

(1) **婚姻の届出**

渉外婚姻が有効に成立するには、実質的成立要件と形式的成立要件のいずれをも満たす必要がある。

本事例は、婚姻の当事者を日本人と外国人とするいわゆる渉外的な婚姻の届出である。この場合の婚姻の実質的成立要件は、各当事者についてその本国法とされている（通則法24条1項）ので、日本人については日本の法律を、また、外国人については外国人の属する国の法律を適用することになる。日本人については日本の民法の規定が適用されるので、市区町村長は届書に添付された戸籍謄本等によって審査することになる。

一方、外国人についてはその本国法が適用されるが、婚姻の実質的成立要件の審査は、一般的には届書に添付された婚姻要件具備証明書によってされている。また、形式的成立要件については、婚姻の当事者の一方が日本人で日本において婚姻をする場合は、日本の方式によることとされている（同条3項ただし書）ので、本事例の場合は、市区町村長に創設的婚姻の届出をすることになる（**注**）。

なお、本事例は、A女は戸籍の筆頭者以外の者であるため、婚姻の届出によりA女の定めた場所に新戸籍が編製される（戸16条3項）。

(2) **外国人との婚姻による氏の変更の届出（戸籍法107条2項の届出）**

氏は、原則として出生により原始的に取得する（民790条）とともに、これによりいったん取得した氏の変更については、一定の身分関係の変動に付随して法律上当然に変更が生じる場合と、一定の事由に基づき戸籍の届出によって変更する場合がある。

身分関係の変動に伴う氏の変更については、婚姻（民750条）、養子縁組（民810条）、離婚（民767条1項）、離縁（民816条1項本文）等の場合がある。また、戸籍の届出による氏の変更については、子が父又は母の氏を称する場合（民791条1項、2項）、成年に達した子の復氏（同条4項）、生存配偶

者の復氏（民751条1項）、縁氏続称（民816条2項）、婚氏続称（民767条2項）、やむを得ない事由による改氏（戸107条1項）、外国人との婚姻等に伴う改氏（戸107条2項、3項、4項）等がある。

外国人との婚姻による氏の変更については、昭和59年法律第45号「国籍法及び戸籍法の一部を改正する法律」による戸籍法107条の規定の改正により新設された。これによって、外国人と婚姻した日本人配偶者がその氏を外国人配偶者の称している氏に変更しようとするときは、その婚姻の日から6か月以内に限り、家庭裁判所の許可を得ないで戸籍の届出をすることによって氏を変更することができるとされた（同条2項）。

3 戸籍の記載

本事例は、婚姻の届出と同時に外国人との婚姻による氏の変更の届出（戸107条2項の届）をする場合であるが、A女は戸籍の筆頭者以外の者であるため、婚姻の届出による新戸籍を編製することになる（戸16条3項）。同時に届出された氏の変更届の記載については、新戸籍の筆頭者氏名欄の氏は変更後の氏で記載し、戸籍事項欄に変更事項及び従前の氏の記録をする（法定記載例185）。また、身分事項欄にも変更事項を記載する（法定記載例186、昭和59.11.1民二5500号通達第2の4(1)オ参照）。

（注）創設的届出（認知、縁組、離縁、婚姻又は離婚）が市・区役所又は町村役場に出頭した者によってされる場合には、出頭した者に対しその者が届出事件本人であることの確認を実施することとしている（詳細については、【事例1】の（注）を参照願いたい。）。

なお、渉外的婚姻の実質的・形式的成立要件、その他渉外婚姻全般については、渉外戸籍実務研究会著「改訂設題解説渉外戸籍実務の処理Ⅱ婚姻編」において詳細かつ細部にわたって解説がされているので参照されたい。

4 婚姻届及び外国人との婚姻による氏の変更届

(1) 婚姻の届出

婚 姻 届

平成 27 年 12 月 1 日 届出

東京都千代田区 長 殿

受理	平成 27 年 12 月 1 日	発送	平成　年　月　日	
第	4500 号			長 印
送付	平成　年　月　日			
第	号			

書類調査	戸籍記載	記載調査	調査票	附票	住民票	通知

		夫になる人	妻になる人
(1)	氏　名（よみかた）	ファンデンボッシュ　ウェイン	おつの　うめこ　乙野　梅子
	生年月日	西暦 1987 年 2 月 8 日	昭和 63 年 2 月 4 日
(2)	住所（住民登録をしているところ）	東京都杉並区清水町　2丁目 5 番地 6 号	東京都杉並区清水町　2丁目 5 番地 6 号
	世帯主の氏名		乙野　梅子
(3)	本籍（外国人のときは国籍だけを書いてください）	アメリカ合衆国	東京都千代田区平河町　1丁目 4 番地
	筆頭者の氏名		乙野　忠治
	父母の氏名　父母との続き柄（他の養父母はその他の欄に書いてください）	父 ファンデンボッシュ、ベルナード　続き柄 長男　母 ファンデンボッシュ、マリー	父 乙野　忠治　続き柄 長女　母　春子
(4)	婚姻後の夫婦の氏・新しい本籍	□夫の氏　☑妻の氏　新本籍 東京都千代田区平河町1丁目 4 番地	
(5)	同居を始めたとき	平成 27 年 3 月（結婚式をあげたとき、または、同居を始めたときのうち早いほうを書いてください）	
(6)	初婚・再婚の別	☑初婚　□再婚（□死別 □離別　年　月　日）	☑初婚　□再婚（□死別 □離別　年　月　日）
(7)	同居を始める前の夫婦のそれぞれの世帯のおもな仕事と	1. 農業だけまたは農業とその他の仕事を持っている世帯　2. 自由業・商工業・サービス業等を個人で経営している世帯　3. 企業・個人商店等（官公庁を除く）の常用勤労者世帯で勤め先の従業者数が1人から99人までの世帯（日々または1年未満の契約の雇用者は5）　☑夫 ☑妻 4. 3にあてはまらない常用勤労者世帯及び会社団体の役員の世帯（日々または1年未満の契約の雇用者は5）　5. 1から4にあてはまらないその他の仕事をしている者のいる世帯　6. 仕事をしている者のいない世帯	
(8)	夫妻の職業	（国勢調査の年…　年…の4月1日から翌年3月31日までに届出をするときだけ書いてください）　夫の職業　　　　　妻の職業	
	その他	「外国人との婚姻による氏の変更届」を同時提出	
	届出人署名押印	夫 Wayne Vanden Bosch 印	妻 乙野　梅子 印
	事件簿番号		

【事例20】

記入の注意

鉛筆や消えやすいインキで書かないでください。
この届は、あらかじめ用意して、結婚式をあげる日または同居を始める日に出すようにしてください。その日が日曜日や祝日でも届けることができます。
夫になる人または妻になる人の本籍地に出すときは2通、そのほかのところに出すときは3通出してください（役場が相当と認めたときは、1通で足りることもあります。）。
この届書を本籍地でない役場に出すときは、戸籍謄本または戸籍全部事項証明書が必要ですから、あらかじめ用意してください。

		証	人
署名押印		乙川孝助　㊞	丙山竹子　㊞
生年月日		昭和 27 年 4 月 14 日	昭和 31 年 6 月 8 日
住　　所		東京都中野区野方 1丁目　34　番地 1 号	東京都世田谷区若林 4丁目　31　番地 18 号
本　　籍		東京都杉並区清水町 1丁目　52　番地	東京都世田谷区若林 4丁目　31　番地

「筆頭者の氏名」には、戸籍のはじめに記載されている人の氏名を書いてください。
父母がいま婚姻しているときは、母の氏は書かないで、名だけを書いてください。
養父母についても同じように書いてください。

☐には、あてはまるものに☑のようにしるしをつけてください。
外国人と婚姻する人が、まだ戸籍の筆頭者となっていない場合には、新しい戸籍がつくられますので、希望する本籍を書いてください。

再婚のときは、直前の婚姻について書いてください。
内縁のものはふくまれません。

届け出られた事項は、人口動態調査（統計法に基づく基幹統計調査、厚生労働省所管）にも用いられます。

(2) 外国人との婚姻による氏の変更届出（戸籍法107条2項の届出）

外国人との婚姻による氏の変更届 （戸籍法107条2項の届） 平成27年12月1日 届出 東京都千代田区 長 殿	受理 平成27年12月1日 第 4501 号 送付 平成 年 月 日 第 号	発送 平成 年 月 日 長 印
	書類調査　戸籍記載　記載調査　附票　住民票　通知	

	（よみかた） （変更前）氏　　　名 おつの　　うめこ 乙野　　梅子	昭和63年2月4日生
氏を変更する人の氏名		

住　所 (住民登録をしているところ)	東京都杉並区清水町2丁目　5番地6号
	世帯主の氏名　乙野梅子

本　籍	東京都千代田区平河町1丁目　4番地
	筆頭者の氏名　乙野梅子

（よみかた） 氏	変更前 乙野	変更後 ファンデンボッシュ

配偶者の氏名	氏 ファンデンボッシュ	名 ウェイン

婚姻年月日	平成27年12月1日

氏を変更した後の本籍	（氏を変更する人の戸籍に他の人がある場合のみ書いてください） 番地番

そ の 他	次の人の父母欄の氏を更正してください 婚姻の届出と同時提出

届出人署名押印 （変更前の氏名）	乙野梅子　㊞

記入の注意　筆頭者の氏名欄には、戸籍のはじめに記載されている人の氏名を書いてください。
この届書を本籍地でない役場に出すときは、戸籍謄本が必要ですから、あらかじめ用意してください。

【事例20】

5　戸籍受附帳の記載（紙戸籍の場合の例）

(1)　婚姻の届出

東京都千代田区（本籍人）

受附番号	受理送付の別	受附月日 (事件発生月日)	件　名	届出事件本人の氏名 (届出人の資格氏名)	本籍又は国籍	備　考
4500	受理	12月1日	婚姻	ファンデンボッシュ、ウェイン 乙野梅子	アメリカ合衆国 平河町1丁目4番地	新戸籍編製 妻の従前本籍地と同じ 法107条2項届出同時提出

(2)　戸籍法107条の2項の届出

東京都千代田区（本籍人）

受附番号	受理送付の別	受附月日 (事件発生月日)	件　名	届出事件本人の氏名 (届出人の資格氏名)	本籍又は国籍	備　考
4501	受理	12月1日	氏の変更 (107条2項)	乙野梅子	平河町1丁目4番地	変更後の氏「ファンデンボッシュ」

6　戸籍の記載
図1　妻の婚姻前の戸籍

	（2の1）	全 部 事 項 証 明

本　籍	東京都千代田区平河町一丁目4番地
氏　名	乙野　忠治

戸籍事項 　　戸籍編製	（省略）

戸籍に記録されている者	【名】忠治 【生年月日】昭和35年6月2日　　　【配偶者区分】夫 【父】乙野和市 【母】乙野秋子 【続柄】長男
身分事項 　　出　生 　　婚　姻	（省略） （省略）

戸籍に記録されている者	【名】春子 【生年月日】昭和36年2月6日　　　【配偶者区分】妻 【父】山本市造 【母】山本トシ 【続柄】長女
身分事項 　　出　生 　　婚　姻	（省略） （省略）

戸籍に記録されている者 　除　籍	【名】梅子 【生年月日】昭和63年2月4日 【父】乙野忠治 【母】乙野春子 【続柄】長女
身分事項 　　出　生 　　婚　姻	（省略） 【婚姻日】平成27年12月1日 【配偶者氏名】ファンデンボッシュ，ウェイン 【配偶者の国籍】アメリカ合衆国 【配偶者の生年月日】西暦1987年2月8日

発行番号000001　　　　　　　　　　　　　　　　　　　　　以下次頁

【事例20】

	（2の2）	全 部 事 項 証 明
	【新本籍】東京都千代田区平河町一丁目4番地	
		以下余白

発行番号000001

第11　婚姻届と氏の変更届

図2　妻の婚姻後の戸籍

	（1の1）	全 部 事 項 証 明

本　　籍	東京都千代田区平河町一丁目4番地
氏　　名	ファンデンボッシュ　梅子
戸籍事項 　戸籍編製 　氏の変更	【編製日】平成27年12月1日 【氏変更日】平成27年12月1日 【氏変更の事由】戸籍法107条2項の届出 【従前の記録】 　　【氏】乙野
戸籍に記録されている者	【名】梅子 【生年月日】昭和63年2月4日　　　【配偶者区分】妻 【父】乙野忠治 【母】乙野春子 【続柄】長女
身分事項 　出　　生 　婚　　姻 　氏の変更	（省略） - 【婚姻日】平成27年12月1日 【配偶者氏名】ファンデンボッシュ，ウェイン 【配偶者の国籍】アメリカ合衆国 【配偶者の生年月日】西暦1987年2月8日 【従前戸籍】東京都千代田区平河町一丁目4番地　乙野忠治 - 【氏変更日】平成27年12月1日 【氏変更の事由】戸籍法107条2項の届出
	以下余白

発行番号000001

第12　離婚届と出生届

> 事例21
> 　夫の氏を称して婚姻した夫婦が、協議離婚の届出と同時に、妻が、婚姻中に婚姻後200日以内に出生した子について、嫡出でない子として出生の届出をした場合

結　論

　離婚の届出を受理した後に出生の届出を受理するか、又は、その逆の順序で出生の届出を受理した後に離婚の届出を受理するか、そのいずれでもよい。ここでは、次の順序で処理した場合について説明する。

〔受付の順序、戸籍処理の流れ〕

解　説

1　事例の内容

　妻Ｆは、夫Ｇと夫の氏を称して平成27年11月1日婚姻したが、婚姻後200日以内の平成28年3月5日子Ｈを出産した。ところが、子Ｈは夫Ｇとの間の子でないため、同年4月17日母Ｆは当該子Ｈを嫡出でない子として出生の届出をし、同時にＦとＧは、協議離婚の届出をした。

　この事例の場合において、どのように事務処理をするかというのが、本事例の問題である。

2　処理の順序

　本事例は、妻が、婚姻中に婚姻後200日以内に子を出産し、その子を嫡

出でない子として母Ｆが出生の届出をすると同時に、夫婦の協議離婚の届出をした場合であるが、いずれの届出を先に受理しても子の称する氏及び入籍戸籍は同じである。ただし、届書の記載に留意が必要である（妻（母）の氏名、本籍の表示等）。

ここでは、次の(1)、(2)の順序で処理する場合について説明する。

(1) 離婚の届出

　夫婦が協議離婚の届出をする場合は、当事者間に離婚意思の合致がなければならないことはいうまでもないが、離婚の届出が、戸籍事務管掌者である市区町村長によって受理されるためには、当事者双方及び成年の証人二人以上から、口頭又は署名した書面によって届出をしなければならない（民765条１項・739条２項）。また、離婚する夫婦間に未成年の子がある場合は、夫婦の一方を親権者と定めなければならない（民765条１項・819条１項）とされているので、これらの規定、その他の法令に違反しないと認められない限り受理されないことになる（民765条１項）（**注１**）。

　ところで、本事例においては、出生子は母の嫡出でない子であることから、協議離婚の届出において親権に関する記載は不要である。

　また、協議離婚の届出を出生の届出より先に受理した場合において、夫婦間に未届の嫡出子がある場合は、いずれか一方を親権者と定める必要があるが（**注２**）、本事例においては、出生の届出未了の子は、母の嫡出でない子であるところから、その必要もないことになる。なお、【事例６】を参照願いたい。

(2) 出生の届出

　婚姻の成立後200日以内で、その婚姻中に出生した子は、民法第772条による嫡出の推定を受けないが、その子が母の夫によって懐胎された子であれば、父からの認知がされるまでもなく生来の嫡出子として取り扱うべきものとされている（大審院昭和15．1．23判決、大審院昭和15．9．20判決等）。したがって、この出生子は、夫から嫡出子としての出生届があった場合に

は、これを受理すべきものとされている（昭和26.6.27民事甲1332号回答、昭和27.1.29民事甲82号回答、昭和30.7.15民事甲1487号回答）。

　他方、当該子は、そもそも嫡出の推定を受けない子であり、また、母の夫によって懐胎されたものでない場合は、母が嫡出でない子として出生の届出をすることができるので、その届出は、これを受理をしなければならないとされている（昭和26.6.27民事甲1332号回答）。これを要約すると、婚姻成立後200日以内の出生子は、夫によって懐胎されたものであれば「嫡出子」であり、夫以外の男子によって懐胎されたものであれば「嫡出でない子」ということになる。

　本事例では、懐胎事実を一番よく知っているのは、母であることから、子が母の夫以外の男子によって懐胎されたものとして、母から嫡出でない子として届け出られたものである。

　嫡出でない子は、出生により母の氏を称することになる（民790条2項）ので、出生の届出によって当該子の入籍する戸籍は、出生当時の母の戸籍となる（戸18条2項）。本事例における出生子の場合は、夫の氏を称する婚姻によって編製された母の戸籍に入籍することになる。なお、父母の離婚の届出後に出生の届出を受理した場合であっても、本事例の出生子は、母の離婚の届出前に出生しているので、入籍する戸籍は、出生当時の母の戸籍であることに変わりはない。当該子が離婚後の母の戸籍に入籍する場合は、家庭裁判所の許可（民791条1項）を得て入籍の届出を要することになる（戸98条1項）。

（注1）　創設的届出（認知、縁組、離縁、婚姻又は離婚）が市・区役所又は町村役場に出頭した者によってされる場合には、出頭した者に対しその者が届出事件本人であることの確認を実施することとしている（詳細については、【事例1】の（注）を参照願いたい。）。

（注2）　父母の婚姻中に出生した嫡出子は、出生の届出の有無に関係なく父母の共同親権に服し、父母が協議離婚するときは、その協議により、いず

第12　離婚届と出生届

れか一方を子の親権者と定めなければならない（民819条1項）。しかし、出生の届出がされていない子の場合は、離婚の届出において、仮に届書に子の親権者指定に関する事項の記載がされていても、子の戸籍がないから親権者指定に関する事項を記載することができない。この場合は、親権者指定に関する事項の記載は、子の出生の届出を待ってすることになる（昭和38.12.12～13愛媛県戸籍住民登録事務協議会決議、昭和40.9.14～15香川県戸籍住民登録事務協議会決議）。

【事例21】

3 離婚届と出生届

(1) 離婚届

離婚届

平成28年4月17日届出

東京都千代田区 長 殿

受理	平成28年4月17日 第695号	発送	平成28年4月17日
送付	平成28年4月19日 第478号	東京都千代田区 長	印

書類調査	戸籍記載	記載調査	調査票	附票	住民票	通知

		夫	妻
(1)	氏名（よみかた）	おつの　よしぞう　乙野　義三	おつの　まさこ　乙野　正子
	生年月日	昭和60年5月21日	昭和62年1月6日
	住所（住民登録をしているところ）	東京都杉並区清水町4丁目30番地 世帯主の氏名　乙野　義三	京都市北区小山初音町40番地 世帯主の氏名　丙野　忠夫
(2)	本籍（外国人のときは国籍だけを書いてください）	東京都千代田区平河町2丁目10番地 筆頭者の氏名　乙野　義三	
	父母の氏名 父母との続き柄 (他の養父母はその他の欄に書いてください)	夫の父　乙野　義雄　　続き柄　3男 　　母　　　安子	妻の父　丙野　忠夫　　続き柄　長女 　　母　　　秋子
(3)(4)	離婚の種別	☑協議離婚　□調停　年　月　日成立　□審判　年　月　日確定 □和解　年　月　日成立　□請求の認諾　年　月　日認諾　□判決　年　月　日確定	
	婚姻前の氏にもどる者の本籍	□夫　☑妻　は　□もとの戸籍にもどる　☑新しい戸籍をつくる 京都市北区小山初音町20番地　筆頭者の氏名　丙野　正子	
(5)	未成年の子の氏名	夫が親権を行う子	妻が親権を行う子
(6)(7)	同居の期間	平成27年10月　　から　　平成28年3月　まで （同居を始めたとき）　　　　　（別居したとき）	
(8)	別居する前の住所	東京都杉並区清水町4丁目30番地	
(9)	別居する前の世帯のおもな仕事と	□1．農業だけまたは農業とその他の仕事を持っている世帯 □2．自由業・商工業・サービス業等を個人で経営している世帯 □3．企業・個人商店等（官公庁は除く）の常用勤労者世帯で勤め先の従業者数が1人から99人までの世帯（日々または1年未満の契約の雇用者は5） ☑4．3にあてはまらない常用勤労者世帯及び会社団体の役員の世帯（日々または1年未満の契約の雇用者は5） □5．1から4にあてはまらないその他の仕事をしている者のいる世帯 □6．仕事をしている者のいない世帯	
(10)	夫妻の職業	（国勢調査の年…　年…の4月1日から翌年3月31日までに届出をするときだけ書いてください） 夫の職業　　　　　　　　　妻の職業	
	その他		
	届出人署名押印	夫　乙野　義三　㊞	妻　乙野　正子　㊞
	事件簿番号		

第12　離婚届と出生届

```
記入の注意
```

鉛筆や消えやすいインキで書かないでください。
筆頭者の氏名欄には、戸籍のはじめに記載されている人の氏名を書いてください。
本籍地でない役場に出すときは、2通または3通出してください（役場が相当と認めたときは、1通で足りることもあります。）。また、そのさい戸籍謄本も必要です。
そのほかに必要なもの　　調停離婚のとき　→　調停調書の謄本
　　　　　　　　　　　　審判離婚のとき　→　審判書の謄本と確定証明書
　　　　　　　　　　　　和解離婚のとき　→　和解調書の謄本
　　　　　　　　　　　　認諾離婚のとき　→　認諾調書の謄本
　　　　　　　　　　　　判決離婚のとき　→　判決書の謄本と確定証明書

	証　　　　人　　　（協議離婚のときだけ必要です）	
署名押印	丙川孝助　㊞	乙山竹子　㊞
生年月日	昭和 57 年 4 月 14 日	昭和 61 年 6 月 8 日
住所	東京都中野区野方 5丁目　10 番地 1 号	東京都世田谷区若林 1丁目　1 番地 2 号
本籍	東京都杉並区清水町 4丁目　50 番地	東京都世田谷区若林 1丁目　30 番地

父母がいま婚姻しているときは、母の氏は書かないで、名だけを書いてください。
養父母についても同じように書いてください。
□には、あてはまるものに☑のようにしるしをつけてください。

今後も離婚の際に称していた氏を称する場合には、左の欄には何も記載しないでください（この場合にはこの離婚届と同時に別の届書を提出する必要があります。）。

同居を始めたときの年月は、結婚式をあげた年月または同居を始めた年月のうち早いほうを書いてください。

届け出られた事項は、人口動態調査（統計法に基づく基幹統計調査、厚生労働省所管）にも用いられます。

```
未成年の子がいる場合は、次の□のあてはまるものにしるしをつけてください。
（面会交流）
　　□取決めをしている。
　　□まだ決めていない。
（養育費の分担）
　　□取決めをしている。
　　□まだ決めていない。

未成年の子がいる場合に父母が離婚をするときは、面会交流や養育費の分担など子の監護に必要な事項についても父母の協議で定めることとされています。この場合には、子の利益を最も優先して考えなければならないこととされています。
```

【事例21】

(2) 出生届

出 生 届 平成 28 年 4 月 17 日 届出 東京都千代田区 長 殿	受理 平成28年4月17日 第696号　　発送 平成　年　月　日　　長印 送付 平成　年　月　日 第　　号 書類調査／戸籍記載／記載調査／調査票／附票／住民票／通知

(1)	子の氏名 （よみかた） （外国人のときはローマ字を付記してください）	氏 乙野　名 啓一 （おつの けいいち）	父母との続き柄　☐嫡出子 ☑嫡出でない子　長　☑男 ☐女
(2)	生まれたとき	平成 28 年 3 月 5 日	☑午前 ☐午後 10 時 25 分
(3)	生まれたところ	京都市北区小山初音町	24 番地／番 号
(4)	住所 （住民登録をするところ）	京都市北区小山初音町　40 番地／番 号 世帯主の氏名 丙野忠夫　　世帯主との続き柄 子の子
(5)	父母の氏名 生年月日 （子が生まれたときの年齢）	父　　　　　　　　　　　　母 丙野 正子 　　年　月　日（満　歳）　　昭和 62 年 1 月 6 日（満 29 歳）	
(6)	本籍 （外国人のときは国籍だけを書いてください）	東京都千代田区平河町2丁目　10 番地／番 筆頭者の氏名 乙野 義三	
(7)	同居を始めたとき	平成　年　月（結婚式をあげたとき、または、同居を始めたときのうち早いほうを書いてください）	
(8)	子が生まれたときの世帯のおもな仕事と	☐1．農業だけまたは農業とその他の仕事を持っている世帯 ☐2．自由業・商工業・サービス業等を個人で経営している世帯 ☐3．企業・個人商店等（官公庁は除く）の常用勤労者世帯で勤め先の従業者数が1人から99人までの世帯（日々または1年未満の契約の雇用者は5） ☑4．3にあてはまらない常用勤労者世帯及び会社団体の役員の世帯（日々または1年未満の契約の雇用者は5） ☐5．1から4にあてはまらないその他の仕事をしている者のいる世帯 ☐6．仕事をしている者のいない世帯	
(9)	父母の職業	（国勢調査の年…　年…の4月1日から翌年3月31日までに子が生まれたときだけ書いてください） 父の職業　　　　　　　　母の職業	

その他

届出人　☑1.父母　☐2.法定代理人（　　　）☐3.同居者　☐4.医師　☐5.助産師　☐6.その他の立会者　☐7.公設所の長

住所	京都市北区小山初音町　40 番地／番 号
本籍	京都市北区小山初音町　20 番地／番　筆頭者の氏名 丙野 正子
署名	丙野 正子　㊞　昭和 62 年 1 月 6 日生

事件簿番号

第12 離婚届と出生届

記入の注意

鉛筆や消えやすいインキで書かないでください。

子が生まれた日からかぞえて14日以内に出してください。

子の本籍地でない役場に出すときは、2通出してください（役場が相当と認めたときは、1通で足りることもあります）。2通の場合でも、出生証明書は、原本1通と写し1通でさしつかえありません。

子の名は、常用漢字、人名用漢字、かたかな、ひらがなで書いてください。子が外国人のときは、原則かたかなで書くとともに、住民票の処理上必要ですから、ローマ字を付記してください。

よみかたは、戸籍には記載されません。住民票の処理上必要ですから書いてください。

□には、あてはまるものに☑のようにしるしをつけてください。

筆頭者の氏名には、戸籍のはじめに記載されている人の氏名を書いてください。

子の父または母が、まだ戸籍の筆頭者となっていない場合は、新しい戸籍がつくられますので、この欄に希望する本籍を書いてください。

届け出られた事項は、人口動態調査（統計法に基づく基幹統計調査、厚生労働省所管）にも用いられます。

出 生 証 明 書

子 の 氏 名	乙 野 啓 一	男女の別	①男　2女
生まれたとき	平成28年 3月 5日	①午前／午後	10時 25分
(10) 出生したところ及びその種別	出生したところの種別	①病院　2診療所　3助産所　4自宅　5その他	
	出生したところ	京都市北区小山初音町 24 番地／番 号	
	（出生したところの種別1〜3）施設の名称	洛北病院	
(11) 体重及び身長	体重 3,200 グラム	身長 48.0 センチメートル	
(12) 単胎・多胎の別	①単胎　2多胎（　子中第　子）		
(13) 母の氏名	乙 野 正 子	妊娠週数	満39週 2日
(14) この母の出産した子の数	出生子（この出生子及び出生後死亡した子を含む）　1人 死産児（妊娠満22週以後）　胎		
(15) ①医師　2助産師　3その他	上記のとおり証明する。　平成28年 3月12日 （住所）京都市左京区吉田町　86 番地／番 号 （氏名）小 川 太 郎 ㊞		

記入の注意

夜の12時は「午前0時」、昼の12時は「午後0時」と書いてください。

体重及び身長は、立会者が医師又は助産師以外の者で、わからなければ書かなくてもかまいません。

この母の出産した子の数は、当該母又は家人などから聞いて書いてください。

この出生証明書の作成者の順序は、この出生の立会者が例えば医師・助産師ともに立ち会った場合には医師が書くように1、2、3の順序に従ってください。

【事例21】

4　戸籍受附帳の記載（紙戸籍の場合の例）

(1) 協議離婚の届出
東京都千代田区（本籍人）

受附番号	受理送付の別	受附月日 (事件発生月日)	件名	届出事件本人の氏名 (届出人の資格氏名)	本籍又は国籍	備考
695	受理	4月17日	離婚	乙野義三 （丙野）正子	平河町2丁目10番地	妻正子新戸籍編製 新本籍　京都市北区小山初音町20番地 4月17日発送

(2) 出生の届出
東京都千代田区（本籍人）

受附番号	受理送付の別	受附月日 (事件発生月日)	件名	届出事件本人の氏名 (届出人の資格氏名)	本籍又は国籍	備考
696	受理	4月17日 (3月5日)	出生	乙野啓一 （母　丙野正子）	平河町2丁目10番地	出生地　京都市北区 嫡出でない子の届出 父母との続柄　長男

5　戸籍の記載
図1　夫婦の戸籍及び子の入籍戸籍

		(1の1)	全 部 事 項 証 明

本　　　籍	東京都千代田区平河町二丁目10番地
氏　　　名	乙野　義三
戸籍事項 　　戸籍編製	（省略）
戸籍に記録されている者	【名】義三 【生年月日】昭和60年5月21日 【父】乙野義雄 【母】乙野安子 【続柄】三男
身分事項 　　出　　生 　　婚　　姻 　　離　　婚	（省略） （省略） 【離婚日】平成28年4月17日 【配偶者氏名】乙野正子
戸籍に記録されている者 　除　　籍	【名】正子 【生年月日】昭和62年1月6日 【父】丙野忠夫 【母】丙野秋子 【続柄】長女
身分事項 　　出　　生 　　婚　　姻 　　離　　婚	（省略） （省略） 【離婚日】平成28年4月17日 【配偶者氏名】乙野義三 【新本籍】京都市上京区小山初音町20番地
戸籍に記録されている者	【名】啓一 【生年月日】平成28年3月5日 【父】 【母】丙野正子 【続柄】長男
身分事項 　　出　　生	【出生日】平成28年3月5日 【出生地】京都市北区 【届出日】平成28年4月17日 【届出人】母
	以下余白

発行番号000001

【事例21】

図２　母の離婚後の戸籍

		(1の1)	全 部 事 項 証 明
本　　籍	京都市北区小山初音町２０番地		
氏　　名	丙野　正子		
戸籍事項 　　戸籍編製	【編製日】平成２８年４月１９日		
戸籍に記録されている者	【名】正子 【生年月日】昭和６２年１月６日 【父】丙野忠夫 【母】丙野秋子 【続柄】長女		
身分事項 　　出　　生 　　離　　婚	（省略） 【離婚日】平成２８年４月１７日 【配偶者氏名】乙野義三 【送付を受けた日】平成２８年４月１９日 【受理者】東京都千代田区長 【従前戸籍】東京都千代田区平河町二丁目１０番地　乙野義 　　　　　　三		
	以下余白		

発行番号０００００１

第13 離婚届と婚姻届

> **事例22**
> 夫の氏を称して婚姻した夫婦の協議離婚の届出と同時に、同一当事者間における妻の氏を称する婚姻の届出がされた場合

結論

協議離婚の届出及び婚姻の届出とも受理することができない。

解説

1 事例の内容

A男とB女は、夫の氏を称する婚姻の届出をし、そのように戸籍が編製されているが、同夫婦について協議離婚の届出と同時に、同一当事者間での妻の氏を称する婚姻の届出がされた。

この事例の場合において、どのように事務処理をするかというのが、本事例の問題である。

2 本事例の処理

(1) 当該各届出の受理・不受理

当該各届出は、当初の婚姻届出の際に夫婦の婚姻後に称する氏を妻の氏とすべきところ、夫の氏として届出したことの誤りを是正するために協議離婚の届出をし、同時に妻の氏を称する婚姻の届出をしたものと考えられる。そうであるとすれば、当該の各届出は、あたかも夫の氏を称する婚姻をした夫婦が、婚姻継続中に協議によって妻の氏に変更することを目的としてされたものとみることができるが、そのような届出は、当事者間に真に離婚ないし婚姻の意思を有するとは認めることができないので、これを

受理することはできないことになる（木村三男著「改訂戸籍届書の審査と受理」382頁、神崎輝明著「改訂設題解説戸籍実務の処理Ⅴ婚姻・離婚編(2)離婚」11頁以下参照）。

　なお、婚姻の届出の際に夫婦の婚姻後に称する氏の選択を誤ったとして、戸籍の記載前に当事者からの追完届がされたときは、届書記載の氏を是正することができるが、既に戸籍の記載がなされているときは、追完届によることはできないので、婚姻届出の錯誤を理由として戸籍法第113条による戸籍訂正の手続きによるほかない（横塚繁・竹澤雅二郎著「改訂設題解説戸籍実務の処理Ⅴ婚姻・離婚編(1)婚姻」95頁以下参照）。

(2)　**夫婦の称する氏**

　婚姻の届出をする場合は、夫婦は協議により夫又は妻のいずれの氏を称するかを定めて届出をすることになる（民750条、戸74条1号）が、婚姻後に夫婦の称する氏を、夫婦の協議によって夫の氏を妻の氏に、あるいは反対に妻の氏を夫の氏に変更する届出を認める規定はない。

　本事例の場合は、夫の氏を称する婚姻について協議離婚の届出をし、同時に妻の氏を称する婚姻の届出を新たにするというものであるが、この届出を受理し、戸籍の処理をしたときは、実質的には婚姻継続中に夫婦の氏を夫の氏から妻の氏に変更することを認めることになる。このような届出は、氏変更の方便としてなされるものであることが、市区町村長の届書の審査において明白であるといえるから、市区町村長は、夫婦の氏の変更を実質的に認めるような届出をそのまま容認して受理することは相当でないというべきである。

　なお、夫婦の称する氏の記載を婚姻の届書に誤記した場合において、戸籍の記載前に届書の記載を訂正する旨の追完の届出があった場合は、次の(3)に述べるような方法により処理することになる。

　また、戸籍の記載が完了した後に届書の誤記を理由に戸籍の記載を訂正する場合は、次の(4)に述べるような方法により処理することになる。

(3) 戸籍の記載前に婚姻の届出に対する追完の届出

婚姻の届書に記載すべき夫婦の称する氏について、届書に誤記した場合、例えば、本事例のように、妻の氏を称する届出をすることに合意したのに、誤って夫の氏を称するものとして届出がされたような場合、婚姻の当事者間に婚姻の意思がある限り婚姻そのものの効力に影響を及ぼすことはないので、戸籍の記載前であれば、婚姻の届出に対する追完の届出によって、その誤記を是正することができる（昭和34.10.28〜29徳島地方法務局管内12回戸籍事務協議会決議・昭和35．2．3民事局変更指示）。

戸籍の記載前に婚姻の届出に対して追完の届出がされた場合の追完の届書、戸籍受附帳及び戸籍の記載は、後記の3ないし5のとおりである。

なお、婚姻の届出によって既に戸籍の記載が完了している場合は、追完の届出によって是正はできないので、戸籍訂正の手続により処理することになる（次の(4)を参照のこと）。

(4) 戸籍の記載後の戸籍訂正

婚姻によって定められた夫婦の氏は、婚姻の継続中は同一でなければならない（夫婦同氏の原則）から、婚姻継続中に当事者の協議によって、他方の氏に変更することができないことは、前記の(2)で述べたとおりである。

本事例において、婚姻の届書の記載に際して「妻の氏を称する婚姻」とすべきを「夫の氏を称する婚姻」と誤記し、そのまま戸籍の記載がされている場合であれば、これを妻の氏を称する婚姻の記載に戸籍を訂正するときは、戸籍法第113条の規定により家庭裁判所の許可を得て、戸籍訂正の申請をすることによって是正することができる。

その場合は、夫の氏で編製された戸籍を消除し、改めて妻を筆頭者とする新戸籍を編製することになる。

その場合の戸籍訂正申請書、戸籍受附帳及び戸籍の記載は、後記の6ないし8のとおりである。

3 追完の届出

			受理 平成27年10月4日 第　　5432　号	発送 平成27年10月4日
	追　完　届		送付 平成27年10月6日 第　　4753　号	東京都千代田区長 ㊞
東京都千代田 市区 長 殿 　　　　　　　町村 平成27年10月4日届出			書類調査 戸籍記載 記載調査 附　票 住民票 通　知	

(一)		種　類	婚姻届	届出の年月日 平成27年10月2日	基本届出事件の受付年月日及び受付番号 平成27年10月2日 第 5186 号
(二)	追完を要する届出事件	届出人	甲野義太郎　　乙野梅子		
(三)		事件本人	本　籍	東京都千代田区平河町1丁目4番地	京都市北区小山初音町18番地
			筆頭者氏名	甲　野　幸　雄	乙　野　忠　治
(四)			住所及び世帯主氏名	京都市北区小山初音町18番地　甲野義太郎	
(五)			氏　名	(夫) 甲　野　義太郎	(妻) 乙　野　梅　子
			生年月日	昭和62年 4月 3日	昭和63年 3月 1日
(六)	追完の事由		「婚姻後の夫婦の氏」の記載を誤記したため。		
(七)	追完する事項		婚姻後の夫婦の氏「夫の氏」とあるのを「妻の氏」と訂正する。		
(八)	添付書類				
(九)	届出人	本　籍	(三)欄に同じ		
		筆頭者氏名	(三)欄に同じ		
		住　所	(四)欄に同じ		
		届出人の資格及び署名押印	夫 甲野義太郎 ㊞	妻 乙野梅子 ㊞	
		生年月日	昭和62年 4月 3日	昭和63年 3月 1日	

第13 離婚届と婚姻届

4 戸籍受附帳の記載（紙戸籍の場合の例）

(1) 婚姻の届出
東京都千代田区（本籍人）

受附番号	受理送付の別	受附月日 (事件発生月日)	件　名	届出事件本人の氏名 (届出人の資格氏名)	本籍又は国籍	備　　考
5186	受理	10月2日	婚姻	甲野　義太郎 (乙野) 梅子	平河町1丁目4番地 京都市北区小山初音町18番地	夫の氏を称する婚姻 新戸籍編製 夫の従前の本籍地と同じ 10月4日追完届（受付第5432号） 　　　　10月3日発送

(2) 追完の届出
東京都千代田区（本籍人）

受附番号	受理送付の別	受附月日 (事件発生月日)	件　名	届出事件本人の氏名 (届出人の資格氏名)	本籍又は国籍	備　　考
5432	受理	10月4日	追完 (婚姻)	甲野　義太郎 乙野　梅子	平河町1丁目4番地	婚姻届10月2日 受付第5186号 「夫の氏」を「妻の氏」に訂正の追完 　　　　10月4日発送

【事例22】

5 戸籍の記載
図1 夫婦の戸籍

	（1の1）	全 部 事 項 証 明

本　　　籍	東京都千代田区平河町一丁目4番地
氏　　　名	乙野　梅子

戸籍事項 　　戸籍編製	【編製日】平成27年10月4日

戸籍に記録されている者	【名】梅子 【生年月日】昭和63年3月1日　　　【配偶者区分】妻 【父】乙野忠治 【母】乙野竹子 【続柄】長女
身分事項 　出　　生 　婚　　姻	（省略） 【婚姻日】平成27年10月2日 【配偶者氏名】甲野義太郎 【従前戸籍】京都市北区小山初音町18番地　乙野忠治 【特記事項】平成27年10月4日夫婦の称する氏の追完届出
戸籍に記録されている者	【名】義太郎 【生年月日】昭和62年4月3日　　　【配偶者区分】夫 【父】甲野幸雄 【母】甲野松子 【続柄】二男
身分事項 　出　　生 　婚　　姻	（省略） 【婚姻日】平成27年10月2日 【配偶者氏名】乙野梅子 【従前戸籍】東京都千代田区平河町一丁目4番地　甲野幸雄 【特記事項】平成27年10月4日夫婦の称する氏の追完届出
	以下余白

発行番号000001

第13　離婚届と婚姻届

図2　夫の婚姻前の戸籍

	（1の1）	全 部 事 項 証 明

本　　籍	東京都千代田区平河町一丁目4番地
氏　　名	甲野　幸雄

戸籍事項 戸籍編製	（省略）

戸籍に記録されている者	【名】幸雄
	【生年月日】昭和35年9月4日　　【配偶者区分】夫 【父】甲野佐吉 【母】甲野秋江 【続柄】長男

身分事項 出　　生 婚　　姻	（省略） （省略）

戸籍に記録されている者	【名】義太郎
除　籍	【生年月日】昭和62年4月3日 【父】甲野幸雄 【母】甲野松子 【続柄】二男

身分事項 出　　生 婚　　姻	（省略） 【婚姻日】平成27年10月2日 【配偶者氏名】乙野梅子 【新本籍】東京都千代田区平河町一丁目4番地 【称する氏】妻の氏

以下余白

発行番号000001

【事例22】

図3　妻の婚姻前の戸籍

	（1の1）	全 部 事 項 証 明

本　　籍	京都市北区小山初音町１８番地
氏　　名	乙野　忠治

戸籍事項 　　戸籍編製	（省略）

戸籍に記録されている者	【名】忠治 【生年月日】昭和３２年８月１日　　　【配偶者区分】夫 【父】乙野明夫 【母】乙野春枝 【続柄】三男
身分事項 　　出　　生 　　婚　　姻	（省略） （省略）

戸籍に記録されている者 除　　籍	【名】梅子 【生年月日】昭和６３年３月１日 【父】乙野忠治 【母】乙野竹子 【続柄】長女
身分事項 　　出　　生 　　婚　　姻	（省略） 【婚姻日】平成２７年１０月２日 【配偶者氏名】甲野義太郎 【送付を受けた日】平成２７年１０月６日 【受理者】東京都千代田区長 【新本籍】東京都千代田区平河町一丁目４番地 【称する氏】妻の氏
	以下余白

発行番号０００００１

6　戸籍訂正申請書

戸 籍 訂 正 申 請

東京都千代田 ~~市~~区~~町村~~ 長 殿

平成27年12月10日申請

受付　平成27年12月10日　第6789号

(一)	事件本人	本　籍	東京都千代田区平河町1丁目4番地
		筆頭者氏名	甲野　義太郎
(二)		住所及び世帯主氏名	京都市北区小山初音町18番地　甲野義太郎
(三)		氏　名	甲野　義太郎　　　甲野　梅子
		生年月日	昭和62年4月3日　　昭和63年3月1日
(四)	裁判の種類		戸籍訂正許可の審判
	裁判確定年月日		平成27年12月5日
(五)	訂正の趣旨		事件本人等の婚姻届出錯誤につき、 1　婚姻により夫を筆頭者として編製された上記の甲野義太郎戸籍を消除し、別に妻乙野梅子を筆頭者として東京都千代田区平河町1丁目4番地に新戸籍を編製する。 2　東京都千代田区平河町1丁目4番地甲野幸雄戸籍中、義太郎の婚姻事項及び京都市北区小山初音町18番地乙野忠治戸籍中、梅子の婚姻事項を「妻の氏」と各訂正する。
(六)	添付書類		審判書謄本、確定証明書、乙野忠治の戸籍謄本
(七)	申請人	本　籍	東京都千代田区平河町1丁目4番地
		筆頭者氏名	甲野　義太郎
		住　所	京都市北区小山初音町18番地
		署名押印	甲野　義太郎　㊞
		生年月日	昭和62年4月3日

戸籍調査記載／記載調査／送付／住民票記載／通知／附票記載／通知

（注意）事件本人又は申請人が二人以上であるときは、必要に応じ該当欄を区切って記載すること。

【事例22】

7 戸籍受附帳の記載 （紙戸籍の場合の例）

(1) 戸籍訂正
東京都千代田区（本籍人）

受附番号	受理送付の別	受附月日 (事件発生月日)	件　名	届出事件本人の氏名 (届出人の資格氏名)	本 籍 又 は 国 籍	備　　　考
6789	受理	12月10日	戸籍訂正 (113条)	甲　野　義太郎 甲　野　梅　子	平河町1丁目4番地	婚姻届出の錯誤（夫婦の称する氏妻「乙野」とすべき夫「甲野」と錯誤） 妻の氏で戸籍編製替をする。 　　　　12月11日発送

241

第13　離婚届と婚姻届

8　戸籍の記載
図1　夫を筆頭者とした夫婦の戸籍

除　　籍	（1の1）	全 部 事 項 証 明

本　　籍	東京都千代田区平河町一丁目4番地
氏　　名	甲野　義太郎

戸籍事項 　戸籍編製 　戸籍消除	【編製日】平成27年10月2日 【消除日】平成27年12月10日

戸籍に記録されている者 除　　籍	【名】義太郎 【生年月日】昭和62年4月3日　　【配偶者区分】夫 【父】甲野幸雄 【母】甲野松子 【続柄】二男
身分事項 　出　　生 　消　　除	（省略） 【消除日】平成27年12月10日 【消除事項】婚姻事項 【消除事由】婚姻届出錯誤につき戸籍訂正許可の裁判確定 【裁判確定日】平成27年12月5日 【申請日】平成27年12月10日 【従前の記録】 　【婚姻日】平成27年10月2日 　【配偶者氏名】乙野梅子 　【従前戸籍】東京都千代田区平河町一丁目4番地　甲野幸雄

戸籍に記録されている者 除　　籍	【名】梅子 【生年月日】昭和63年3月1日　　【配偶者区分】妻 【父】乙野忠治 【母】乙野竹子 【続柄】長女
身分事項 　出　　生 　消　　除	（省略） 【消除日】平成27年12月10日 【消除事項】婚姻事項 【消除事由】婚姻届出錯誤につき戸籍訂正許可の裁判確定 【裁判確定日】平成27年12月5日 【申請日】平成27年12月10日 【申請人】夫 【従前の記録】 　【婚姻日】平成27年10月2日 　【配偶者氏名】甲野義太郎 　【従前戸籍】京都市北区小山初音町18番地　乙野忠治
	以下余白

発行番号000001

【事例22】

図2　妻を筆頭者とする夫婦の戸籍

	（1の1）　全部事項証明
本　　籍	東京都千代田区平河町一丁目4番地
氏　　名	乙野　梅子
戸籍事項 　　戸籍編製 　　　記　　録	【編製日】平成27年10月2日 【記録日】平成27年12月10日 【記録事由】婚姻届出錯誤につき戸籍訂正許可の裁判確定 【裁判確定日】平成27年12月5日 【申請日】平成27年12月10日 【申請人】夫
戸籍に記録されている者	【名】梅子 【生年月日】昭和63年3月1日　　　【配偶者区分】妻 【父】乙野忠治 【母】乙野竹子 【続柄】長女
身分事項 　　出　　生 　　婚　　姻	（省略） -- 【婚姻日】平成27年10月2日 【配偶者氏名】甲野義太郎 【従前戸籍】京都市北区小山初音町18番地　乙野忠治
戸籍に記録されている者	【名】義太郎 【生年月日】昭和62年4月3日　　　【配偶者区分】夫 【父】甲野幸雄 【母】甲野松子 【続柄】二男
身分事項 　　出　　生 　　婚　　姻	（省略） -- 【婚姻日】平成27年10月2日 【配偶者氏名】乙野梅子 【従前戸籍】東京都千代田区平河町一丁目4番地　甲野幸雄
	以下余白

発行番号000001

第13 離婚届と婚姻届

図3　夫の婚姻前の戸籍（訂正後）

		（1の1）	全 部 事 項 証 明
本　　籍	東京都千代田区平河町一丁目4番地		
氏　　名	甲野　幸雄		

戸籍事項　　戸籍編製	（省略）

戸籍に記録されている者	【名】幸雄 【生年月日】昭和35年9月4日　　　【配偶者区分】夫 【父】甲野佐吉 【母】甲野秋江 【続柄】長男
身分事項 　出　　生 　婚　　姻	（省略） （省略）

戸籍に記録されている者 　除　　籍	【名】義太郎 【生年月日】昭和62年4月3日 【父】甲野幸雄 【母】甲野松子 【続柄】二男
身分事項 　出　　生 　婚　　姻 　訂　　正	（省略） （省略） 【訂正日】平成27年12月10日 【訂正事由】戸籍訂正許可の裁判確定 【裁判確定日】平成27年12月5日 【申請日】平成27年12月10日 【従前の記録】 　　【称する氏】夫の氏
	以下余白

発行番号000001

【事例22】

図4　妻の婚姻前の戸籍（訂正後）

		（1の1）	全 部 事 項 証 明
本　　籍	京都市北区小山初音町１８番地		
氏　　名	乙野　忠治		

戸籍事項 　戸籍編製	（省略）

戸籍に記録されている者	【名】忠治 【生年月日】昭和３２年８月１日　　　【配偶者区分】夫 【父】乙野明夫 【母】乙野春枝 【続柄】三男
身分事項 　出　　生 　婚　　姻	（省略） （省略）

戸籍に記録されている者 除　　籍	【名】梅子 【生年月日】昭和６３年３月１日 【父】乙野忠治 【母】乙野竹子 【続柄】長女
身分事項 　出　　生 　婚　　姻 　訂　　正	（省略） （省略） 【訂正日】平成２７年１２月１０日 【訂正事由】戸籍訂正許可の裁判確定 【裁判確定日】平成２７年１２月５日 【申請日】平成２７年１２月１０日 【申請人】夫 【送付を受けた日】平成２７年１２月１３日 【受理者】東京都千代田区長 【従前の記録】 　【称する氏】夫の氏
	以下余白

発行番号０００００１

第14　離婚届と戸籍法77条の２の届

> **事例23**
> 夫の氏を称して婚姻した夫婦の協議離婚の届出と同時に、妻から離婚の際に称していた氏を称する届出（戸籍法77条の２の届出）がされた場合

結　論

協議離婚の届出を受理した後に離婚の際に称していた氏を称する届出（戸籍法77条の２の届出―以下「戸籍法77条の２の届出」という。）を受理し、その順序で処理する。

〔受付の順序、戸籍処理の流れ〕

解　説

1　事例の内容

Ａ男とＢ女は、夫の氏を称する婚姻の届出をし、これによって、同夫婦について新戸籍が編製された。その後、同夫婦から協議離婚の届出と同時にＢ女から戸籍法77条の２の届出（「婚氏続称の届出」ともいう。）がされた。

この事例の場合において、どのように事務処理をするかというのが、本事例の問題である。

2　処理の順序

本事例は、協議離婚の届出をすると同時に婚姻前の氏に復する妻から戸

籍法77条の２の届出がされた場合であるから、次の(1)、(2)の順序で処理することになる。

(1) 協議離婚の届出

　婚姻によって氏を改めた妻は、協議上の離婚によって婚姻前の氏に復する（民767条１項）が、協議離婚の届出（注）と同時に戸籍法77条の２の届出をするときは、その復氏に関する事項は、協議離婚の届書の「婚姻前の氏にもどる者の本籍」欄には記載せず、当該欄に記載すべき事項等は戸籍法77条の２の届書の「離婚の際に称していた氏を称した後の本籍」欄等に記載することになる（昭和51.5.31民二3233号通達一の８）。

　なお、離婚届書の「その他」欄には、「戸籍法77条の２の届出を同時に提出」と記載し、双方の届出が同時にされたことを明らかにしておくのが実務上の取扱いである。

(2) 戸籍法77条の２の届出

　婚姻によって氏を改めた夫又は妻は、離婚によって婚姻前の氏に復するが、婚姻前の氏に復した夫又は妻は、離婚の日から３か月以内に戸籍法の定める届出をすることによって、離婚の際に称していた氏を称することができるものとされる（民767条・771条）。この制度は、「民法等の一部を改正する法律」（昭和51年法律66号）の施行によって同法第767条に第２項が新設されたことによるものであり、これを受けて戸籍法に第77条の２の規定が新たに設けられ、届出に関する規定がされた。

　この戸籍法77条の２の届出は、本事例のように離婚の届出と同時にすることもできるが、離婚によっていったん婚姻前の氏に復した後（復籍又は新戸籍編製）であっても、離婚後３か月以内であれば、届出をすることができる。

　本事例は、協議離婚の届出と同時に戸籍法77条の２の届出をするものであるから、離婚による復籍の記載をすることなく、直ちに妻について離婚の際に称していた氏で新戸籍を編製することになる（戸19条３項、前掲民

第14　離婚届と戸籍法77条の2の届

二3233号通達一の2）。

（注）　創設的届出（認知、縁組、離縁、婚姻又は離婚）が市・区役所又は町村役場に出頭した者によってされる場合には、出頭した者に対しその者が届出事件本人であることの確認を実施することとしている（詳細については、【事例1】の（注）を参照願いたい。）。

【事例23】

3　離婚届及び戸籍法77条の2の届

(1) 離婚の届出

離　婚　届	受理　平成 27 年 6 月 16 日 第　　　　1350 号	発送　平成 27 年 6 月 16 日	東京都千代田区 長 ㊞
平成 27 年 6 月 16 日 届出 東京都千代田区 長 殿	送付　平成 27 年 6 月 18 日 第　　　　1084 号		
	書類調査　戸籍記載　記載調査　調査票　附票　住民票　通知		

		夫	妻
(1)	（よみかた） 氏　　名	こうの　よしたろう 氏 甲野　名 義太郎	こうの　うめこ 氏 甲野　名 梅子
	生年月日	昭和 44 年 6 月 26 日	昭和 48 年 8 月 6 日
	住　　所 （住民登録をしているところ）	東京都杉並区清水町 3丁目　83　番地 世帯主の氏名 甲野　義太郎	京都市北区小山初音町 18　番地 世帯主の氏名 乙野　忠治
(2)	本　　籍 （外国人のときは国籍だけを書いてください）	東京都千代田区平河町1丁目　4 番地 筆頭者の氏名 甲野　義太郎	
	父母の氏名 父母との続き柄 （他の養父母はその他の欄に書いてください）	夫の父 甲野　幸雄　　続き柄 　　母　　　松子　　　長男	妻の父 乙野　忠治　　続き柄 　　母　　　春子　　　長女
(3)(4)	離婚の種別	☑協議離婚 □調停　　年　月　日成立 □審判　　年　月　日確定	□和解　　年　月　日成立 □請求の認諾　年　月　日認諾 □判決　　年　月　日確定
	婚姻前の氏にもどる者の本籍	□夫　は　□もとの戸籍にもどる □妻　　　□新しい戸籍をつくる 　　　　　　　　　　　　　　番地　筆頭者 　　　　　　　　　　　　　番　　の氏名	
(5)	未成年の子の氏名	夫が親権を行う子 甲野　啓太郎	妻が親権を行う子
(6)(7)	同居の期間	平成 7 年 8 月 から （同居を始めたとき）	平成 27 年 5 月 まで （別居したとき）
(8)	別居する前の住所	東京都杉並区清水町3丁目　83　番地	
(9)	別居する前の世帯のおもな仕事と	□1．農業だけまたは農業とその他の仕事を持っている世帯 □2．自由業・商工業・サービス業等を個人で経営している世帯 □3．企業・個人商店等（官公庁は除く）の常用勤労者世帯で勤め先の従業者数が1人から99人までの世帯（日々または1年未満の契約の雇用者は5） ☑4．3にあてはまらない常用勤労者世帯及び会社団体の役員の世帯（日々または1年未満の契約の雇用者は5） □5．1から4にあてはまらないその他の仕事をしている者のいる世帯 □6．仕事をしている者のいない世帯	
(10)	夫妻の職業	（国勢調査の年…　年…の4月1日から翌年3月31日までに届出をするときだけ書いてください） 夫の職業	妻の職業
	その他	戸籍法77条の2の届出を同時に提出	
	届出人署名押印	夫　甲野　義太郎　㊞	妻　甲野　梅子　㊞
	事件簿番号		

第14　離婚届と戸籍法77条の2の届

```
記 入 の 注 意
```

鉛筆や消えやすいインキで書かないでください。
筆頭者の氏名欄には、戸籍のはじめに記載されている人の氏名を書いてください。
本籍地でない役場に出すときは、2通または3通出してください（役場が相当と認めたときは、1通で足りることもあります。）。また、そのさい戸籍謄本も必要です。
そのほかに必要なもの　調停離婚のとき　→　調停調書の謄本
　　　　　　　　　　　審判離婚のとき　→　審判書の謄本と確定証明書
　　　　　　　　　　　和解離婚のとき　→　和解調書の謄本
　　　　　　　　　　　認諾離婚のとき　→　認諾調書の謄本
　　　　　　　　　　　判決離婚のとき　→　判決書の謄本と確定証明書

	証　　　人　　（協議離婚のときだけ必要です）	
署名押印	乙川孝助　㊞	丙山竹子　㊞
生年月日	昭和 37 年 4 月 14 日	昭和 41 年 6 月 8 日
住所	東京都中野区野方 1丁目　34 番地1号	東京都世田谷区若林 4丁目　31 番地18号
本籍	東京都杉並区清水町 1丁目　52 番地	東京都世田谷区若林 4丁目　31 番地

父母がいま婚姻しているときは、母の氏は書かないで、名だけを書いてください。
養父母についても同じように書いてください。
□には、あてはまるものに☑のようにしるしをつけてください。

今後も離婚の際に称していた氏を称する場合には、左の欄には何も記載しないでください（この場合にはこの離婚届と同時に別の届書を提出する必要があります。）。

同居を始めたときの年月は、結婚式をあげた年月または同居を始めた年月のうち早いほうを書いてください。

届け出られた事項は、人口動態調査（統計法に基づく基幹統計調査、厚生労働省所管）にも用いられます。

```
未成年の子がいる場合は、次の□のあてはまるものにしるしをつけてください。
（面会交流）
　　□取決めをしている。
　　□まだ決めていない。
（養育費の分担）
　　□取決めをしている。
　　□まだ決めていない。
```
```
未成年の子がいる場合に父母が離婚をするときは、面会交流や養育費の分担など子の監護に必要な事項についても父母の協議で定めることとされています。この場合には、子の利益を最も優先して考えなければならないこととされています。
```

【事例23】

(2) 離婚の際に称していた氏を称する届出（戸籍法77条の2の届出）

離婚の際に称して いた氏を称する届 （戸籍法77条の2の届） 平成 27 年 6 月 16 日 届出 東京都千代田区 長 殿	受理 平成27年 6月16日 第　　　1351号	発送 平成27年 6月16日 東京都千代田区 長 印
	送付 平成27年 6月18日 第　　　1085号	
	書類調査　戸籍記載　記載調査　附票　住民票　通知	

(1)	（よみかた） 離婚の際に 称していた氏を 称する人の氏名	（現在の氏名、離婚届とともに届け出るときは離婚前の氏名） こうの　　　　　うめこ 氏　　　　　　　名 甲　野　　　梅　子　　　昭和48年 8月 6日生
(2)	住　　所 (住民登録をして いるところ)	京都市北区小山初音町　　18 番地 世帯主 の氏名　乙　野　忠　治
(3)	本　　籍	（離婚届とともに届け出るときは、離婚前の本籍） 東京都千代田区平河町1丁目　　4 番地 筆頭者 の氏名　甲　野　義太郎
(4)	（よみかた） 氏	変更前（現在称している氏）　　変更後（離婚の際称していた氏） こうの 甲　野　　　　　　　　甲　野
(5)	離婚年月日	平成 27 年 6 月 16 日
(6)	離婚の際に 称していた氏を 称した後の本籍	((3)欄の筆頭者が届出人と同一で同籍者がない場合には記載する必要はありません) 京都市北区小山初音町　　18 番地 筆頭者 の氏名　甲　野　梅　子
(7)	そ の 他	
(8)	届出人 署名押印 （変更前の氏名）	甲　野　梅　子　　　　　　印

251

第14　離婚届と戸籍法77条の2の届

4　戸籍受附帳の記載（紙戸籍の場合の例）

(1)　離婚の届出
東京都千代田区（本籍人）

受附番号	受理送付の別	受附月日 (事件発生月日)	件　名	届出事件本人の氏名 (届出人の資格氏名)	本　籍　又　は　国　籍	備　　　　考
1350	受理	6月16日	離　婚	甲　野　義太郎 (乙　野)　梅　子	平河町1丁目4番地	梅子は同時に法77条の2の届出 父が親権を行う子　啓太郎 6月16日発送

(2)　戸籍法77条の2の届出
東京都千代田区（本籍人）

受附番号	受理送付の別	受附月日 (事件発生月日)	件　名	届出事件本人の氏名 (届出人の資格氏名)	本　籍　又　は　国　籍	備　　　　考
1351	受理	6月16日	法77条の2	甲　野　梅　子	京都市北区小山初音町18番地	左記本籍地に新戸籍編製 6月16日発送

【事例23】

5 戸籍の記載
図1 離婚前の夫婦の戸籍

| | | (2の1) | 全 部 事 項 証 明 |

本　　　籍	東京都千代田区平河町一丁目4番地
氏　　　名	甲野　義太郎
戸籍事項 　　戸籍編製	（省略）
戸籍に記録されている者	【名】義太郎 【生年月日】昭和44年6月26日 【父】甲野幸雄 【母】甲野松子 【続柄】長男
身分事項 　　出　　生	（省略）
婚　　姻	（省略）
離　　婚	【離婚日】平成27年6月16日 【配偶者氏名】甲野梅子
戸籍に記録されている者 　除　　籍	【名】梅子 【生年月日】昭和48年8月6日 【父】乙野忠治 【母】乙野春子 【続柄】長女
身分事項 　　出　　生	（省略）
婚　　姻	（省略）
離　　婚	【離婚日】平成27年6月16日 【配偶者氏名】甲野義太郎
氏の変更	【氏変更日】平成27年6月16日 【氏変更の事由】戸籍法77条の2の届出 【新本籍】京都市北区小山初音町18番地
戸籍に記録されている者	【名】啓太郎

発行番号000001　　　　　　　　　　　　　　　　　　　　　　　以下次頁

第14　離婚届と戸籍法77条の2の届

		全 部 事 項 証 明
	（2の2）	
身分事項 　出　　生 　親　　権	【生年月日】平成13年4月5日 【父】甲野義太郎 【母】甲野梅子 【続柄】長男 （省略） 【親権者を定めた日】平成27年6月16日 【親権者】父 【届出人】父母	
	以下余白	

発行番号000001

【事例23】

図2 離婚後の妻の戸籍

	(1の1)	全 部 事 項 証 明

本　　　籍	京都市北区小山初音町１８番地
氏　　　名	甲野　梅子
戸籍事項 　　氏の変更 　　戸籍編製	【氏変更日】平成２７年６月１６日 【氏変更の事由】戸籍法７７条の２の届出 【編製日】平成２７年６月１８日
戸籍に記録されている者	【名】梅子 【生年月日】昭和４８年８月６日 【父】乙野忠治 【母】乙野春子 【続柄】長女
身分事項 　　出　　生 　　離　　婚 　　氏の変更	（省略） 【離婚日】平成２７年６月１６日 【配偶者氏名】甲野義太郎 【氏変更日】平成２７年６月１６日 【氏変更の事由】戸籍法７７条の２の届出 【送付を受けた日】平成２７年６月１８日 【受理者】東京都千代田区長 【従前戸籍】東京都千代田区平河町一丁目４番地　甲野義太郎
	以下余白

発行番号０００００１

第14　離婚届と戸籍法77条の2の届

> **事例24**
> 夫の氏を称して婚姻した夫婦の協議離婚の届出と同時に、妻から離婚の際に称していた氏を称する届出（戸籍法77条の2の届出）及び母の夫と養子縁組している妻の子の養子離縁の届出がされた場合

【結　論】

協議離婚の届出及び離婚の際に称していた氏を称する届出（戸籍法77条の2の届出—以下「戸籍法77条の2の届出」という。）を受理した後に養子離縁の届出を受理し、その順序で処理する。

なお、この順序とは逆に、養子離縁の届出を受理した後に協議離婚の届出及び戸籍法77条の2の届出を受理し、その順序で処理した場合については、解説の3を参照願いたい。

〔受付の順序、戸籍処理の流れ〕

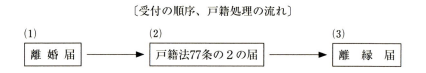

【解　説】

1　事例の内容

A女は、B男と夫の氏を称する婚姻をし、嫡出子C女が出生したが離婚し、C女も復氏した母の氏を称する入籍の届出（民791条1項）をした。その後、A女は、D男と夫の氏を称する婚姻をし、夫婦につき新戸籍が編製され、C女もD男と養子縁組をして同戸籍に入籍した。

このたび、A女とD男の協議離婚の届出及び戸籍法77条の2の届出と同

時にC女とD男の養子離縁の届出がされた。なお、C女は母の戸籍に入籍する旨の記載をしている。

　この事例の場合において、どのように事務処理をするかというのが、本事例の問題である。

2　処理の順序

　本事例は、夫の氏を称する婚姻の届出により新戸籍を編製し、夫が、妻の子（前夫との間の嫡出子）を養子とする縁組をしたが、その後、協議離婚の届出及び妻の戸籍法77条の2の届出と同時に養子離縁の届出をした場合である。この場合は、前記の結論に記載した順序で処理するのが適当である。

(1)　**離婚の届出**

　ア　離　婚

　　離婚は、有効に成立した婚姻を、当事者の生存中にこれを将来に向かって解消することである。

　　離婚には、届出による離婚と、裁判による離婚がある。届出による離婚は、当事者の合意に基づき届出によって成立する協議離婚（民763条）であり、裁判による離婚は、調停離婚（家事法268条）、審判離婚（同法284条）、判決離婚（民770条）及び離婚の訴えに係る訴訟における和解・請求の認諾による離婚がある（人訴37条）。

　　本事例は、協議離婚の届出であるが、この届出は、戸籍事務管掌者である市区町村長が適法と認めてこれを受理することによって成立する（民765条、戸76条）（**注1**）。協議離婚の実質的成立要件は、民法第763条以下に規定されているので、それらの規定その他の法令に違反しないことが認められた場合でないと受理されないことになる（民765条）。

　イ　離婚による戸籍の変動

　　(ｱ)　離婚によって氏を改めた者は、原則として婚姻前の氏に復する

（民767条1項・777条）が、婚姻前の氏に復した者は、離婚の日から3か月以内に戸籍法の定めるところにより届け出ることによって、離婚の際に称していた氏を称することができるとされている。詳細は(2)の戸籍法77条の2の届出を参照されたい。

(イ)　婚姻前の氏に復するときは、原則として婚姻前の戸籍に入る（戸19条1項本文）が、その戸籍が既に除かれているとき、又はその者が新戸籍編製の申出をしたときは、新戸籍を編製する（同条同項ただし書）。

(2)　**戸籍法77条の2の届出**

ア　届出の要件

　　婚姻によって氏を改めた夫又は妻が離婚をした場合は、原則として婚姻前の氏に復する（民767条1項）が、婚姻中の氏を永年使用してきた者にとって婚姻前の氏を称することは、社会生活上種々の不便、不利益等が生ずる。これを解消するため、民法等の一部を改正する法律（昭和51年法律66号）により、同法第767条に第2項の規定が追加され、離婚又は婚姻の取消しによって婚姻前の氏に復した夫又は妻は、離婚又は婚姻の取消しの日から3か月以内に戸籍法上の届出（戸77条の2・75条の2）をすることによって、離婚の際の氏を称することができることとされた（民767条2項・749条）。これは、復氏した者の氏の呼称を、離婚の際に称していた氏と同じ呼称に変更するもので、実質的には戸籍法第107条第1項に規定する氏の変更と同じ性質を有するが、変更するについて家庭裁判所の許可を要しない点で、同条の特則ともいえるものである。なお、婚姻前の氏と離婚の際に称していた氏の呼称が同一の場合には、届出をする実益がないことから、この届出はできないとされている（昭和58.4.1民二2285号通達）。

イ　戸籍の処理

　　戸籍法77条の2の届出をした者は、届出の日から離婚の際に称して

いた氏を称することができることになるが、この届出は、離婚の届出と同時にすることもできるし、また、離婚によって復籍した後3か月以内に届出することもできる（民767条2項、昭和51.5.31民二3233号通達一の1、2、昭和62.10.1民二5000号通達第4）。

(ア) 離婚の届出と同時に届出がされた場合

届出をした者について、直ちに新戸籍を編製する（前掲民二3233号通達一の2、民二5000号通達第4の1）。

(イ) 離婚の届出によって婚姻前の戸籍に復籍し、又は新戸籍を編製した後に届出がされた場合

a 届出をした者が戸籍の筆頭者でないときは、新戸籍を編製する（戸19条3項、前掲民二3233号通達一の3）。

b 届出をした者が戸籍の筆頭に記載されていて、かつ、その戸籍に同籍者（配偶者は含まない）があるときは、新戸籍を編製する（戸19条3項、前掲民二5000号通達第4の2(1)）。

c 届出をした者が戸籍の筆頭に記載されているが、その戸籍に同籍者がないときは、戸籍法第107条第1項の規定による氏の変更の場合の記載に準じて、戸籍の記載をする（前掲民二3233号通達一の4、民二5000号通達第4の3）。

ウ 届出の効果と婚姻前の子の入籍

戸籍法77条の2の届出による氏変更の効果は、届出をした者の婚姻前の戸籍に在籍する子には当然には及ばないとされる。この届出は、専ら離婚復氏者の社会生活あるいは社会活動上の便宜を考慮して認められたものであり、その効果を婚姻前の子にまで当然に及ばさせるとした場合には、子の利益に反することもあり得るからである。離婚復氏者が婚姻前の戸籍に復籍し、又は新戸籍を編製した後に、戸籍法77条の2の届出をする場合に、同戸籍に同籍者（子）があるときは、復氏者について新戸籍を編製するものとされている（前記イの(イ) b ）の

もまた、そのためである。しかし、離婚復氏者と婚姻前の子は民法上同氏であり、ただ、復氏者が戸籍法77条の2の届出をしてその氏の呼称を変更したことにより、子と呼称上の氏を異にすることとなったにすぎない。そこで、子が、戸籍法77条の2の届出後の親の新戸籍に入籍すること（つまり、子が親と同じ呼称の氏を称すること）を希望するときは、同籍する旨の入籍届によってすることが認められる（前掲5000号通達第4の2(2)）。

(3) **養子離縁の届出**

ア　養子離縁

養子離縁は、養親子関係及び縁組によって生じた養子と養方との親族関係を将来に向かって解消することである（民729条）。したがって、養子とその配偶者及び養子の直系卑属とその配偶者は、養親及びその血族との親族関係は離縁によって終了する（民729条）。

養子離縁には、届出による離縁と、裁判による離縁がある。届出による離縁には、当事者の合意に基づき届出によって成立する協議離縁（民811条1項・2項）と、離縁の当事者の一方死亡後に、生存当事者が家庭裁判所の許可を得てする離縁（同条6項）がある。また、裁判による離縁には、調停離縁（家事法268条）、審判離縁（同法284条）、判決離縁（民814条）及び離縁の訴えに係る訴訟における和解・請求の認諾による離縁がある（人訴44条・37条）。

本事例は、協議離縁の届出であるが、この届出は、戸籍事務管掌者である市区町村長が適法と認めてこれを受理することによって成立する（民813条、戸70条）（**注2**）。

協議離縁の実質的成立要件は、民法第811条以下に規定されているので、それらの規定その他の法令に違反しないことが認められた場合でないと離縁の届出は受理されないことになる（民813条）。

イ　離縁による戸籍の変動

　養子は、原則として縁組前の氏に復する（民816条1項本文）。縁組前の氏に復するときは、縁組前の戸籍に入る（戸19条1項本文）が、その戸籍が既に除かれているとき、又はその者が新戸籍編製の申出をしたときは、新戸籍を編製する（同条同項ただし書）。なお、氏に変動がない場合には、身分事項欄に離縁事項が記載されるだけである。

　本事例の場合は、Ｃ女の縁組前の戸籍は既に除かれている（母Ａ女の婚姻及びＣ女の養子縁組により除籍）ので、原則的には、戸籍法第19条第1項ただし書前段の規定により、Ｃ女につき新戸籍を編製すべきこととなる（この場合、Ｃ女の養父Ｄ男との離縁により復する氏は、Ｃ女の母の婚姻前の氏である。）。そして、Ｃ女が、母の戸籍法77条の2の届出後の新戸籍への入籍を希望するときは、前記2の(2)のウで述べたとおり、別に母と同籍する旨の入籍の届出を要するということになる。

　しかし、本事例においては、Ｃ女が、上記離縁の届出にあたり、離縁と同時に直ちに母の戸籍法77条の2の届出後の新戸籍への入籍を希望し、その旨を当該離縁届書の「その他」欄に記載している場合には、前記の二段階の手続（すなわち、離縁による新戸籍編製及び同籍する入籍の届出）を省略して、Ｃ女は、当該離縁の届出によって、直ちに母の新戸籍に入籍することが認められる（昭和52．2．24民二1390号回答㈠．木村三男・神崎輝明著「改訂戸籍届書の審査と受理」449～453頁参照）。

※1　養子は、原則として縁組前の氏に復するが、次のような場合は復氏しない。①養親が夫婦で、その一方とのみ離縁した場合（民816条1項ただし書）、②養子が婚姻によって氏を改め、その婚姻継続中の場合（民810条ただし書）、又は③婚姻によって氏を改め、その婚姻継続中に養子となっている場合（同条ただし書）、④縁組後に、転縁組しており、転縁組継続中に、前縁組について離縁した場合等においては、縁組前の氏に復しない（昭和62.10.1民二5000号通達第2の3参照）。

※2　離縁の際に称していた氏を称する届出（戸籍法73条の2の届出）

ア　縁組の日から7年を経過した後に、離縁により縁組前の氏に復した者は、離縁の日から3か月以内に戸籍法の定めるところにより、届け出ることによって、離縁の際に称していた氏を称することができる（民816条2項、戸73条の2）。
イ　離縁の際に称していた氏を称する届出（戸籍法73条の2の届出）が、離縁の届出と同時の場合は、その者について、直ちに離縁の際に称していた氏で新戸籍を編製する。また、離縁の届出後に戸籍法73条の2の届出がされた場合は、①その者が戸籍の筆頭者でないとき、あるいは筆頭者であるがその戸籍に同籍者（配偶者を含む）があるときは、その者について離縁の際に称していた氏で新戸籍編製を編製する。②戸籍の筆頭者であるが、その戸籍に同籍者がないときは、戸籍法第107条第1項の規定による氏変更の場合の記載に準じて戸籍の記載をする（前掲民二5000号通達第3の5参照）。

3　離縁の届出を受理後に離婚及び戸籍法77条の2の届出を受理した場合

本事例の場合において、養子離縁の届出を受理した後に協議離婚の届出及び戸籍法77条の2の届出を受理し、その順序で処理した場合は、次のようになる。

(1)　離縁の届出

養子離縁の届出によって、縁組前の氏に復するC女は、その復籍すべき戸籍が既に除かれているので、同人につき新戸籍を編製することになる（戸19条1項ただし書前段）。

(2)　離婚の届出及び戸籍法77条の2の届出

同時に届出された離婚の届出及び戸籍法77条の2の届出については、A女につき離婚の際に称していた氏で新戸籍が編製されることになる（戸19条3項、解説2の(1)参照）。

前記(1)及び(2)のとおりの順序で処理した場合は、C女とA女については、別々の新戸籍が編製されることになる。この場合、C女が母A女の戸籍に入籍するには、同籍する入籍の届出を別途要することになる。

以上のような処理をしたときは、養子離縁の届出によってC女は、前記(1)のように縁組前の氏で新戸籍を編製することになり、母の戸籍に入籍す

るとする申出（離縁届書の「その他」欄の記載）は、母の離婚後の戸籍が存在しないため認められないことになる。その後、母の離婚の届出及び戸籍法77条の2の届出により母につき新戸籍が編製されたことによって入籍が可能になるが、入籍するには、前記のとおり別途入籍の届出を要することになる。

　これを本事例の結論に記載した処理と比較すると、Ｃ女の新戸籍編製と入籍の届出を要する点において手続きが余分にかかることになり、かつ、Ｃ女の離縁によって編製された新戸籍は、Ｃ女が同時に母の戸籍に入籍を希望しているときは、直ちに除籍になるので、効率的ではない。したがって、届出人が特に処理順序を指定し、そのように届書を作成している場合を除いては、本事例については、結論に記載した順序で処理するのが適当と考える。

（注1・2）　創設的届出（認知、縁組、離縁、婚姻又は離婚）が市・区役所又は町村役場に出頭した者によってされる場合には、出頭した者に対しその者が届出事件本人であることの確認を実施することとしている（詳細については、【事例1】の（注）を参照願いたい。）。

第14　離婚届と戸籍法77条の2の届

4　離婚届、戸籍法77条の2の届及び養子離縁届

(1) 離婚の届出

離　婚　届

平成27年3月1日届出

東京都品川区長殿

受理	平成27年3月1日
第	281号
送付	平成27年3月3日
第	978号

発送　平成27年3月1日

東京都品川区長　印

書類調査	戸籍記載	記載調査	調査票	附票	住民票	通知

		夫	妻
(1)	氏　名（よみかた）	こうの　えいじ　氏　甲野　名　英治	こうの　きょうこ　氏　甲野　名　京子
	生年月日	昭和50年5月7日	昭和51年9月16日
	住　所（住民登録をしているところ）	東京都品川区広町1丁目2番地3号　世帯主の氏名　甲野英治	東京都江東区東陽2丁目3番4号　世帯主の氏名　乙野一郎
(2)	本　籍（外国人のときは国籍だけを書いてください）	東京都品川区広町1丁目10番地　筆頭者の氏名　甲野英治	
	父母の氏名　父母との続き柄（他の養父母はその他の欄に書いてください）	夫の父　甲野幸助　母　松子　続き柄　3男	妻の父　乙野一郎　母　夏子　続き柄　長女
(3)(4)	離婚の種別	☑協議離婚　□調停　年　月　日成立　□審判　年　月　日確定	□和解　年　月　日成立　□請求の認諾　年　月　日認諾　□判決　年　月　日確定
	婚姻前の氏にもどる者の本籍	□夫は　□もとの戸籍にもどる　□妻　□新しい戸籍をつくる	番地　番　筆頭者の氏名
(5)	未成年の子の氏名	夫が親権を行う子	妻が親権を行う子
(6)(7)	同居の期間	平成23年10月　から（同居を始めたとき）	平成27年1月　まで（別居したとき）
(8)	別居する前の住所	東京都品川区広町1丁目2番地3号	
(9)	別居する前の世帯のおもな仕事と	□1．農業だけまたは農業とその他の仕事を持っている世帯　□2．自由業・商工業・サービス業等を個人で経営している世帯　□3．企業・個人商店等（官公庁は除く）の常用勤労者世帯で勤め先の従業者数が1人から99人までの世帯（日々または1年未満の契約の雇用者は5）　☑4．3にあてはまらない常用勤労者世帯及び会社団体の役員の世帯（日々または1年未満の契約の雇用者は5）　□5．1から4にあてはまらないその他の仕事をしている者のいる世帯　□6．仕事をしている者のいない世帯	
(10)	夫妻の職業	（国勢調査の年…　年…の4月1日から翌年3月31日までに届出をするときだけ書いてください）　夫の職業	妻の職業
	その他	戸籍法77条の2の届出を同時に提出　養子甲野春子と養父甲野英治の養子離縁届を同時に提出	
	届出人署名押印	夫　甲野英治　印	妻　甲野京子　印
	事件簿番号		

（注・証人欄は省略）

【事例24】

(2) 離婚の際に称していた氏を称する届出（戸籍法77条の2の届出）

離婚の際に称していた氏を称する届
（戸籍法77条の2の届）

平成27年 3 月 1 日 届出

東京都品川区 長 殿

受理	平成27年 3 月 1 日	発送 平成27年 3 月 1 日
第	282 号	東京都品川区 長 印
送付	平成27年 3 月 3 日	
第	979 号	

書類調査	戸籍記載	記載調査	附　票	住民票	通　知

(1)	離婚の際に称していた氏を称する人の氏名	（現在の氏名、離婚届とともに届け出るときは離婚前の氏名） （よみかた）　こうの　　　きょうこ 氏　甲野　　名　京子	昭和 51 年 9 月 16 日生
(2)	住　所 （住民登録をしているところ）	東京都江東区東陽2丁目　3 番地 4 号 世帯主の氏名　乙野一郎	
(3)	本　籍	（離婚届とともに届け出るときは、離婚前の本籍） 東京都品川区広町1丁目　10 番地 筆頭者の氏名　甲野英治	
(4)	（よみかた） 氏	変更前（現在称している氏） 甲野	変更後（離婚の際称していた氏） こうの 甲野
(5)	離婚年月日	平成 27 年 3 月 1 日	
(6)	離婚の際に称していた氏を称した後の本籍	（(3)欄の筆頭者が届出人と同一で同籍者がない場合には記載する必要はありません） 東京都江東区東陽2丁目　30 番地 筆頭者の氏名　甲野京子	
(7)	その他		
(8)	届出人署名押印 （変更前の氏名）	甲野京子　㊞	

第14　離婚届と戸籍法77条の2の届

(3) 養子離縁の届出

養 子 離 縁 届

平成27年3月1日届出

東京都品川区　長殿

受理	平成27年3月1日	発送	平成27年3月1日
第	283号	東京都品川区	長　印
送付	平成27年3月3日		
第	980号		
書類調査	戸籍記載	記載調査	附票	住民票	通知

	養　子	
(よみかた)	養子　氏　　　名	こうの　はるこ　養女　氏　甲野　春子
氏　名		
生年月日	年　月　日	平成7年2月3日
住　所（住民登録をしているところ）	東京都江東区東陽2丁目　3番地4号 世帯主の氏名　乙野一郎	
本　籍（外国人のときは国籍だけを書いてください）	東京都品川区広町1丁目　10番地 筆頭者の氏名　甲野英治	
父母の氏名 父母との続き柄	父 母	続き柄 男	父　丙山正男 母　甲野京子	続き柄 長女
離縁の種別	☑協議離縁　　　　　　　　　□和解　　　　年　月　日成立 □調停　　年　月　日成立　　□請求の認諾　年　月　日認諾 □審判　　年　月　日確定　　□判決　　　　年　月　日確定 □死亡した者との離縁　　年　月　日許可の審判確定	
離縁後の本籍	☑もとの戸籍にもどる　□新しい戸籍をつくる　□養子の戸籍に変動がない 東京都江東区東陽2丁目　30番地　筆頭者の氏名　甲野京子	
届出人署名押印	印	甲野春子　印

	届　出　人	
（離縁する養子が十五歳未満のときに書いてください。届出人となる未成年後見人が3人以上のときは、ここに書くことができない未成年後見人について、その他欄又は別紙（様式任意。届出人全員の契印が必要）に書いてください。）		
資格	離縁後の親権者（□父　□養父）　□未成年後見人	離縁後の親権者（□母　□養母）　□未成年後見人
住所	番地　番　号	番地　番　号
本籍	番地　番　筆頭者の氏名	番地　番　筆頭者の氏名
署名押印	印	印
生年月日	年　月　日	年　月　日

【事例24】

記入の注意

鉛筆や消えやすいインキで書かないでください。
本籍地でない役場に出すときは、2通または3通出してください（役場が相当と認めたときは、1通で足りることもあります）。また、そのさい戸籍謄本も必要です。
養子が十五歳未満のときは、離縁後に法定代理人となる人が署名押印してください。
筆頭者の氏名欄には、戸籍のはじめに記載されている人の氏名を書いてください。
裁判離縁、死亡した者との離縁のときは、次のものが必要です。
　調停離縁　→　調停調書の謄本　　　　　認諾離縁　→　認諾調書の謄本
　審判離縁　→　審判書の謄本と確定証明書　判決離縁　→　判決書の謄本と確定証明書
　和解離縁　→　和解調書の謄本　　　　　死亡した者との離縁　→　許可の審判書の謄本と確定証明書

	養　親		
（よみかた）	こう　の　　　えい　じ		
氏　　名	養父 氏　名　甲野　英治	養母 氏　名	
生年月日	昭和 50 年 5 月 7 日	年　月　日	
住　　所（住民登録をしているところ）	東京都品川区広町1丁目　　2 番地 3 号		
	世帯主の氏名　甲野英治		
本　　籍（外国人のときは国籍だけを書いてください）	東京都品川区広町1丁目　　10 番地		
	筆頭者の氏名　甲野英治		
その他	養子春子は、母甲野京子の離婚復氏（戸籍法77条の2の届）後の戸籍に入籍する。		
届出人署名押印	養父　甲野英治　㊞	養母　　　　　印	

証　　人
（協議離縁または死亡した者との離縁のときだけ必要です）

署名押印	岡島和男　㊞	岡島和子　㊞
生年月日	昭和 40 年 7 月 13 日	昭和 43 年 3 月 4 日
住　所	東京都大田区蒲田7丁目　8 番地 9 号	左に同じ
本　籍	東京都大田区蒲田7丁目　50 番地	左に同じ

第14　離婚届と戸籍法77条の２の届

5　戸籍受附帳の記載（紙戸籍の場合の例）

(1)　離婚の届出
東京都品川区（本籍人）

受附番号	受理送付の別	受附月日 (事件発生月日)	件　名	届出事件本人の氏名 (届出人の資格氏名)	本籍又は国籍	備　考
281	受理	３月１日	離　婚	甲　野　英　治 (甲　野) 京　子	広町１丁目10番地	戸籍法77条の２の届出 (同時提出) ３月１日発送

(2)　戸籍法77条の２の届出
東京都品川区（本籍人）

受附番号	受理送付の別	受附月日 (事件発生月日)	件　名	届出事件本人の氏名 (届出人の資格氏名)	本籍又は国籍	備　考
282	受理	３月１日	法77条の２	甲　野　京　子	東京都江東区東陽２丁目30番地	左記本籍地に新戸籍編製 ３月１日発送

(3)　離縁の届出
東京都品川区（本籍人）

受附番号	受理送付の別	受附月日 (事件発生月日)	件　名	届出事件本人の氏名 (届出人の資格氏名)	本籍又は国籍	備　考
283	受理	３月１日	養子離縁	甲　野　英　治 (甲　野) 春　子	広町１丁目10番地	養子春子の入籍戸籍東京都江東区東陽２丁目30番地　甲野京子 ３月１日発送

【事例24】

6 戸籍の記載
図1 夫婦及び養子の戸籍

	（2の1）	全 部 事 項 証 明

本　　籍	東京都品川区広町一丁目１０番地
氏　　名	甲野　英治

戸籍事項 　　戸籍編製	【編製日】平成２３年１０月５日

戸籍に記録されている者	【名】英治 【生年月日】昭和５０年５月７日 【父】甲野幸助 【母】甲野松子 【続柄】三男

身分事項 　出　　生	（省略）
婚　　姻	【婚姻日】平成２３年１０月５日 【配偶者氏名】乙野京子 【従前戸籍】東京都品川区広町一丁目１０番地　甲野幸助
養子縁組	【縁組日】平成２３年１０月５日 【養子氏名】乙野春子
離　　婚	【離婚日】平成２７年３月１日 【配偶者氏名】甲野京子
養子離縁	【離縁日】平成２７年３月１日 【養子氏名】甲野春子

戸籍に記録されている者 　除　　籍	【名】京子 【生年月日】昭和５１年９月１６日 【父】乙野一郎 【母】乙野夏子 【続柄】長女

身分事項 　出　　生	（省略）
婚　　姻	【婚姻日】平成２３年１０月５日 【配偶者氏名】甲野英治 【従前戸籍】東京都江東区東陽二丁目３０番地　乙野京子
離　　婚	【離婚日】平成２７年３月１日 【配偶者氏名】甲野英治

発行番号０００００１　　　　　　　　　　　　　　　　　以下次頁

第14　離婚届と戸籍法77条の２の届

		（２の２）	全 部 事 項 証 明
氏の変更	【氏変更日】平成２７年３月１日 【氏変更の事由】戸籍法７７条の２の届出 【新本籍】東京都江東区東陽二丁目３０番地		
戸籍に記録されている者 除　　籍	【名】春子 【生年月日】平成７年２月３日 【父】丙山正男 【母】甲野京子 【続柄】長女 【養父氏名】甲野英治 【続柄】養女		
身分事項 　出　　生 　養子縁組 　養子離縁	（省略） 【縁組日】平成２３年１０月５日 【養父氏名】甲野英治 【従前戸籍】東京都江東区東陽二丁目３０番地　乙野京子 【離縁日】平成２７年３月１日 【養父氏名】甲野英治 【入籍戸籍】東京都江東区東陽二丁目３０番地　甲野京子		
	以下余白		

発行番号０００００１

【事例24】

図2　離婚後の戸籍（離縁後の養子の戸籍）

		（1の1）	全 部 事 項 証 明
本　　籍	東京都江東区東陽二丁目30番地		
氏　　名	甲野　京子		
戸籍事項 　　氏の変更 　　戸籍編製	【氏変更日】平成27年3月1日 【氏変更の事由】戸籍法77条の2の届出 【編製日】平成27年3月3日		
戸籍に記録されている者	【名】京子 【生年月日】昭和51年9月16日 【父】乙野一郎 【母】乙野夏子 【続柄】長女		
身分事項 　　出　　生 　　離　　婚 　　氏の変更	（省略） 【離婚日】平成27年3月1日 【配偶者氏名】甲野英治 【氏変更日】平成27年3月1日 【氏変更の事由】戸籍法77条の2の届出 【送付を受けた日】平成27年3月3日 【受理者】東京都品川区長 【従前戸籍】東京都品川区広町一丁目10番地　甲野英治		
戸籍に記録されている者	【名】春子 【生年月日】平成7年2月3日 【父】丙山正男 【母】甲野京子 【続柄】長女		
身分事項 　　出　　生 　　養子離縁	（省略） 【離縁日】平成27年3月1日 【養父氏名】甲野英治 【送付を受けた日】平成27年3月3日 【受理者】東京都品川区長 【従前戸籍】東京都品川区広町一丁目10番地　甲野英治		
	以下余白		

発行番号000001

第14　離婚届と戸籍法77条の2の届

事例25

　母の戸籍に在籍していた子が婚姻により除籍され、その後、母も夫の氏を称する婚姻をしたため当該戸籍が全員除籍により除かれている場合において、母の協議離婚の届出及び離婚の際に称していた氏を称する届出（戸籍法77条の2の届出）と子の協議離婚の届出が同時にされ、同届書に子が離婚により母と同籍する旨を記載して届出をしている場合

結　論

　子が母と同籍する場合は、母の協議離婚の届出及び離婚の際に称していた氏を称する届出（戸籍法77条の2の届出—以下「戸籍法77条の2の届出」という。）を受理した後に子の協議離婚の届出を受理し、その順序で処理する。

　なお、子が母と同籍しない場合は、母の協議離婚の届出及び戸籍法77条の2の届出と子の協議離婚の届出の受理の先後を特に考慮する必要はない。

【子が母と同籍する場合】

〔受付の順序、戸籍処理の流れ〕

(1) 母の離婚届　→　(2) 母の戸籍法77条の2の届　→　(3) 子の離婚届

解　説

1　事例の内容

　母A女の戸籍に在籍している子B女は、夫の氏を称する婚姻により除籍された。その後、母A女も夫の氏を称する婚姻をしたため、当該戸籍は全員除籍により除かれた。このたび子B女の協議離婚の届出及び母A女の協

議離婚の届出と戸籍法77条の2の届出が同時にされ、子B女は離婚後の母の戸籍に入籍する旨離婚届書の「その他」欄に記載されている。

この事例の場合において、どのように事務処理をするかというのが、本事例の問題である。

なお、本事例において、子B女が離婚後に母と同籍しない場合の取扱いについても併せて説明することとする。

2 処理の順序

本事例は、母と子が同一戸籍に在籍していたが、それぞれ婚姻により同戸籍から除籍され、当該戸籍は、除かれた戸籍として除籍簿に編綴されているところ、このたび母が協議離婚の届出と戸籍法77条の2の届出をした。一方、子もまた協議離婚の届出を母の前記届出と同時に同一市区町村長にした事案である。そして、子は、離婚届書の「その他」欄に母の離婚後の戸籍に入籍する旨を記載して届け出ている場合であるから、次の(1)、(2)及び(3)の順序で処理することになる。

(1) 母A女の離婚の届出

婚姻によって氏を改めた者は、離婚によって婚姻前の氏に復する（民767条1項）ことになるから、A女は婚姻前の氏に復することになるが、同時に戸籍法77条の2の届出をしているので、離婚の届出（**注**）と戸籍法77条の2の届出によって、離婚の際に称している氏をもって新戸籍を編製することになる（戸19条3項）。

この場合、協議離婚の届書中、婚姻前の氏にもどる者の本籍欄の記載は要せず、その事項は、戸籍法77条の2の届書の「離婚の際に称していた氏を称した後の本籍」欄に記載する（昭和51.5.31民二3233号通達一の8）。

なお、離婚届書の「その他」欄に、「戸籍法77の2の届出を同時に提出」と記載し、離婚届と戸籍法77条の2届が同時に届出されたことを明らかにしておくことが、実務の取扱いである。

(2) 母Ａ女の戸籍法77条の２の届出

　本事例は、協議離婚の届出と同時に戸籍法77条の２の届出がされた場合であるが、同届出は、離婚の日から３か月以内にすることができるものとされている（民767条２項・771条）。

　この戸籍法77条の２の届出が、本事例のように、離婚の届出と同時にされたときは、直ちに離婚の際に称していた氏をもって新戸籍が編製されることになる。

　離婚によっていったん婚姻前の氏に復し、従前の実方戸籍に復籍した後（従前の戸籍が除かれていない場合の例）に同届出をした場合は、届出人について新戸籍を編製する（戸19条３項、昭和51．5．31民二3233号通達一の３）。また、戸籍の筆頭者である場合は、同戸籍に子が在籍するときは、届出人について新戸籍を編製し（戸19条３項）、子が在籍しない場合は、戸籍に変動はなく、戸籍法第107条第１項の規定による氏の変更の場合の記載に準じて戸籍の記載をすることになる（前掲民二3233号通達一の４）。

　このことは、戸籍法77条の２の届出は、実質的には、戸籍法第107条第１項の規定に基づく氏変更の場合と同じ性質を有するものであるとされ、氏を変更するについて家庭裁判所の許可を必要としない点で、同条の特則といわれているためである（神崎輝明著「改訂設題解説戸籍実務の処理Ⅴ婚姻・離婚編(2)離婚」142頁参照）。

　本事例の場合において、子Ｂ女が母Ａ女と同籍できるというのは、Ｂ女が離婚によって復する氏と、母Ａ女が離婚によって復する氏は、呼称上の氏は相違するが、民法上の氏は同一であるからである。もし、この場合に、Ｂ女をいったん婚姻前の氏に復するものとして、Ｂ女につき新戸籍を編製した（戸19条１項ただし書前段）としても、母の戸籍法77条の２の届出による新戸籍に、Ｂ女は同籍する入籍の届出をすることによって、同籍が認められることになる。したがって、Ｂ女が離婚と同時に母の戸籍法77条の２の届出による新戸籍に入籍を希望する場合は、Ｂ女をいったん復籍させた

後、改めて同籍するための入籍の届出をさせる迂遠な手続きをさせるまでもなく、B女の協議離婚の届書の離婚後の本籍欄に、母が離婚により編製した戸籍の表示（本籍、筆頭者）を記載し、「その他」欄に母の戸籍に入籍する旨の記載をすることによって、子B女は、離婚の届出により直ちに母の戸籍に入籍する取扱いが認められる（昭和52.2.24民二1390号回答）。

(3) **子B女の離婚の届出**

子B女が復すべき婚姻前の戸籍は、本事例では既に除かれているため、離婚後に復籍すべき戸籍がないので新戸籍を編製することになる（戸19条1項ただし書）。しかし、B女は、離婚後に母との同籍を希望しているので協議離婚の届書中、婚姻前の氏にもどる者の本籍欄には、母A女が離婚により新たに編製した戸籍の表示を記載することになる。

(4) **子B女が母と同籍しない場合**

離婚後に子B女が母A女と同籍を希望しない場合は、原則どおり婚姻前の氏に復し、復籍することになるので、協議離婚届書の離婚後の本籍欄に、婚姻前の戸籍の表示をすることになる。しかし、本事例では、その戸籍が既に除かれているから、B女が届書に記載した地に新戸籍が編製される（戸19条1項ただし書）。

その後において、B女が母A女との同籍を希望する場合は、別途母と同籍する旨の入籍の届出を要することになる（昭和51.11.4民二5351号通達）。

なお、B女が母A女との同籍を希望しない場合は、母A女の離婚の届出及び戸籍法77条の2の届出とB女の離婚の届出とは関連しないので、両者の届出の処理の先後を考慮する必要はないことになる。

（注）　創設的届出（認知、縁組、離縁、婚姻又は離婚）が市・区役所又は町村役場に出頭した者によってされる場合には、出頭した者に対しその者が届出事件本人であることの確認を実施することとしている（詳細については、【事例1】の（注）を参照願いたい。）。

第14　離婚届と戸籍法77条の2の届

3　母の離婚届及び離婚の際に称していた氏を称する届

(1)　離婚の届出

離婚届

平成27年9月9日届出

東京都千代田区 長 殿

受理	平成27年9月9日　第3130号	発送	平成27年9月9日
送付	平成27年9月14日　第2984号	東京都千代田区 長 印	

書類調査	戸籍記載	記載調査	調査票	附票	住民票	通知

		夫	妻
(1)	氏名（よみかた）	こうの よしたろう　甲野 義太郎	こうの うめこ　甲野 梅子
	生年月日	昭和39年8月30日	昭和40年12月16日
	住所（住民登録をしているところ）	東京都千代田区平河町1丁目4番地　世帯主の氏名 甲野 義太郎	京都市北区小山初音町18番地　世帯主の氏名 甲野 梅子
(2)	本籍（外国人のときは国籍だけを書いてください）	東京都千代田区平河町1丁目4番地　筆頭者の氏名 甲野 義太郎	
	父母の氏名　父母との続き柄（他の養父母はその他の欄に書いてください）	夫の父 甲野 幸雄　母 松子　続き柄 長男	妻の父 乙野 忠治　母 春子　続き柄 長女
(3)(4)	離婚の種別	☑協議離婚　□調停　年　月　日成立　□審判　年　月　日確定	□和解　年　月　日成立　□請求の認諾　年　月　日認諾　□判決　年　月　日確定
	婚姻前の氏にもどる者の本籍	□夫　□妻　は　□もとの戸籍にもどる　□新しい戸籍をつくる　番地　番　筆頭者の氏名	
(5)	未成年の子の氏名	夫が親権を行う子	妻が親権を行う子
(6)(7)	同居の期間	平成24年10月から（同居を始めたとき）　平成27年8月まで（別居したとき）	
(8)	別居する前の住所	東京都千代田区平河町1丁目4番地	
(9)	別居する前の世帯のおもな仕事と	□1．農業だけまたは農業とその他の仕事を持っている世帯　□2．自由業・商工業・サービス業等を個人で経営している世帯　□3．企業・個人商店等（官公庁は除く）の常用勤労者世帯で勤め先の従業者数が1人から99人までの世帯（日々または1年未満の契約の雇用者は5）　☑4．3にあてはまらない常用勤労者世帯及び会社団体の役員の世帯（日々または1年未満の契約の雇用者は5）　□5．1から4にあてはまらないその他の仕事をしている者のいる世帯　□6．仕事をしている者のいない世帯	
(10)	夫妻の職業	（国勢調査の年…　年…の4月1日から翌年3月31日までに届出をするときだけ書いてください）　夫の職業	妻の職業
	その他	戸籍法77条の2の届出を同時に提出	
	届出人署名押印	夫　甲野 義太郎 ㊞	妻　甲野 梅子 ㊞
	事件簿番号		

（注・証人欄は省略）

【事例25】

(2) 離婚の際に称していた氏を称する届出（戸籍法77条の２の届出）

離婚の際に称していた氏を称する届
（戸籍法77条の２の届）

平成27年9月9日 届出

東京都千代田区 長 殿

受理	平成27年9月9日	発送 平成27年9月9日
第	3131 号	東京都千代田区 長 印
送付	平成27年9月14日	
第	2985 号	
書類調査	戸籍記載	記載調査	附 票	住民票	通 知

(1) 離婚の際に称していた氏を称する人の氏名	（よみかた） こう の　　　うめ こ 氏　甲野　　名　梅子		昭和40年12月16日生
(2) 住　所 （住民登録をしているところ）	京都市北区小山初音町　18 番地／番／号 世帯主の氏名　甲野　梅子		
(3) 本　籍	（離婚届とともに届け出るときは、離婚前の本籍） 東京都千代田区平河町１丁目　4 番地／番 筆頭者の氏名　甲野　義太郎		
(4) （よみかた）氏	変更前（現在称している氏） 甲野	変更後（離婚の際称していた氏） こう　の 甲野	
(5) 離婚年月日	平成27年9月9日		
(6) 離婚の際に称していた氏を称した後の本籍	((3)欄の筆頭者が届出人と同一で同籍者がない場合には記載する必要はありません) 京都市北区小山初音町　18 番地／番 筆頭者の氏名　甲野梅子		
(7) その他			
(8) 届出人署名押印 （変更前の氏名）	甲野　梅子　　　　　　　　　㊞		

(3) 子の離婚の届出（母と同籍する旨の記載がある場合）

離　婚　届

平成27年9月9日届出
東京都千代田区 長 殿

受理	平成27年9月9日	発送	平成27年9月9日
第	3132号		
送付	平成27年9月14日	東京都千代田区 長 印
第	2986号		

書類調査　戸籍記載　記載調査　調査票　附票　住民票　通知

		夫	妻
(1)	（よみかた）氏名	へいはら ゆきお　丙原 幸男	へいはら はなこ　丙原 花子
	生年月日	昭和62年4月8日	昭和63年6月30日
	住所（住民登録をしているところ）	東京都千代田区神田司町2丁目4番地　世帯主の氏名 丙原幸男	京都市北区小山初音町18番地　世帯主の氏名 甲野梅子
(2)	本籍（外国人のときは国籍だけを書いてください）	東京都千代田区神田司町2丁目4番地　筆頭者の氏名 丙原幸男	
	父母の氏名 父母との続き柄	夫の父 丙原 信吉　母 夏子　続き柄 長男	妻の父 乙川 一郎　母 甲野 梅子　続き柄 長女
(3)(4)	離婚の種別	☑協議離婚　□調停 年 月 日成立　□審判 年 月 日確定　□和解 年 月 日成立　□請求の認諾 年 月 日認諾　□判決 年 月 日確定	
	婚姻前の氏にもどる者の本籍	□夫 ☑妻 は　☑もとの戸籍にもどる　□新しい戸籍をつくる　京都市北区小山初音町18番地　筆頭者の氏名 甲野梅子	
(5)	未成年の子の氏名	夫が親権を行う子	妻が親権を行う子
(6)(7)	同居の期間	平成24年8月から（同居を始めたとき）平成27年9月まで（別居したとき）	
(8)	別居する前の住所	東京都千代田区神田司町2丁目4番地	
(9)	別居する前の世帯のおもな仕事と	□1．農業だけまたは農業とその他の仕事を持っている世帯　□2．自由業・商工業・サービス業等を個人で経営している世帯　□3．企業・個人商店等（官公庁は除く）の常用勤労者世帯で勤め先の従業者数が1人から99人までの世帯（日々または1年未満の契約の雇用者は5）　☑4．3にあてはまらない常用勤労者世帯及び会社団体の役員の世帯（日々または1年未満の契約の雇用者は5）　□5．1から4にあてはまらないその他の仕事をしている者のいる世帯　□6．仕事をしている者のいない世帯	
(10)	夫妻の職業	（国勢調査の年… 年…の4月1日から翌年3月31日までに届出をするときだけ書いてください）　夫の職業	妻の職業
	その他	妻花子は、離婚により母と同籍を希望する。　母の戸籍の表示　京都市北区小山初音町18番地　甲野梅子	
	届出人署名押印	夫 丙原幸男 印	妻 丙原花子 印
	事件簿番号		

【事例25】

記 入 の 注 意

鉛筆や消えやすいインキで書かないでください。
筆頭者の氏名欄には、戸籍のはじめに記載されている人の氏名を書いてください。
本籍地でない役場に出すときは、2通または3通出してください（役場が相当と認めたときは、1通で足りることもあります。）。また、そのさい戸籍謄本も必要です。
そのほかに必要なもの　調停離婚のとき　→　調停調書の謄本
　　　　　　　　　　　審判離婚のとき　→　審判書の謄本と確定証明書
　　　　　　　　　　　和解離婚のとき　→　和解調書の謄本
　　　　　　　　　　　認諾離婚のとき　→　認諾調書の謄本
　　　　　　　　　　　判決離婚のとき　→　判決書の謄本と確定証明書

	証　　　　人　　　（協議離婚のときだけ必要です）	
署名押印	平原卓一　㊞	村木武子　㊞
生年月日	昭和 43 年 7 月 28 日	昭和 48 年 8 月 7 日
住所	東京都江戸川区西葛西 1丁目　2 番地／番　9 号	東京都中央区八重洲 3丁目　7 番地／番　1 号
本籍	福岡市中央区天神 2丁目　3 番地／番	名古屋市千種区今池 1丁目　2 番地／番

父母がいま婚姻しているときは、母の氏は書かないで、名だけを書いてください。
養父母についても同じように書いてください。
□には、あてはまるものに☑のようにしるしをつけてください。

今後も離婚の際に称していた氏を称する場合には、左の欄には何も記載しないでください（この場合にはこの離婚届と同時に別の届書を提出する必要があります。）。

同居を始めたときの年月は、結婚式をあげた年月または同居を始めた年月のうち早いほうを書いてください。

届け出られた事項は、人口動態調査（統計法に基づく基幹統計調査、厚生労働省所管）にも用いられます。

未成年の子がいる場合は、次の□のあてはまるものにしるしをつけてください。
（面会交流）
　□取決めをしている。
　□まだ決めていない。
（養育費の分担）
　□取決めをしている。
　□まだ決めていない。

｛未成年の子がいる場合に父母が離婚をするときは、面会交流や養育費の分担など子の監護に必要な事項についても父母の協議で定めることとされています。この場合には、子の利益を最も優先して考えなければならないこととされています。｝

第14 離婚届と戸籍法77条の2の届

(4) 子の離婚の届出（母と同籍する旨の記載がない場合）

離 婚 届

平成27年9月9日届出

東京都千代田区 長 殿

受理	平成27年 9月 9日 第 3132号	発送	平成27年 9月 9日
送付	平成27年 9月13日 第 2345号	東京都千代田区 長 ㊞	

書類調査	戸籍記載	記載調査	調査票	附票	住民票	通知

		夫	妻
(よみかた)		へいはら ゆきお	へいはら はなこ
(1)	氏名	丙原 幸男	丙原 花子
	生年月日	昭和62年 4月 8日	昭和63年 6月30日
	住所	東京都千代田区神田司町2丁目 4番地 番 号	横浜市中区新山下1丁目 1番地 番 号
	(住民登録をしているところ)		
	世帯主の氏名	丙原 幸男	丙原 花子
(2)	本籍（外国人のときは国籍だけを書いてください）	東京都千代田区神田司町2丁目 4番地 番	
	筆頭者の氏名	丙原 幸男	
	父母の氏名 父母の続き柄（他の養父母はその他の欄に書いてください）	夫の父 丙原 信吉　続き柄 長男　母　　　夏子	妻の父 乙川 一郎　続き柄 長女　母 甲野 梅子
(3)(4)	離婚の種別	☑協議離婚　□調停 年 月 日成立　□審判 年 月 日確定	□和解 年 月 日成立　□請求の認諾 年 月 日認諾　□判決 年 月 日確定
	婚姻前の氏にもどる者の本籍	□夫 は ☑妻 □もとの戸籍にもどる ☑新しい戸籍をつくる 横浜市中区新山下1丁目 1 番地 番	筆頭者の氏名 乙野 花子
(5)	未成年の子の氏名	夫が親権を行う子	妻が親権を行う子
(6)(7)	同居の期間	平成24年 8月 から（同居を始めたとき）	平成27年 9月 まで（別居したとき）
(8)	別居する前の住所	東京都千代田区神田司町2丁目 4番地 番 号	
(9)	別居する前の世帯のおもな仕事と	□1. 農業だけまたは農業とその他の仕事を持っている世帯 □2. 自由業・商工業・サービス業等を個人で経営している世帯 □3. 企業・個人商店等（官公庁は除く）の常用勤労者世帯で勤め先の従業者数が1人から99人までの世帯（日々または1年未満の契約の雇用者は5） ☑4. 3にあてはまらない常用勤労者世帯及び会社団体の役員の世帯（日々または1年未満の契約の雇用者は5） □5. 1から4にあてはまらないその他の仕事をしている者のいる世帯 □6. 仕事をしている者のいない世帯	
(10)	夫妻の職業	（国勢調査の年… 年…の4月1日から翌年3月31日までに届出をするときだけ書いてください）	
		夫の職業	妻の職業
	その他		
	届出人署名押印	夫 丙原 幸男 ㊞	妻 丙原 花子 ㊞
	事件簿番号		

【事例25】

記入の注意

鉛筆や消えやすいインキで書かないでください。
筆頭者の氏名欄には、戸籍のはじめに記載されている人の氏名を書いてください。
本籍地でない役場に出すときは、2通または3通出してください（役場が相当と認めたときは、1通で足りることもあります。）。また、そのさい戸籍謄本も必要です。
そのほかに必要なもの　　調停離婚のとき　→　調停調書の謄本
　　　　　　　　　　　　審判離婚のとき　→　審判書の謄本と確定証明書
　　　　　　　　　　　　和解離婚のとき　→　和解調書の謄本
　　　　　　　　　　　　認諾離婚のとき　→　認諾調書の謄本
　　　　　　　　　　　　判決離婚のとき　→　判決書の謄本と確定証明書

証　　人　（協議離婚のときだけ必要です）		
署名押印	平原 卓一　㊞	村木 武子　㊞
生年月日	昭和 43 年 7 月 28 日	昭和 48 年 8 月 7 日
住所	東京都江戸川区西葛西 1丁目　2番地　9号	東京都中央区八重洲 3丁目　7番地　1号
本籍	福岡市中央区天神 2丁目　3番地	名古屋市千種区今池 1丁目　2番地

父母がいま婚姻しているときは、母の氏は書かないで、名だけを書いてください。
養父母についても同じように書いてください。
□には、あてはまるものに☑のようにしるしをつけてください。

今後も離婚の際に称していた氏を称する場合には、左の欄には何も記載しないでください（この場合にはこの離婚届と同時に別の届書を提出する必要があります。）。

同居を始めたときの年月は、結婚式をあげた年月または同居を始めた年月のうち早いほうを書いてください。

届け出られた事項は、人口動態調査（統計法に基づく基幹統計調査、厚生労働省所管）にも用いられます。

未成年の子がいる場合は、次の□のあてはまるものにしるしをつけてください。
（面会交流）
　□取決めをしている。
　□まだ決めていない。
（養育費の分担）
　□取決めをしている。
　□まだ決めていない。

未成年の子がいる場合に父母が離婚をするときは、面会交流や養育費の分担など子の監護に必要な事項についても父母の協議で定めることとされています。この場合には、子の利益を最も優先して考えなければならないこととされています。

281

第14　離婚届と戸籍法77条の2の届

4　戸籍受附帳の記載（紙戸籍の場合の例）

(1)　母の離婚の届出
東京都千代田区（本籍人）

受附番号	受理送付の別	受附月日 (事件発生月日)	件　名	届出事件本人の氏名 (届出人の資格氏名)	本籍又は国籍	備　考
3130	受理	9月9日	離　婚	甲野　義太郎 (乙野)　梅子	平河町1丁目4番地	梅子は法77条の2の届出同時提出 9月9日発送

(2)　母の戸籍法77条の2の届出
東京都千代田区（本籍人）

受附番号	受理送付の別	受附月日 (事件発生月日)	件　名	届出事件本人の氏名 (届出人の資格氏名)	本籍又は国籍	備　考
3131	受理	9月9日	法77条の2	甲野　梅子	京都市北区小山初音町18番地	左記本籍地に新戸籍編製 9月9日発送

(3)　子の離婚の届出（母の離婚後の戸籍に同籍する場合）
東京都千代田区（本籍人）

受附番号	受理送付の別	受附月日 (事件発生月日)	件　名	届出事件本人の氏名 (届出人の資格氏名)	本籍又は国籍	備　考
3132	受理	9月9日	離　婚	丙原　幸男 (乙野)　花子	神田司町2丁目4番地	花子の入籍戸籍 京都市北区小山初音町18番地　甲野梅子 9月9日発送

(4)　子の離婚の届出（母の離婚後の戸籍に同籍しない場合）
東京都千代田区（本籍人）

受附番号	受理送付の別	受附月日 (事件発生月日)	件　名	届出事件本人の氏名 (届出人の資格氏名)	本籍又は国籍	備　考
3132	受理	9月9日	離　婚	丙原　幸男 (乙野)　花子	神田司町2丁目4番地	花子の新戸籍 横浜市中区新山下1丁目1番地　乙野花子 9月9日発送

【事例25】

5 戸籍の記載
図1 母の離婚当時の戸籍

	（1の1） 全部事項証明
本　　　籍 氏　　　名	東京都千代田区平河町一丁目4番地 甲野　義太郎
戸籍事項 　　戸籍編製	（省略）
戸籍に記録されている者	【名】義太郎 【生年月日】昭和39年8月30日 【父】甲野幸雄 【母】甲野松子 【続柄】長男
身分事項 　　出　　生 　　婚　　姻 　　離　　婚	（省略） （省略） 【離婚日】平成27年9月9日 【配偶者氏名】甲野梅子
戸籍に記録されている者 除　　籍	【名】梅子 【生年月日】昭和40年12月16日 【父】乙野忠治 【母】乙野春子 【続柄】長女
身分事項 　　出　　生 　　婚　　姻 　　離　　婚 　　氏の変更	（省略） （省略） 【離婚日】平成27年9月9日 【配偶者氏名】甲野義太郎 【氏変更日】平成27年9月9日 【氏変更の事由】戸籍法77条の2の届出 【新本籍】京都市北区小山初音町18番地
	以下余白

発行番号000001

第14　離婚届と戸籍法77条の２の届

図２　母の離婚後の戸籍（子が同籍する場合）

	（１の１）	全 部 事 項 証 明

本　　籍	京都市北区小山初音町１８番地
氏　　名	甲野　梅子
戸籍事項 　　氏の変更 　　戸籍編製	【氏変更日】平成２７年９月９日 【氏変更の事由】戸籍法７７条の２の届出 【編製日】平成２７年９月１４日
戸籍に記録されている者	【名】梅子 【生年月日】昭和４０年１２月１６日 【父】乙野忠治 【母】乙野春子 【続柄】長女
身分事項 　　出　　生 　　離　　婚 　　氏の変更	（省略） 【離婚日】平成２７年９月９日 【配偶者氏名】甲野義太郎 【氏変更日】平成２７年９月９日 【氏変更の事由】戸籍法７７条の２の届出 【送付を受けた日】平成２７年９月１４日 【受理者】東京都千代田区長 【従前戸籍】東京都千代田区平河町一丁目４番地　甲野義太郎
戸籍に記録されている者	【名】花子 【生年月日】昭和６３年６月３０日 【父】乙川一郎 【母】甲野梅子 【続柄】長女
身分事項 　　出　　生 　　離　　婚	（省略） 【離婚日】平成２７年９月９日 【配偶者氏名】丙原幸男 【送付を受けた日】平成２７年９月１４日 【受理者】東京都千代田区長 【従前戸籍】東京都千代田区神田司町二丁目４番地　丙原幸男
	以下余白

発行番号０００００１

【事例25】

図3　子夫婦の離婚当時の戸籍（離婚後の母と同籍する場合）

		（1の1）	全 部 事 項 証 明
本　　籍	東京都千代田区神田司町二丁目4番地		
氏　　名	丙原　幸男		
戸籍事項 　　戸籍編製	（省略）		
戸籍に記録されている者	【名】幸男 【生年月日】昭和62年4月8日 【父】丙原信吉 【母】丙原夏子 【続柄】長男		
身分事項 　　出　　生 　　婚　　姻 　　離　　婚	（省略） （省略） 【離婚日】平成27年9月9日 【配偶者氏名】丙原花子		
戸籍に記録されている者 除　　籍	【名】花子 【生年月日】昭和63年6月30日 【父】乙川一郎 【母】甲野梅子 【続柄】長女		
身分事項 　　出　　生 　　婚　　姻 　　離　　婚	（省略） （省略） 【離婚日】平成27年9月9日 【配偶者氏名】丙原幸男 【入籍戸籍】京都市北区小山初音町18番地　甲野梅子		
			以下余白

発行番号000001

第14　離婚届と戸籍法77条の2の届

図4　子夫婦の離婚当時の戸籍（離婚後の母と同籍しない場合）

	（1の1）　全 部 事 項 証 明
本　　籍	東京都千代田区神田司町二丁目4番地
氏　　名	丙原　幸男
戸籍事項 　　戸籍編製	（省略）
戸籍に記録されている者	【名】幸男 【生年月日】昭和62年4月8日 【父】丙原信吉 【母】丙原夏子 【続柄】長男
身分事項 　　出　　生 　　婚　　姻 　　離　　婚	（省略） （省略） 【離婚日】平成27年9月9日 【配偶者氏名】丙原花子
戸籍に記録されている者 　除　　籍	【名】花子 【生年月日】昭和63年6月30日 【父】乙川一郎 【母】甲野梅子 【続柄】長女
身分事項 　　出　　生 　　婚　　姻 　　離　　婚	（省略） （省略） 【離婚日】平成27年9月9日 【配偶者氏名】丙原幸男 【新本籍】横浜市中区新山下一丁目1番地
	以下余白

発行番号000001

【事例25】

図5　子の離婚後の戸籍

		（1の1）	全 部 事 項 証 明
本　　　籍	横浜市中区新山下一丁目1番地		
氏　　　名	乙野　花子		
戸籍事項 　戸籍編製	【編製日】平成27年9月13日		
戸籍に記録されている者	【名】花子 【生年月日】昭和63年6月30日 【父】乙川一郎 【母】甲野梅子 【続柄】長女		
身分事項 　出　　生 　離　　婚	（省略） 【離婚日】平成27年9月9日 【配偶者氏名】丙原幸男 【送付を受けた日】平成27年9月13日 【受理者】東京都千代田区長 【従前戸籍】東京都千代田区神田司町二丁目4番地　丙原幸男		
			以下余白

発行番号000001

第14　離婚届と戸籍法77条の2の届

事例26

夫の氏を称して婚姻した妻が、夫死亡後他男と夫の氏を称する婚姻をし（第一の転婚）、その夫も死亡したので、その後さらに他男と夫の氏を称する婚姻をしている（第二の転婚）場合において、その夫と協議離婚の届出と同時に離婚の際に称していた氏を称する届出（戸籍法77条の2の届出）が同時にされた場合（実方の氏に復する事例）

結　論

協議離婚の届出を受理した後に離婚の際に称していた氏を称する届出（戸籍法77条の2の届出—以下「戸籍法77条の2の届出」という。）を受理し、その順序で処理する。

〔受付の順序、戸籍処理の流れ〕

解　説

1　事例の内容

A女は、B男と夫の氏を称して婚姻していたが、B男が死亡したので、C男と夫の氏を称する婚姻（第一の転婚）をしたところ、C男もまた死亡したので、さらにD男と夫の氏を称する婚姻（第二の転婚）をした。その後、A女はD男との協議離婚の届出と同時に戸籍法77条の2の届出（実方の氏に復する事例）をした。

この事例の場合において、どのように事務処理をするかというのが、本

事例の問題である。

2　処理の順序

本事例は、転婚者の協議離婚の届出と戸籍法77条の2の届出を同時にした場合であるが、転婚者の場合も、離婚によって婚姻直前の氏に復することになるところ、本事例は、実方の氏に復する事案である。戸籍法77条の2の届出は、協議離婚の届出が受理されることが前提であるから、次の(1)、(2)の順序で処理することになる。

(1)　協議離婚の届出

ア　転婚者の復籍戸籍

婚姻によって氏を改めた者は、離婚の届出（注1）によっていずれの氏に復するかが問題となるが、原則として婚姻前の氏に復するものとされている（民767条1項）。この場合の婚姻前の氏は、婚姻によって氏を改めたその直前の氏と解されている。

このことは、転婚者の場合も同様である。すなわち、婚姻によって氏を改めた者が配偶者の死亡後に実方の氏に復することなく、更に再婚によって氏を改めた後に離婚する場合、その復すべき氏は、実方の氏ではなく、第一の婚方の氏である（昭和58.4.1民二2285号通達一の2）。

本事例において、例えば、A女の実方の氏を「甲野」、B男の氏を「乙野」、C男の氏を「丙野」、D男の氏を「丁野」とした場合、D男との協議離婚の届出によりA女の復する氏は、D男と婚姻する直前の氏である「丙野」の氏ということになる。

イ　転婚者が実方戸籍に復する場合

協議離婚の届出と戸籍法77条の2の届出を同時にする場合は、離婚の届書には、氏を改めた者の「婚姻前の氏にもどる者の本籍」欄の記載は要せず、その事項は、戸籍法77条の2の届書の離婚の際に称していた氏を称した後の本籍欄に記載する（昭和51.5.31民二3233号通達一の8）こととされている。しかし、このように記載した場合は、転婚

者については、婚姻直前の氏に復したものとみなされるので、転婚者が実方の氏に復することを希望している場合には、離婚届書の「婚姻前の氏にもどる者の本籍」欄に実方の本籍及び筆頭者氏名を記載する取扱いである（昭和58．4．1民二2285号通達一の1）。なお、この場合は、届書の「その他」欄に、「妻A女は、実方の氏「甲野」に復し、戸籍法77条の2の届出を同時提出」と記載する（**注2**）。

(2) **戸籍法77条の2の届出**

戸籍法77条の2の届出は、離婚の届出と同時にすることもできるが、離婚によっていったん婚姻前の戸籍に復籍し、又は新戸籍を編製した後においてもすることができる。ただし、その届出は、離婚の日から3か月以内にすることを要する（民767条2項）。

本事例のように、相手方の氏を称する婚姻をした者が、配偶者の死亡後、実方の氏に復さずに、婚姻先から更に相手方の氏を称して婚姻をした者（転婚者）である場合においても、離婚の届出と同時に戸籍法77条の2の届出をすることができる。この場合は、前記(1)のイで述べたように、離婚によって直接実方の氏に復している場合でも、戸籍法77条の2の届出をすることができる（昭和51．11．4民二5353号通達）。その場合は、離婚の届出に基づいて復氏復籍の処理をした後に、戸籍法77条の2の届出に基づく処理をすることになる（前掲民二2285号通達一の1）。

(**注1**) 創設的届出（認知、縁組、離縁、婚姻又は離婚）が市・区役所又は町村役場に出頭した者によってされる場合には、出頭した者に対しその者が届出事件本人であることの確認を実施することとしている（詳細については、【事例1】の（注）を参照願いたい。）。

(**注2**) 転婚者が離婚する場合は、婚姻直前の氏に復することを原則としつつ、実方の氏に復することが認められている（昭和23．1．13民事甲17号通達(2)）が、これは、離婚の届出において、生存配偶者の復氏届（民751条1項）も同時にできるとした簡略手続を認めたものと解されている。

【事例26】

3 離婚届及び離婚の際の氏を称する届

(1) 離婚の届出

離 婚 届

平成 27 年 6 月 28 日 届出

東京都千代田区 長 殿

受理	平成 27 年 6 月 28 日 第 2560 号	発送	平成 27 年 6 月 28 日
送付	平成 27 年 6 月 30 日 第 2120 号	東京都千代田区 長	印

書類調査	戸籍記載	記載調査	調査票	附票	住民票	通知

		夫	妻
(1)	(よみかた) 氏 名 生年月日	氏 ていの　名 えいすけ 丁野　英助 昭和 39 年 10 月 1 日	氏 ていの　名 うめこ 丁野　梅子 昭和 40 年 12 月 1 日
	住 所 (住民登録をしているところ)	東京都千代田区永田町 4丁目 5 番地／番 号 世帯主の氏名 丁野　英助	京都市北区小山初音町 18 番地／番 号 世帯主の氏名 丁野　梅子
(2)	本 籍 (外国人のときは国籍だけを書いてください)	東京都千代田区永田町4丁目　　　　　　　5 番地／番 筆頭者の氏名 丁野　英助	
	父母の氏名 父母との続き柄 (他の養父母は その他の欄に 書いてください)	夫の父 丁野　忠助　　続き柄 長男 　　母　　　俊子	妻の父 甲野　忠治　　続き柄 長女 　　母　　　春子
(3)(4)	離婚の種別	☑協議離婚 □調停　　年　月　日成立 □審判　　年　月　日確定	□和解　　　　年　月　日成立 □請求の認諾　年　月　日認諾 □判決　　　　年　月　日確定
	婚姻前の氏にもどる者の本籍	□夫 ☑妻 は ☑もとの戸籍にもどる 　　　　　　　□新しい戸籍をつくる 京都市北区小山初音町　　　18 番地／番　筆頭者の氏名 甲野　忠治	
(5)	未成年の子の氏名	夫が親権を行う子	妻が親権を行う子
(6)(7)	同居の期間	平成 25 年 6 月から　　平成 27 年 5 月まで (同居を始めたとき)　　　(別居したとき)	
(8)	別居する前の住所	東京都千代田区永田町4丁目　　　　　5 番地／番 号	
(9)	別居する前の世帯のおもな仕事と	□1．農業だけまたは農業とその他の仕事を持っている世帯 □2．自由業・商工業・サービス業等を個人で経営している世帯 □3．企業・個人商店等（官公庁は除く）の常用勤労者世帯で勤め先の従業者数が1人から99人までの世帯（日々または1年未満の契約の雇用は5） ☑4．3にあてはまらない常用勤労者世帯及び会社団体の役員の世帯（日々または1年未満の契約の雇用者は5） □5．1から4にあてはまらないその他の仕事をしている者のいる世帯 □6．仕事をしている者のいない世帯	
(10)	夫妻の職業	(国勢調査の年…　年…の4月1日から翌年3月31日までに届出をするときだけ書いてください) 夫の職業　　　　　　　　　妻の職業	
	その他	妻梅子は、実方の氏「甲野」に復し、戸籍法77条の2の届出を同時に提出	
	届出人署名押印	夫　　丁野　英助　㊞	妻　　丁野　梅子　㊞
	事件簿番号		

第14 離婚届と戸籍法77条の2の届

記入の注意

鉛筆や消えやすいインキで書かないでください。
筆頭者の氏名欄には、戸籍のはじめに記載されている人の氏名を書いてください。
本籍地でない役場に出すときは、2通または3通出してください（役場が相当と認めたときは、1通で足りることもあります。）。また、そのさい戸籍謄本も必要です。
そのほかに必要なもの　調停離婚のとき → 調停調書の謄本
　　　　　　　　　　　審判離婚のとき → 審判書の謄本と確定証明書
　　　　　　　　　　　和解離婚のとき → 和解調書の謄本
　　　　　　　　　　　認諾離婚のとき → 認諾調書の謄本
　　　　　　　　　　　判決離婚のとき → 判決書の謄本と確定証明書

	証　　　　人　　（協議離婚のときだけ必要です）	
署名押印	丙　山　安　治　㊞	乙　川　八　郎　㊞
生年月日	昭和　26　年　5　月　3　日	昭和　25　年　7　月　10　日
住　所	東京都台東区御徒町 1丁目　80　番地／番　3　号	東京都大田区蓮沼 1丁目　2　番地／番　3　号
本　籍	東京都渋谷区金王町 1丁目　7　番地／番	東京都新宿区西落合 1丁目　25　番地／番

父母がいま婚姻しているときは、母の氏は書かないで、名だけを書いてください。
養父母についても同じように書いてください。
□には、あてはまるものに☑のようにしるしをつけてください。

今後も離婚の際に称していた氏を称する場合には、左の欄には何も記載しないでください（この場合にはこの離婚届と同時に別の届書を提出する必要があります。）。

同居を始めたときの年月は、結婚式をあげた年月または同居を始めた年月のうち早いほうを書いてください。

届け出られた事項は、人口動態調査（統計法に基づく基幹統計調査、厚生労働省所管）にも用いられます。

未成年の子がいる場合は、次の□のあてはまるものにしるしをつけてください。
（面会交流）
　　□取決めをしている。
　　□まだ決めていない。
（養育費の分担）
　　□取決めをしている。
　　□まだ決めていない。

未成年の子がいる場合に父母が離婚をするときは、面会交流や養育費の分担など子の監護に必要な事項についても父母の協議で定めることとされています。この場合には、子の利益を最も優先して考えなければならないこととされています。

【事例26】

(2) 離婚の際に称していた氏を称する届出（戸籍法77条の2の届出）

離婚の際に称していた氏を称する届 （戸籍法77条の2の届）	受理 平成27年 6月28日 第　　　2561号	発送 平成27年 6月28日	
	送付 平成27年 6月30日 第　　　2121号	東京都千代田区 長 ㊞	
平成27年 6月28日 届出 東京都千代田区 長 殿	書類調査 戸籍記載 記載調査 附　票 住民票 通　知		

(1)	（よみかた） 離婚の際に称していた氏を称する人の氏名	（現在の氏名、離婚届とともに届け出るときは離婚前の氏名） 　こう　の　　　　　　うめ　こ 氏　甲野　　　名　梅子	昭和40年12月1日生
(2)	住　　所 (住民登録をしているところ)	京都市北区小山初音町　　18　番地 世帯主の氏名　丁野梅子	
(3)	本　籍	（離婚届とともに届け出るときは、離婚前の本籍） 京都市北区小山初音町　　18　番地 筆頭者の氏名　甲野忠治	
(4)	（よみかた） 氏	変更前（現在称している氏）　　　　　変更後（離婚の際称していた氏） 　　　　　　　　　　　　　　　　　てい　の 甲野　　　　　　　　　　　丁野	
(5)	離婚年月日	平成27年 6月28日	
(6)	離婚の際に称していた氏を称した後の本籍	（(3)欄の筆頭者が届出人と同一で同籍者がない場合には記載する必要はありません） 京都市北区小山初音町　　18　番地 筆頭者の氏名　丁野梅子	
(7)	その他		
(8)	届出人署名押印 （変更前の氏名）	甲野梅子　　　　　　　　㊞	

第14　離婚届と戸籍法77条の2の届

4　戸籍受附帳の記載（紙戸籍の場合の例）

(1)　離婚の届出

東京都千代田区（本籍人）

受附番号	受理送付の別	受附月日 (事件発生月日)	件　名	届出事件本人の氏名 (届出人の資格氏名)	本籍又は国籍	備　考
2560	受理	6月28日	離婚	丁野英助 (甲野)梅子	永田町4丁目5番地	妻梅子は実方の氏「甲野」の氏に復氏 梅子の復籍戸籍 京都市北区小山初音町18番地　甲野忠治 法77条の2の届出同時提出 6月28日発送

(2)　戸籍法77条の2の届出

東京都千代田区（本籍人）

受附番号	受理送付の別	受附月日 (事件発生月日)	件　名	届出事件本人の氏名 (届出人の資格氏名)	本籍又は国籍	備　考
2561	受理	6月28日	法77条の2	甲野梅子	京都市北区小山初音町18番地	離婚の際の氏「丁野」を称して左記本籍地に新戸籍編製 6月28日発送

【事例26】

5　戸籍の記載
図1　離婚当時の夫婦の戸籍

		(1の1)	全 部 事 項 証 明

本　　籍	東京都千代田区永田町四丁目5番地
氏　　名	丁野　英助
戸籍事項 　　戸籍編製	(省略)
戸籍に記録されている者	【名】英助 【生年月日】昭和39年10月1日 【父】丁野忠助 【母】丁野俊子 【続柄】長男
身分事項 　出　　生 　婚　　姻 　離　　婚	(省略) (省略) 【離婚日】平成27年6月28日 【配偶者氏名】丁野梅子
戸籍に記録されている者 除　　籍	【名】梅子 【生年月日】昭和40年12月1日 【父】甲野忠治 【母】甲野春子 【続柄】長女
身分事項 　出　　生 　婚　　姻 　離　　婚	(省略) (省略) 【離婚日】平成27年6月28日 【配偶者氏名】丁野英助 【入籍戸籍】京都市北区小山初音町18番地　甲野忠治
	以下余白

発行番号000001

第14　離婚届と戸籍法77条の2の届

図2　離婚後の妻の実方戸籍

	（1の1）　全　部　事　項　証　明
本　　籍 氏　　名	京都市北区小山初音町18番地 甲野　忠治
戸籍事項 　戸籍編製	（省略）
戸籍に記録されている者	【名】忠治 【生年月日】昭和13年5月3日　　【配偶者区分】夫 【父】甲野和市 【母】甲野秋子 【続柄】長男
身分事項 　出　　生 　婚　　姻	（省略） （省略）
戸籍に記録されている者 　除　　籍	【名】梅子 【生年月日】昭和40年12月1日 【父】甲野忠治 【母】甲野春子 【続柄】長女
身分事項 　出　　生 　離　　婚 　氏の変更	（省略） 【離婚日】平成27年6月28日 【配偶者氏名】丁野英助 【送付を受けた日】平成27年6月30日 【受理者】東京都千代田区長 【従前戸籍】東京都千代田区永田町四丁目5番地　丁野英助 【氏変更日】平成27年6月28日 【氏変更の事由】戸籍法77条の2の届出 【送付を受けた日】平成27年6月30日 【受理者】東京都千代田区長 【新本籍】京都市北区小山初音町18番地 【称する氏】丁野
	以下余白

発行番号000001

【事例26】

図3　離婚後（戸籍法77条の2の届出後）の妻の戸籍

	（1の1）	全 部 事 項 証 明

本　　籍	京都市北区小山初音町18番地
氏　　名	丁野　梅子
戸籍事項 　　氏の変更 　　戸籍編製	【氏変更日】平成27年6月28日 【氏変更の事由】戸籍法77条の2の届出 【編製日】平成27年6月30日
戸籍に記録されている者	【名】梅子 【生年月日】昭和40年12月1日 【父】甲野忠治 【母】甲野春子 【続柄】長女
身分事項 　　出　　生 　　氏の変更	（省略） 【氏変更日】平成27年6月28日 【氏変更の事由】戸籍法77条の2の届出 【送付を受けた日】平成27年6月30日 【受理者】東京都千代田区長 【従前戸籍】京都市北区小山初音町18番地　甲野忠治

以下余白

発行番号000001

第15　離婚届と氏の変更届

> **事例27**
> 日本人が、外国人との協議離婚の届出と同時に、外国人との離婚による氏の変更の届出（戸籍法107条3項の届）をした場合

結　論

協議離婚の届出を受理した後に氏の変更の届出を受理し、その順序で処理する。

〔受付の順序、戸籍処理の流れ〕

解　説

1　事例の内容

日本人A女は、外国人B男と婚姻の届出と同時にB男の称している氏への氏の変更の届出をした。その後、A女とB男は離婚することになり、協議離婚の届出と同時にA女はB男との離婚による氏の変更の届出をした。

この事例の場合において、どのように事務処理をするかというのが、本事例の問題である。

2　処理の順序

本事例は、日本人女が、外国人男と婚姻の届出をした後、外国人配偶者の称している氏と同じ呼称の氏に変更する届出をしたが、その後、協議離婚の届出をすると同時に、その氏を変更の際に称していた氏に変更する届出をする場合であるから、次の(1)、(2)の順序で処理することになる。

(1) 協議離婚の届出

　協議離婚は、当事者である夫婦の合意により離婚の届出をすることによって成立する（民763条）が、本事例のような渉外的離婚についての準拠法は、通則法27条に定めるところによる。同条によれば、夫婦の一方が日本に常居所を有する日本人であるときは、日本の法律によるものとされる（同条ただし書）。

　本事例は、日本人A女と外国人B男との離婚であり、A女は日本に常居所がある事案の場合であるから、日本の法律が準拠法とされるので、民法及び戸籍法等に基づいて市区町村長に協議離婚の届出（注）をすることによって、離婚を成立させることができる。

(2) 氏の変更の届出

　ア　戸籍法107条2項の届

　　日本人と外国人との婚姻による夫婦の氏については、民法第750条は適用されないと解されている（昭和26.4.30民事甲899号回答、昭和40.4.12民事甲838号回答、昭和42.3.27民事甲365号回答、昭和55.8.27民二5218号通達）。

　　しかし、同夫婦が婚姻生活を続けていくうえで、日本人配偶者の氏を外国人配偶者の称している氏と同じ呼称の氏に変更することを希望する場合がある。

　　この外国人との婚姻による氏の変更については、国籍法及び戸籍法の一部を改正する法律（昭和59年法律第45号）によって、戸籍法第107条の規定が改正され、外国人と婚姻した日本人配偶者がその氏を外国人配偶者の称している氏に変更しようとするときは、婚姻の日から6か月以内に限り、家庭裁判所の許可を要しないで氏の変更の届出をすることができるとされた（戸107条2項）。なお、6か月を経過した後に氏を変更する場合は、家庭裁判所の許可を得て届出をすることになる（同条1項）。また、この氏変更の届出は、婚姻の届出と同時にす

ることができる。

　なお、この氏の変更は、婚姻による身分変動の効果によるものではなく、日本人配偶者の意思に基づく呼称上の氏の変更であるから、離婚によって婚姻を解消しても、本人の意思によらない限り氏の呼称に変更は生じない。

イ　戸籍法107条3項の届出

　前記アにより外国人と婚姻した日本人が、その氏を外国人配偶者の称している氏に変更した後、当該外国人配偶者と離婚等により婚姻が解消した場合に、その氏を変更前の氏（変更の際に称していた氏）に変更したい場合は、婚姻の解消の日から3か月以内であれば、家庭裁判所の許可を得ないでその旨を届け出ることによって変更前の氏に変更することができるものとされている（戸107条3項、昭和59.11.1民二5500号通達第2の4）。なお、この届出は、離婚の届出と同時にすることもできる。

　本事例は、日本人Ａ女が外国人Ｂ男との婚姻によりＢ男の称している氏に変更する届出をした後、離婚した場合であるが、離婚の届出と同時にＡ女から戸籍法107条3項の規定による氏の変更の届出がされた例である。

ウ　戸籍の処理

　本事例の具体的処理例は、氏変更の届出人に同籍者がない場合であるから、筆頭者氏名欄の氏を更正し、変更事由を戸籍事項欄及び身分事項欄に記載するだけで戸籍に変動はない。これに対し、氏の変更の届出人に同籍者がある場合は、届出人について新戸籍を編製することになる（戸20条の2第1項、前掲民二5500号通達第2の4(2)ア）。

（注）　創設的届出（認知、縁組、離縁、婚姻又は離婚）が市・区役所又は町村役場に出頭した者によってされる場合には、出頭した者に対しその者が届出事件本人であることの確認を実施することとしている（詳細については、【事例1】の（注）を参照願いたい。）。

3 離婚届及び氏の変更の届

(1) 離婚の届出

離婚届

平成 27 年 6 月 17 日 届出

東京都千代田区 長 殿

受理	平成 27 年 6 月 17 日 第 2900 号	発送 平成　年　月　日
送付	平成　年　月　日 第　　号	長印

書類調査	戸籍記載	記載調査	調査票	附票	住民票	通知

	(よみかた)	夫 氏　　　　名		妻 氏　　　　名 うめこ	
(1)	氏　名	ファンデンボッシュ	ウェイン	ファンデンボッシュ	梅子
	生年月日	西暦 1979 年 10 月 10 日		昭和 60 年 11 月 11 日	
	住　所 (住民登録をしているところ)	東京都杉並区清水町 2丁目 5番地 6号 世帯主の氏名		東京都千代田区平河町 1丁目 5番地 10号 世帯主の氏名 乙野忠治	
(2)	本　籍 (外国人のときは国籍だけを書いてください)	東京都千代田区平河町1丁目　4番地 筆頭者の氏名 ファンデンボッシュ 梅子　夫の国籍 アメリカ合衆国			
	父母の氏名 父母との続き柄 (他の養父母はその他の欄に書いてください)	夫の父 ファンデンボッシュ、ベルナード 母 ファンデンボッシュ、マリー	続き柄 長男	妻の父 乙野忠治 母 春子	続き柄 長女
(3)(4)	離婚の種別	☑協議離婚 □調停　年　月　日成立 □審判　年　月　日確定 □和解　年　月　日成立 □請求の認諾　年　月　日認諾 □判決　年　月　日確定			
	婚姻前の氏にもどる者の本籍	□夫 は □もとの戸籍にもどる □妻　　□新しい戸籍をつくる 番地 筆頭者 番 の氏名			
(5)	未成年の子の氏名	夫が親権を行う子		妻が親権を行う子	
(6)(7)	同居の期間	平成 22 年 5 月から 平成 27 年 4 月まで (同居を始めたとき) (別居したとき)			
(8)	別居する前の住所	東京都杉並区清水町2丁目　5番地 6号			
(9)	別居する前の世帯のおもな仕事と	□1．農業だけまたは農業とその他の仕事を持っている世帯 □2．自由業・商工業・サービス業等を個人で経営している世帯 □3．企業・個人商店等（官公庁は除く）の常用勤労者世帯で勤め先の従業者数が1人から99人までの世帯（日々または1年未満の契約の雇用者は5） ☑4．3にあてはまらない常用勤労者世帯及び会社団体の役員の世帯（日々または1年未満の契約の雇用者は5） □5．1から4にあてはまらないその他の仕事をしている者のいる世帯 □6．仕事をしている者のいない世帯			
(10)	夫妻の職業	(国勢調査の年…　年…の4月1日から翌年3月31日までに届出をするときだけ書いてください) 夫の職業　　　　　　　　妻の職業			
	その他				
	届出人 署名押印	夫 Wayne Vanden Bosch 印		妻 ファンデンボッシュ 梅子 印	
	事件簿番号				

第15　離婚届と氏の変更届

```
記入の注意
```

鉛筆や消えやすいインキで書かないでください。
筆頭者の氏名欄には、戸籍のはじめに記載されている人の氏名を書いてください。
本籍地でない役場に出すときは、2通または3通出してください（役場が相当と認めたときは、1通で足りることもあります。）。また、そのさい戸籍謄本も必要です。
そのほかに必要なもの　調停離婚のとき　→　調停調書の謄本
　　　　　　　　　　　審判離婚のとき　→　審判書の謄本と確定証明書
　　　　　　　　　　　和解離婚のとき　→　和解調書の謄本
　　　　　　　　　　　認諾離婚のとき　→　認諾調書の謄本
　　　　　　　　　　　判決離婚のとき　→　判決書の謄本と確定証明書

	証　　人　　（協議離婚のときだけ必要です）	
署名押印	乙川孝一　㊞	乙川竹子　㊞
生年月日	昭和 27 年 5 月 14 日	昭和 31 年 6 月 8 日
住所	東京都中野区野方 3丁目　26 番地/番　3 号	東京都世田谷区若林 4丁目　31 番地/番　18 号
本籍	東京都中野区野方 3丁目　12 番地/番	東京都世田谷区若林 4丁目　31 番地/番

父母がいま婚姻しているときは、母の氏は書かないで、名だけを書いてください。
養父母についても同じように書いてください。
□には、あてはまるものに☑のようにしるしをつけてください。

今後も離婚の際に称していた氏を称する場合には、左の欄には何も記載しないでください（この場合にはこの離婚届と同時に別の届書を提出する必要があります。）。

同居を始めたときの年月は、結婚式をあげた年月または同居を始めた年月のうち早いほうを書いてください。

届け出られた事項は、人口動態調査（統計法に基づく基幹統計調査、厚生労働省所管）にも用いられます。

```
未成年の子がいる場合は、次の□のあてはまるものにしるしをつけてください。
（面会交流）
　　□取決めをしている。
　　□まだ決めていない。
（養育費の分担）
　　□取決めをしている。
　　□まだ決めていない。
```
　　　　　　　　　　　未成年の子がいる場合に父母が離婚をするときは、面会交流や
　　　　　　　　　　　養育費の分担など子の監護に必要な事項についても父母の協議
　　　　　　　　　　　で定めることとされています。この場合には、子の利益を最も
　　　　　　　　　　　優先して考えなければならないこととされています。

【事例27】

(2) 外国人との離婚による氏の変更届出（同籍者がない場合）

外国人との離婚による氏の変更届
（戸籍法107条3項の届）

平成27年6月17日 届出

東京都千代田区 長殿

受理	平成27年6月17日	発送	平成　年　月　日
第	2901号		
送付	平成　年　月　日		長印
第	号		
書類調査	戸籍記載	記載調査	附　票	住民票	通　知

氏を変更する人の氏名	（よみかた）	うめ　こ	昭和60年11月11日生
	（変更前）氏 ファンデンボッシュ	名 梅子	

住　所 （住民登録をしているところ）	東京都千代田区平河町1丁目　5 番地/番 10号
	世帯主の氏名　乙野忠治

本　籍	東京都千代田区平河町1丁目　4 番地/番
	筆頭者の氏名　ファンデンボッシュ　梅子

（よみかた）氏	変更前 ファンデンボッシュ	変更後　おつ　の 乙野

婚姻を解消した配偶者	氏名　ファンデンボッシュ、ウェイン

婚姻解消の原因	☑離婚　□婚姻の取消し　□配偶者の死亡

婚姻解消の年月日	平成　27年　6月　17日

氏を変更した後の本籍	（氏を変更する人の戸籍に他の人がある場合のみ書いてください）　番地／番

その他	次の人の父母欄の氏を更正してください

届出人署名押印 （変更前の氏名）	ファンデンボッシュ　梅子　㊞

記入の注意　筆頭者の氏名欄には、戸籍のはじめに記載されている人の氏名を書いてください。
この届書を本籍地でない役場に出すときは、戸籍謄本が必要ですから、あらかじめ用意してください。

第15 離婚届と氏の変更届

4 戸籍受附帳の記載（紙戸籍の場合の例）

(1) 離婚の届出
東京都千代田区（本籍人）

受附番号	受理送付の別	受附月日 (事件発生月日)	件名	届出事件本人の氏名 (届出人の資格氏名)	本籍又は国籍	備考
2900	受理	6月17日	離婚	ファンデンボッシュ ウェイン ・ ファンデンボッシュ 梅子	アメリカ合衆国 平河町1丁目4番地	

(2) 外国人との離婚による氏の変更の届出（同籍者のない者からの届出）
東京都千代田区（本籍人）

受附番号	受理送付の別	受附月日 (事件発生月日)	件名	届出事件本人の氏名 (届出人の資格氏名)	本籍又は国籍	備考
2901	受理	6月17日	氏の変更 (107条3項)	ファンデンボッシュ 梅子	平河町1丁目4番地	変更後の氏「乙野」 同籍者なし

5　戸籍の記載
図1　離婚後の妻の戸籍

	（1の1）　全　部　事　項　証　明
本　　籍	東京都千代田区平河町一丁目4番地
氏　　名	乙野　梅子
戸籍事項 　　戸籍編製 　　氏の変更 　　氏の変更	【編製日】平成22年5月9日 【氏変更日】平成22年10月3日 【氏変更の事由】戸籍法107条2項の届出 【従前の記録】 　　【氏】乙野 【氏変更日】平成27年6月17日 【氏変更の事由】戸籍法107条3項の届出 【従前の記録】 　　【氏】ファンデンボッシュ
戸籍に記録されている者	【名】梅子 【生年月日】昭和60年11月11日 【父】乙野忠治 【母】乙野春子 【続柄】長女
身分事項 　　出　　生 　　婚　　姻 　　氏の変更 　　離　　婚 　　氏の変更	（省略） 【婚姻日】平成22年5月9日 【配偶者氏名】ファンデンボッシュ，ウェイン 【配偶者の国籍】アメリカ合衆国 【配偶者の生年月日】西暦1979年10月10日 【従前戸籍】東京都千代田区平河町一丁目4番地　乙野忠治 【氏変更日】平成22年10月3日 【氏変更の事由】戸籍法107条2項の届出 【離婚日】平成27年6月17日 【配偶者氏名】ファンデンボッシュ，ウェイン 【配偶者の国籍】アメリカ合衆国 【氏変更日】平成27年6月17日 【氏変更の事由】戸籍法107条3項の届出
	以下余白

発行番号000001

第16　養子縁組届と婚姻届

> **事例28**
> 養親の戸籍に入籍する者の縁組の届出と同時に、養親の戸籍に在籍する養親の子（女）と妻の氏を称する婚姻の届出がされた場合

結　論

養子縁組の届出を受理した後に、婚姻の届出を受理し、その順序で処理する。

〔受付の順序、戸籍処理の流れ〕

（注）　妻の氏を称する婚姻の届出と同時に、夫が妻の父母の養子となる縁組の届出がされた場合については、【事例31】を参照願いたい。

解　説

1　事例の内容

　A男について、B男及び同人妻Cの養子となる養子縁組の届出と同時に、養親夫婦の長女Dと妻の氏を称する婚姻の届出がされた。

　この事例の場合において、どのように処理をするかというのが、本事例の問題である。

2　処理の順序

　本事例は、養子縁組の届出により養父母の戸籍に入籍した養子が、養父母の戸籍に在籍する養父母の子（女）と妻の氏を称する婚姻の届出をする場合であるから、次の(1)、(2)の順序で処理するのが適当である。

【事例28】

(1) **縁組の届出**
　ア　養子縁組
　　養子縁組は、血縁的親子関係がない者、又は血縁的親子関係があっても嫡出親子関係のない者との間に、嫡出親子関係を創設する身分行為である（民809条）。養子縁組には、実親及びその血族との親族関係を維持したまま養親子間に法定血族関係を創設する普通養子縁組と、実親及びその血族との親族関係を終了させて養親子間に法定血族関係を創設する特別養子縁組があるが、本事例は普通養子縁組の場合である。

　　普通養子縁組は、戸籍法の定めるところにより、戸籍事務管掌者である市区町村長に届出することによって成立する（民799条）が、縁組の実質的成立要件は、民法第792条以下に規定されている。したがって、それらの規定その他の法令に違反しないことが認められる場合でないと、縁組の届出は受理されないことになる（民800条）（**注1**）。

　イ　縁組の効果及び戸籍の処理
　　養子は、縁組の日から、養親の嫡出子たる身分を取得し（民809条）、養親及びその血族との間においては、血族間におけると同一の親族関係が生ずる（民727条）。

　　また、養子は、原則として養親の氏を称し（民810条本文）、養親の戸籍に入籍する（戸18条3項）こととされているので、本事例においても、養子A男は、養親の戸籍に入籍することになる。

(2) **婚姻の届出**
　ア　婚　　姻
　　婚姻は、終生の共同生活を営もうとする目的をもった男女の合意に基づく結合である。

　　創設的婚姻の届出は、戸籍法の定めるところにより、これを戸籍事務管掌者である市区町村長に届出することによって成立する（民739

第16　養子縁組届と婚姻届

条）が、婚姻の実質的成立要件は、民法第731条以下に規定されている。したがって、それらの規定その他の法令に違反しないことが認められる場合でないと、婚姻の届出は受理されないことになる（民740条）（**注２**）。

イ　婚姻の効果

　夫婦は、婚姻の際に定めるところに従い、夫又は妻の氏を称し（民750条）、新戸籍を編製する（戸16条１項本文）。ただし、夫婦が、夫の氏を称する場合に、夫が戸籍の筆頭者であるときは新戸籍を編製せず、妻が夫の戸籍に入籍する。同様に、夫婦が妻の氏を称する場合に、妻が戸籍の筆頭者であるときは新戸籍を編製せず、夫が妻の戸籍に入籍する（同条１項ただし書、２項）。

　なお、日本人と外国人との婚姻の届出については、夫婦の氏に関する民法第750条の規定は適用されない取り扱いである（昭和26．4．30民事甲899号回答、昭和28．10．29民事甲2008号回答、昭和40．4．12民事甲838号回答）。ただし、日本人については新戸籍を編製する（戸16条３項）が、その者が戸籍の筆頭に記載した者であるときは、新戸籍は編製せず（同条３項ただし書）、身分事項欄に婚姻事項を記載するだけである（戸規35条４号）。

3　戸籍の記載

(1)　養子縁組の届出

　本事例について、養子となるＡ男は単身者であるから、縁組によって、養父母であるＢ男及び同人妻Ｃの氏を称して同夫婦の戸籍に入籍することになる（民810条本文、戸18条３項）。

(2)　婚姻の届出

　本事例は、前記(1)の結果、同籍内に在る者同士の婚姻の届出となるが、妻の氏を称する届出であるから、妻となるＤを戸籍の筆頭者として新戸籍を編製することになる（戸16条１項本文）。

【事例28】

(**注1・2**) 創設的届出（認知、縁組、離縁、婚姻又は離婚）が市・区役所又は町村役場に出頭した者によってされた場合には、出頭した者に対しその者が届出事件本人であることの確認を実施することにしている（詳細については、【事例1】の（**注**）を参照願いたい。）。

4 養子縁組届及び婚姻届

(1) 養子縁組の届出

養 子 縁 組 届

平成27年12月24日 届出

群馬県前橋市 長殿

受理	平成27年12月24日 第3161号	発送	平成27年12月24日
送付	平成27年12月27日 第2345号		前橋市長 ㊞
書類調査	戸籍記載	記載調査	附 票	住民票	通 知

	養子になる人		
(よみかた)	おつの えいすけ		
氏 名	養 氏 乙野 名 英助	養女 氏	名
生年月日	昭和63年4月6日	年 月 日	
住 所 (住民登録をしているところ)	群馬県吾妻郡中之条町大字伊勢町 1125番地 世帯主の氏名 乙野英助		
本 籍 (外国人のときは国籍だけを書いてください)	群馬県渋川市赤城町樽 400番地 筆頭者の氏名 乙野次郎		
父母の氏名 父母との続き柄	父 乙野次郎 母 梅子	続き柄 3男	父 母	続き柄 女
入籍する戸籍または新しい本籍	☑養親の現在の戸籍に入る □養親の新しい戸籍に入る □養子夫婦で新しい戸籍をつくる □養子の戸籍に変動がない 群馬県前橋市鶴が谷町 8番地3 筆頭者の氏名 甲野太郎		
監護をすべき者の有無	(養子になる人が十五歳未満のときに書いてください) □届出人以外に養子になる人の監護をすべき □父 □母 □養父 □養母がいる □上記の者はいない		
届出人署名押印	乙野英助 ㊞		印

	届出人	
(養子になる人が十五歳未満のときに書いてください。届出人となる未成年後見人が3人以上のときは、ここに書くことができない未成年後見人について、その他欄又は別紙（様式任意。届出人全員の契印が必要）に書いてください。)		
資 格	親権者(□父 □養父) □未成年後見人 □特別代理人	親権者(□母 □養母) □未成年後見人
住 所	番地 番 号	番地 番 号
本 籍	番地 番 筆頭者の氏名	番地 番 筆頭者の氏名
署名押印	印	印
生年月日	年 月 日	年 月 日

【事例28】

記入の注意

鉛筆や消えやすいインキで書かないでください。
本籍地でない役場に出すときは、2通または3通出してください（役場が相当と認めたときは、1通で足りることもあります。）。また、そのさい戸籍謄本も必要です。
養子になる人が未成年で養親になる人が夫婦のときは、一緒に縁組をしなければいけません。
養子になる人が未成年のときは、あらかじめ家庭裁判所の許可の審判を受けてください。
養子になる人が十五歳未満のときは、その法定代理人が署名押印してください。また、その法定代理人以外に監護をすべき者として父又は母（養父母を含む。）が定められているときは、その者の同意が必要です。
筆頭者の氏名欄には、戸籍のはじめに記載されている人の氏名を書いてください。

	養親になる人	
（よみかた）	こうの たろう	こうの ゆきこ
氏　名	養父氏 甲野　名 太郎	養母氏 甲野　名 雪子
生年月日	昭和 30 年 5 月 15 日	昭和 31 年 2 月 4 日
住　所（住民登録をしているところ）	群馬県前橋市鶴が谷町　　8番地3番号 世帯主の氏名　甲野　太郎	
本　籍（外国人のときは国籍だけを書いてください）	群馬県前橋市鶴が谷町　　8番地3番 筆頭者の氏名　甲野　太郎	
その他		
新しい本籍（養親になる人が戸籍の筆頭者およびその配偶者でないときは、ここに新しい本籍を書いてください）		番地番
届出人署名押印	養父　甲野太郎　㊞	養母　甲野雪子　㊞

	証　人	
署名押印	下川和夫　㊞	下川純子　㊞
生年月日	昭和 30 年 2 月 2 日	昭和 32 年 6 月 6 日
住　所	群馬県前橋市上泉町　24番地番号	群馬県前橋市上泉町　24番地番号
本　籍	群馬県前橋市上泉町　24番地番	群馬県前橋市上泉町　24番地番

第16　養子縁組届と婚姻届

(2) 婚姻の届出

婚　姻　届

平成 27 年 12 月 24 日 届出

群馬県前橋市 長殿

受理	平成 27 年 12 月 24 日 第　　　3162　号	発送	平成　年　月　日		
送付	平成　年　月　日 第　　　　　号			長印	
書類調査	戸籍記載	記載調査	調査票	附票	住民票	通知

		夫になる人	妻になる人
	（よみかた）	こうの　えいすけ	こうの　きょうこ
(1)	氏　名	氏　名 甲野　英助	氏　名 甲野　京子
	生年月日	昭和 63 年 4 月 6 日	平成 3 年 8 月 15 日
(2)	住　所 （住民登録をして いるところ）	群馬県吾妻郡中之条町大字 伊勢町　1125　番地／番号 世帯主の氏名　甲野英助	群馬県吾妻郡中之条町大字 伊勢町　1125　番地／番号 世帯主の氏名　甲野英助
(3)	本　籍 （外国人のときは 国籍だけを書い てください）	群馬県前橋市鶴が谷町 　　　　　　8　番地 3 筆頭者の氏名　甲野　太郎	群馬県前橋市鶴が谷町 　　　　　　8　番地 3 筆頭者の氏名　甲野　太郎
	父母の氏名 父母との続き柄 （他の養父母は その他の欄に 書いてください）	父　乙野　次郎　　続き柄 母　　　梅子　　　3 男	父　甲野　太郎　　続き柄 母　　　雪子　　　長女
(4)	婚姻後の夫婦の 氏・新しい本籍	□夫の氏　新本籍（左の☑の氏の人がすでに戸籍の筆頭者となっているときは書かないでください） ☑妻の氏　群馬県前橋市鶴が谷町　　　8　番地 3	
(5)	同居を始めた とき	平成 27 年 12 月　（結婚式をあげたとき、または、同居を始め たときのうち早いほうを書いてください）	
(6)	初婚・再婚の別	☑初婚　再婚（□死別 □離別）年　月　日	☑初婚　再婚（□死別 □離別）年　月　日
(7)	同居を始める 前の夫婦のそれ ぞれの世帯の おもな仕事と	夫　妻　1．農業だけまたは農業とその他の仕事を持っている世帯 夫　妻　2．自由業・商工業・サービス業等を個人で経営している世帯 夫　妻　3．企業・個人商店等（官公庁は除く）の常用勤労者世帯で勤め先の従業者数が 　　　　　　1人から99人までの世帯（日々または1年未満の契約の雇用者は5） ☑夫　☑妻　4．3にあてはまらない常用勤労者世帯及び会社団体の役員の世帯（日々または 　　　　　　1年未満の契約の雇用者は5） 夫　妻　5．1から4にあてはまらないその他の仕事をしている者のいる世帯 夫　妻　6．仕事をしている者のいない世帯	
(8)	夫妻の職業	（国勢調査の年…　年…の4月1日から翌年3月31日までに届出をするときだけ書いてください） 夫の職業　　　　　　　　　妻の職業	
その他	夫の養父「甲野太郎」、養母「甲野雪子」		
届出人 署名押印	夫　甲野　英助　㊞	妻　甲野　京子　㊞	
事件簿番号		（注・証人欄は省略）	

312

【事例28】

5 戸籍受附帳の記載（紙戸籍の場合の例）

(1) 養子縁組の届出
前橋市（本籍人）

受附番号	受理送付の別	受附月日 (事件発生月日)	件　名	届出事件本人の氏名 (届出人の資格氏名)	本籍又は国籍	備　　考
3161	受理	12月24日	養子縁組	甲　野　太　郎 　　　　　雪　子 (乙　野) 英　助	鶴が谷町8番地3 渋川市赤城町樽400番地	12月24日発送

(2) 婚姻の届出
前橋市（本籍人）

受附番号	受理送付の別	受附月日 (事件発生月日)	件　名	届出事件本人の氏名 (届出人の資格氏名)	本籍又は国籍	備　　考
3162	受理	12月24日	婚　姻	甲　野　京　子 (甲　野) 英　助	鶴が谷町8番地3 〃	妻の氏を称する同籍内婚姻 新戸籍編製 新本籍　妻の従前本籍地

6　戸籍の記載
図1　縁組後の養親子の戸籍

	（2の1）	全 部 事 項 証 明

本　　籍	群馬県前橋市鶴が谷町8番地3
氏　　名	甲野　太郎

戸籍事項 　　戸籍編製	（省略）
戸籍に記録されている者	【名】太郎 【生年月日】昭和30年5月15日　　【配偶者区分】夫 【父】甲野一郎 【母】甲野花子 【続柄】長男
身分事項 　　出　　生 　　婚　　姻 　　養子縁組	（省略） （省略） 【縁組日】平成27年12月24日 【共同縁組者】妻 【養子氏名】乙野英助
戸籍に記録されている者	【名】雪子 【生年月日】昭和31年2月4日　　【配偶者区分】妻 【父】丙山松吉 【母】丙山竹子 【続柄】二女
身分事項 　　出　　生 　　婚　　姻 　　養子縁組	（省略） （省略） 【縁組日】平成27年12月24日 【共同縁組者】夫 【養子氏名】乙野英助
戸籍に記録されている者 　除　籍	【名】京子 【生年月日】平成3年8月15日 【父】甲野太郎 【母】甲野雪子 【続柄】長女

発行番号000001　　　　　　　　　　　　　　　　　　　　　　　以下次頁

【事例28】

(2の2) 　全　部　事　項　証　明

身分事項 　　出　　生 　　婚　　姻	（省略） 【婚姻日】平成27年12月24日 【配偶者氏名】甲野英助 【新本籍】群馬県前橋市鶴が谷町8番地3 【称する氏】妻の氏
戸籍に記録されている者 　除　　籍	【名】英助 【生年月日】昭和63年4月6日 【父】乙野次郎 【母】乙野梅子 【続柄】三男 【養父】甲野太郎 【養母】甲野雪子 【続柄】養子
身分事項 　　出　　生 　　養子縁組 　　婚　　姻	（省略） 【縁組日】平成27年12月24日 【養父氏名】甲野太郎 【養母氏名】甲野雪子 【従前戸籍】群馬県渋川市赤城町樽400番地　乙野次郎 【婚姻日】平成27年12月24日 【配偶者氏名】甲野京子 【新本籍】群馬県前橋市鶴が谷町8番地3 【称する氏】妻の氏
	以下余白

発行番号000001

第16 養子縁組届と婚姻届

図2　婚姻後の養子の戸籍

	（1の1）	全部事項証明

本　　籍	群馬県前橋市鶴が谷町8番地3
氏　　名	甲野　京子

戸籍事項 　　戸籍編製	【編製日】平成27年12月24日

戸籍に記録されている者	【名】京子 【生年月日】平成3年8月15日　　　【配偶者区分】妻 【父】甲野太郎 【母】甲野雪子 【続柄】長女
身分事項 　　出　　生 　　婚　　姻	（省略） 【婚姻日】平成27年12月24日 【配偶者氏名】甲野英助 【従前戸籍】群馬県前橋市鶴が谷町8番地3　甲野太郎
戸籍に記録されている者	【名】英助 【生年月日】昭和63年4月6日　　　【配偶者区分】夫 【父】乙野次郎 【母】乙野梅子 【続柄】三男 【養父】甲野太郎 【養母】甲野雪子 【続柄】養子
身分事項 　　出　　生 　　養子縁組 　　婚　　姻	（省略） 【縁組日】平成27年12月24日 【養父氏名】甲野太郎 【養母氏名】甲野雪子 【従前戸籍】群馬県渋川市赤城町樽400番地　乙野次郎 【婚姻日】平成27年12月24日 【配偶者氏名】甲野京子 【従前戸籍】群馬県前橋市鶴が谷町8番地3　甲野太郎
	以下余白

発行番号000001

【事例29】

```
┌─ 事例29 ─────────────────────────────────┐
│  養親の戸籍に入籍する者の縁組の届出と同時に、養親の戸籍に │
│  在籍する養親の子（女）と夫の氏を称する婚姻の届出がされた場合 │
└──────────────────────────────────────┘
```

| 結　論 |

　養子縁組の届出を受理した後に婚姻の届出を受理し、その順序で処理する。

〔受付の順序、戸籍処理の流れ〕

（注）　夫の氏を称する婚姻の届出と同時に、夫が妻の父母の養子となる縁組の届出がされた場合については、【事例30】を参照願いたい。

| 解　説 |

1　事例の内容

　A男は、B男及び同人妻Cの養子となる養子縁組の届出と同時に、養親夫婦の長女Dと夫の氏を称する婚姻の届出をした。

　この事例の場合において、どのように事務処理をするかというのが、本事例の問題である。

2　処理の順序

　本事例は、養子縁組の届出により養父母の戸籍に入籍した養子が、養父母の戸籍に在籍する養父母の子（女）と夫の氏を称する婚姻の届出をする場合であるから、次の(1)、(2)の順序で処理するのが適当である。

第16　養子縁組届と婚姻届

(1)　**縁組の届出**

　養子縁組の届出及び縁組の効果等については、【事例28】の解説2の(1)を参照願いたい。

　養子になるA男は単身者であるので、縁組によって、養父母であるB男及び同人妻Cの氏を称して同夫婦の戸籍に入籍する（民810条本文、戸18条3項）（**注1**）。

(2)　**婚姻の届出**

　婚姻の届出（**注2**）及び婚姻の効果等については、【事例28】の解説2の(2)を参照願いたい。

　本事例は、同籍内に在る者同士の婚姻の届出であるが、夫の氏を称する届出であるから、夫となるA男を戸籍の筆頭者として新戸籍を編製することになる（戸16条1項本文）。

　（**注1・2**）　創設的届出（認知、縁組、離縁、婚姻又は離婚）が市・区役所又は町村役場に出頭した者によってされる場合には、出頭した者に対しその者が届出事件本人であることの確認を実施することとしている（詳細については、【事例28】の（**注**）を参照願いたい。）。

【事例29】

3 養子縁組届及び婚姻届

(1) 養子縁組の届出

養 子 縁 組 届

平成27年12月24日 届出

群馬県前橋市 長 殿

受理	平成27年12月24日	発送 平成27年12月24日
第	3171 号	前橋市 長 ㊞
送付	平成27年12月27日	
第	2354 号	

書類調査　戸籍記載　記載調査　附　票　住民票　通　知

	養 子 に な る 人	
(よみかた)	おつ の　えい すけ	
氏　　名	養子 氏 乙野　名 英助	養女 氏　　名
生年月日	昭和63年4月6日	年　月　日
住　　所 (住民登録をしているところ)	群馬県吾妻郡中之条町大字伊勢町　1125番地	
	世帯主の氏名　乙野 英助	
本　　籍 (外国人のときは国籍だけを書いてください)	群馬県渋川市赤城町樽　400番地	
	筆頭者の氏名　乙野 次郎	
父母の氏名 父母との続き柄	父 乙野 次郎　続き柄 3男 母　梅子	父　続き柄 母　　女
入籍する戸籍 または 新しい本籍	☑養親の現在の戸籍に入る　□養子夫婦で新しい戸籍をつくる □養親の新しい戸籍に入る　□養親の戸籍に変動がない	
	群馬県前橋市鶴が谷町　8番地3	
	筆頭者の氏名　甲野 太郎	
監護をすべき者 の 有 無	(養子になる人が十五歳未満のときに書いてください) □届出人以外に養子になる人の監護をすべき□父 □母 □養父 □養母がいる □上記の者はいない	
届出人 署名押印	乙野 英助 ㊞	㊞

届　　出　　人		
(養子になる人が十五歳未満のときに書いてください。届出人となる未成年後見人が3人以上のときは、ここに書くことができない未成年後見人について、その他欄又は別紙（様式任意。届出人全員の契印が必要）に書いてください。)		
資　格	親権者（□父 □養父） □未成年後見人 □特別代理人	親権者（□母 □養母）□未成年後見人
住　所	番地 番　　号	番地 番　　号
本　籍	番地 筆頭者 番　　の氏名	番地 筆頭者 番　　の氏名
署名押印	㊞	㊞
生年月日	年　月　日	年　月　日

第16　養子縁組届と婚姻届

記入の注意

鉛筆や消えやすいインキで書かないでください。
本籍地でない役場に出すときは、2通または3通出してください（役場が相当と認めたときは、1通で足りることもあります。）。また、そのさい戸籍謄本も必要です。
養子になる人が未成年で養親になる人が夫婦のときは、一緒に縁組をしなければいけません。
養子になる人が未成年のときは、あらかじめ家庭裁判所の許可の審判を受けてください。
養子になる人が十五歳未満のときは、その法定代理人が署名押印してください。また、その法定代理人以外に監護をすべき者として父又は母（養父母を含む。）が定められているときは、その者の同意が必要です。
筆頭者の氏名欄には、戸籍のはじめに記載されている人の氏名を書いてください。

		養親になる人	
（よみかた）		こうの　たろう	こうの　ゆきこ
氏　名		養父氏　甲野　名　太郎	養母氏　甲野　名　雪子
生年月日		昭和 30 年 5 月 15 日	昭和 31 年 2 月 4 日
住　所（住民登録をしているところ）	世帯主の氏名	群馬県前橋市鶴が谷町　8 番地 3 号　甲野太郎	
本　籍（外国人のときは国籍だけを書いてください）	筆頭者の氏名	群馬県前橋市鶴が谷町　8 番地 3　甲野太郎	
その他			
新しい本籍（養親になる人が戸籍の筆頭者およびその配偶者でないときは、ここに新しい本籍を書いてください）			番地番
届出人署名押印		養父　甲野太郎　㊞	養母　甲野雪子　㊞

		証　　人	
署名押印		下川和夫　㊞	下川純子　㊞
生年月日		昭和 30 年 2 月 2 日	昭和 32 年 6 月 6 日
住　所		群馬県前橋市上泉町　24 番地号	群馬県前橋市上泉町　24 番地号
本　籍		群馬県前橋市上泉町　24 番地番	群馬県前橋市上泉町　24 番地番

[事例29]

(2) 婚姻の届出

婚 姻 届

平成 27 年 12 月 24 日 届出

群馬県前橋市 長 殿

受理	平成 27 年 12 月 24 日 第 3172 号	発送 平成 年 月 日
送付	平成 年 月 日 第 号	長 印
	書類調査 戸籍記載 記載調査 調査票 附票 住民票 通知	

		夫になる人	妻になる人
(1)	(よみかた)	こうの えいすけ	こうの きょうこ
	氏 名	甲野 英助	甲野 京子
	生年月日	昭和 63 年 4 月 6 日	平成 3 年 8 月 15 日
(2)	住 所 (住民登録をしているところ)	群馬県吾妻郡中之条町大字伊勢町 1125 番地 世帯主の氏名 甲野英助	群馬県吾妻郡中之条町大字伊勢町 1125 番地 世帯主の氏名 甲野英助
(3)	本 籍 (外国人のときは国籍だけを書いてください)	群馬県前橋市鶴が谷町 8 番地3 筆頭者の氏名 甲野太郎	群馬県前橋市鶴が谷町 8 番地3 筆頭者の氏名 甲野太郎
	父母の氏名 父母との続き柄 (他の養父母はその他の欄に書いてください)	父 乙野次郎　　続き柄 母　　梅子　　3男	父 甲野太郎　　続き柄 母　　雪子　　長女
(4)	婚姻後の夫婦の氏・新しい本籍	☑夫の氏　□妻の氏　新本籍（左の☑の氏の人がすでに戸籍の筆頭者となっているときは書かないでください） 群馬県前橋市鶴が谷町　　8 番地 3	
(5)	同居を始めたとき	平成 27 年 12 月 （結婚式をあげたとき、または、同居を始めたときのうち早いほうを書いてください）	
(6)	初婚・再婚の別	☑初婚　□再婚（□死別 □離別）年 月 日	☑初婚　□再婚（□死別 □離別）年 月 日
(7)	同居を始める前の夫婦のそれぞれの世帯のおもな仕事と	夫□ 妻□ 1．農業だけまたは農業とその他の仕事を持っている世帯 夫□ 妻□ 2．自由業・商工業・サービス業等を個人で経営している世帯 夫□ 妻□ 3．企業・個人商店等（官公庁を除く）の常用勤労者世帯で勤め先の従業者数が1人から99人までの世帯（日々または1年未満の契約の雇用者は5） 夫☑ 妻☑ 4．3にあてはまらない常用勤労者世帯及び会社団体の役員の世帯（日々または1年未満の契約の雇用者は5） 夫□ 妻□ 5．1から4にあてはまらないその他の仕事をしている者のいる世帯 夫□ 妻□ 6．仕事をしている者のいない世帯	
(8)	夫妻の職業	（国勢調査の年…　年…の4月1日から翌年3月31日までに届出をするときだけ書いてください） 夫の職業　　　　　　　　　　妻の職業	
	その他	夫の養父「甲野太郎」、養母「甲野雪子」	
	届出人署名押印	夫　甲野英助　㊞	妻　甲野京子　㊞
	事件簿番号		

第16　養子縁組届と婚姻届

記入の注意

鉛筆や消えやすいインキで書かないでください。
この届は、あらかじめ用意して、結婚式をあげる日または同居を始める日に出すようにしてください。その日が日曜日や祝日でも届けることができます。
夫になる人または妻になる人の本籍地に出すときは2通、そのほかのところに出すときは3通出してください（役場が相当と認めたときは、1通で足りることもあります。）。
この届書を本籍地でない役場に出すときは、戸籍謄本または戸籍全部事項証明書が必要ですから、あらかじめ用意してください。

		証	人
署名押印		下川和夫　㊞	下川純子　㊞
生年月日		昭和 30 年 2 月 2 日	昭和 32 年 6 月 6 日
住　所		群馬県前橋市上泉町 24　番地／番／号	群馬県前橋市上泉町 24　番地／番／号
本　籍		群馬県前橋市上泉町 24　番地／番	群馬県前橋市上泉町 24　番地／番

「筆頭者の氏名」には、戸籍のはじめに記載されている人の氏名を書いてください。
父母がいま婚姻しているときは、母の氏は書かないで、名だけを書いてください。
養父母についても同じように書いてください。

□には、あてはまるものに☑のようにしるしをつけてください。
外国人と婚姻する人が、まだ戸籍の筆頭者となっていない場合には、新しい戸籍がつくられますので、希望する本籍を書いてください。

再婚のときは、直前の婚姻について書いてください。
内縁のものはふくまれません。

届け出られた事項は、人口動態調査（統計法に基づく基幹統計調査、厚生労働省所管）にも用いられます。

【事例29】

4　戸籍受附帳の記載（紙戸籍の場合の例）

(1)　養子縁組の届出
前橋市（本籍人）

受附番号	受理送付の別	受附月日 (事件発生月日)	件　名	届出事件本人の氏名 (届出人の資格氏名)	本　籍　又　は　国　籍	備　　　考
3171	受理	12月24日	養子縁組	甲　野　太　郎 　　　　雪　子 (乙　野) 英　助	鶴が谷町8番地3 渋川市赤城町樽400番地	 12月24日発送

(2)　婚姻の届出
前橋市（本籍人）

受附番号	受理送付の別	受附月日 (事件発生月日)	件　名	届出事件本人の氏名 (届出人の資格氏名)	本　籍　又　は　国　籍	備　　　考
3172	受理	12月24日	婚　姻	甲　野　英　助 (甲　野) 京　子	鶴が谷町8番地3 〃	夫の氏を称する同籍内婚姻 新戸籍編製 新本籍　夫の従前本籍地

第16 養子縁組届と婚姻届

5　戸籍の記載
図1　縁組後の養親子の戸籍

		（2の1）	全 部 事 項 証 明
本　　籍	群馬県前橋市鶴が谷町8番地3		
氏　　名	甲野　太郎		
戸籍事項 　　戸籍編製	（省略）		
戸籍に記録されている者	【名】太郎 【生年月日】昭和30年5月15日　　　【配偶者区分】夫 【父】甲野一郎 【母】甲野花子 【続柄】長男		
身分事項 　　出　　生 　　婚　　姻 　　養子縁組	（省略） （省略） 【縁組日】平成27年12月24日 【共同縁組者】妻 【養子氏名】乙野英助		
戸籍に記録されている者	【名】雪子 【生年月日】昭和31年2月4日　　　【配偶者区分】妻 【父】丙山松吉 【母】丙山竹子 【続柄】二女		
身分事項 　　出　　生 　　婚　　姻 　　養子縁組	（省略） （省略） 【縁組日】平成27年12月24日 【共同縁組者】夫 【養子氏名】乙野英助		
戸籍に記録されている者 除　籍	【名】京子 【生年月日】平成3年8月15日 【父】甲野太郎 【母】甲野雪子 【続柄】長女		

発行番号000001　　　　　　　　　　　　　　　　　　　　　　　以下次頁

【事例29】

(2の2) 全 部 事 項 証 明

身分事項 　　出　　生 　　婚　　姻	(省略) 【婚姻日】平成27年12月24日 【配偶者氏名】甲野英助 【新本籍】群馬県前橋市鶴が谷町8番地3 【称する氏】夫の氏
戸籍に記録されている者 　　[除　　籍]	【名】英助 【生年月日】昭和63年4月6日 【父】乙野次郎 【母】乙野梅子 【続柄】三男 【養父】甲野太郎 【養母】甲野雪子 【続柄】養子
身分事項 　　出　　生 　　養子縁組 　　婚　　姻	(省略) 【縁組日】平成27年12月24日 【養父氏名】甲野太郎 【養母氏名】甲野雪子 【従前戸籍】群馬県渋川市赤城町樽400番地　乙野次郎 【婚姻日】平成27年12月24日 【配偶者氏名】甲野京子 【新本籍】群馬県前橋市鶴が谷町8番地3 【称する氏】夫の氏
	以下余白

発行番号000001

図2　婚姻後の養子の戸籍

		(1の1)	全 部 事 項 証 明

本　　　籍	群馬県前橋市鶴が谷町8番地3		
氏　　　名	甲野　英助		
戸籍事項 　戸籍編製	【編製日】平成27年12月24日		
戸籍に記録されている者	【名】英助 【生年月日】昭和63年4月6日　　　【配偶者区分】夫 【父】乙野次郎 【母】乙野梅子 【続柄】三男 【養父】甲野太郎 【養母】甲野雪子 【続柄】養子		
身分事項 　出　　生 　養子縁組 　婚　　姻	(省略) 【縁組日】平成27年12月24日 【養父氏名】甲野太郎 【養母氏名】甲野雪子 【従前戸籍】群馬県渋川市赤城町樽400番地　乙野次郎 【婚姻日】平成27年12月24日 【配偶者氏名】甲野京子 【従前戸籍】群馬県前橋市鶴が谷町8番地3　甲野太郎		
戸籍に記録されている者	【名】京子 【生年月日】平成3年8月15日　　　【配偶者区分】妻 【父】甲野太郎 【母】甲野雪子 【続柄】長女		
身分事項 　出　　生 　婚　　姻	(省略) 【婚姻日】平成27年12月24日 【配偶者氏名】甲野英助 【従前戸籍】群馬県前橋市鶴が谷町8番地3　甲野太郎		
			以下余白

発行番号000001

事例30
夫の氏を称する婚姻の届出及び夫と妻の親との養子縁組の届出が同時にされた場合

結　論

婚姻の届出を受理した後に縁組の届出を受理し、その順序で処理する。なお、この順序とは逆に縁組の届出を受理した後に婚姻の届出を受理して、その順序で処理する場合については、【事例29】を参照願いたい。

〔受付の順序、戸籍処理の流れ〕

（注）　妻の氏を称する婚姻の届出及び夫と妻の親との養子縁組の届出が同時にされた場合については、【事例31】を参照願いたい。

解　説

1　事例の内容

A男は、D女と夫の氏を称する婚姻の届出と同時に、妻となるD女の父B（母Cは死亡の場合）との養子縁組の届出をした。

この事例の場合において、どのように事務処理をするかというのが、本事例の問題である。

2　処理の順序

本事例は、夫の氏を称する婚姻の届出と同時に、夫が、妻の親との養子縁組の届出をする場合であるから、次の(1)、(2)の順序で処理するか、又は、(2)、(1)の順序で処理してもよいものと考えるが、ここでは、(1)、(2)の順序

で処理する場合について説明する。

なお、(2)、(1)の逆の順序で処理する場合については、【事例29】を参照願いたい。

(1) **婚姻の届出**

婚姻の届出（**注１**）及び婚姻の効果等については、【事例28】の解説の２の(2)を参照願いたい。

本事例は、戸籍の筆頭者でないＡ男がＤ女と夫の氏を称して婚姻する場合であるから、まず夫Ａ男を筆頭者として新戸籍を編製する（戸16条１項本文）。もし、Ａ男が既に戸籍の筆頭者となっているときは、妻となるＤ女は夫Ａ男の戸籍に入籍する（戸16条１項ただし書、２項）ことになるが、本事例は、前者の場合であるから、夫婦につき夫の氏で新戸籍が編製される。

(2) **縁組の届出**

養子縁組の届出（**注２**）及び縁組の効果等については、【事例28】の解説の２の(1)を参照願いたい。

配偶者のある者が単独で縁組をするときは、その配偶者の同意を要するとされている（民796条）。したがって、夫Ａ男のＢとの縁組については、妻Ｄ女の同意を要するから同人の同意書を届書に添付するか、又は届書の「その他」欄に同意の旨を記載し、署名、押印する必要がある（戸38条１項）。なお、本事例のＤ女は、Ｂの嫡出子であるから、同人との縁組の実益がないので、縁組の届出はできないとされている（昭和23．１．13民事甲17号通達17）が、その場合でも、前記縁組につき配偶者としての同意を要することになる（養父の妻Ｃは、この縁組当時に生存していないので、縁組当事者及び同意の問題は生じない。）。

この縁組の届出によって、戸籍の筆頭者であるＡ男は、養親のＢの氏を称することになるので、Ａ男・Ｄ女夫婦について、Ｂの氏で新戸籍を編製することになる（民810条本文、戸20条）。これによって、婚姻の届出によっ

て編製された戸籍は消除され、除かれた戸籍となる。

(**注1・2**)　創設的届出（認知、縁組、離縁、婚姻又は離婚）が市・区役所又は町村役場に出頭した者によってされる場合には、出頭した者に対しその者が届出事件本人であることの確認を実施することとしている（詳細については、【事例1】の（**注**）を参照願いたい。）。

第16　養子縁組届と婚姻届

3　婚姻届及び養子縁組届

(1)　婚姻の届出

婚 姻 届

平成27年12月24日 届出

群馬県渋川市 長 殿

受理	平成27年12月24日	発送	平成27年12月24日
第	2181号		
送付	平成27年12月27日	渋川市 長 印	
第	1653号		

書類調査	戸籍記載	記載調査	調査票	附票	住民票	通知

		夫になる人	妻になる人
(1)	（よみかた）氏名	おつの えいすけ　乙野 英助	こうの きょうこ　甲野 京子
	生年月日	昭和63年4月6日	平成3年8月15日
(2)	住所（住民登録をしているところ）	群馬県吾妻郡中之条町大字伊勢町 1125番地　世帯主の氏名 乙野英助	群馬県前橋市鶴が谷町 8番地3　世帯主の氏名 甲野太郎
(3)	本籍（外国人のときは国籍だけを書いてください）	群馬県渋川市赤城町樽 400番　筆頭者の氏名 乙野次郎	群馬県前橋市鶴が谷町 8番3　筆頭者の氏名 甲野太郎
	父母の氏名　父母との続き柄（他の養父母はその他の欄に書いてください）	父 乙野次郎　母 梅子　続き柄 3男	父 甲野太郎　母 雪子　続き柄 長女
(4)	婚姻後の夫婦の氏・新しい本籍	☑夫の氏　□妻の氏　新本籍（左の☑の氏の人がすでに戸籍の筆頭者となっているときは書かないでください）　群馬県渋川市赤城町樽 400番地	
(5)	同居を始めたとき	平成27年12月　（結婚式をあげたとき、または、同居を始めたときのうち早いほうを書いてください）	
(6)	初婚・再婚の別	☑初婚　□再婚（□死別　□離別　年　月　日）	☑初婚　□再婚（□死別　□離別　年　月　日）
(7)	同居を始める前の夫婦のそれぞれの世帯のおもな仕事と	夫　妻　1．農業だけまたは農業とその他の仕事を持っている世帯　2．自由業・商工業・サービス業等を個人で経営している世帯　3．企業・個人商店等（官公庁は除く）の常用勤労者世帯で勤め先の従業者数が1人から99人までの世帯（日々または1年未満の契約の雇用者は5）　☑☑ 4．3にあてはまらない常用勤労者世帯及び会社団体の役員の世帯（日々または1年未満の契約の雇用者は5）　5．1から4にあてはまらないその他の仕事をしている者のいる世帯　6．仕事をしている者のいない世帯	
(8)	夫妻の職業	（国勢調査の年…　年…の4月1日から翌年3月31日までに届出をするときだけ書いてください）　夫の職業	妻の職業
	その他		
	届出人署名押印	夫 乙野英助 ㊞	妻 甲野京子 ㊞
	事件簿番号		

【事例30】

記入の注意

鉛筆や消えやすいインキで書かないでください。
この届は、あらかじめ用意して、結婚式をあげる日または同居を始める日に出すようにしてください。その日が日曜日や祝日でも届けることができます。
夫になる人または妻になる人の本籍地に出すときは2通、そのほかのところに出すときは3通出してください（役場が相当と認めたときは、1通で足りることもあります）。
この届書を本籍地でない役場に出すときは、戸籍謄本または戸籍全部事項証明書が必要ですから、あらかじめ用意してください。

証		人	
署名押印	下川 和夫 ㊞	下川 純子 ㊞
生年月日	昭和 30 年 2 月 2 日	昭和 32 年 6 月 6 日
住所	群馬県前橋市上泉町 24 番地番号	群馬県前橋市上泉町 24 番地番号
本籍	群馬県前橋市上泉町 24 番地番	群馬県前橋市上泉町 24 番地番

「筆頭者の氏名」には、戸籍のはじめに記載されている人の氏名を書いてください。
父母がいま婚姻しているときは、母の氏は書かないで、名だけを書いてください。
養父母についても同じように書いてください。

□には、あてはまるものに☑のようにしるしをつけてください。
外国人と婚姻する人が、まだ戸籍の筆頭者となっていない場合には、新しい戸籍がつくられますので、希望する本籍を書いてください。

再婚のときは、直前の婚姻について書いてください。
内縁のものはふくまれません。

届け出られた事項は、人口動態調査（統計法に基づく基幹統計調査、厚生労働省所管）にも用いられます。

(2) 養子縁組の届出

養子縁組届

平成27年12月24日届出

群馬県渋川市 長 殿

受理	平成27年12月24日 第 2182 号	発送 平成27年12月24日	渋川市 長 ㊞
送付	平成27年12月27日 第 1654 号		
書類調査	戸籍記載	記載調査	附 票	住民票	通 知

		養 子 に な る 人	
（よみかた）	おつ の えい すけ		
氏　　名	養子 氏 乙野　名 英助	養女 氏　　名	
生 年 月 日	昭和 63 年 4 月 6 日	年　月　日	
住　　所 （住民登録をしているところ）	群馬県吾妻郡中之条町大字伊勢町 1125 番地／番号		
	世帯主の氏名 乙野 英助		
本　　籍 （外国人のときは国籍だけを書いてください）	群馬県渋川市赤城町樽 400 番地／番		
	筆頭者の氏名 乙野 英助		
父母の氏名 父母との続き柄	父 乙野 次郎　母 梅子	続き柄 3男	父　母　続き柄 女
入籍する戸籍または新しい本籍	☐ 養親の現在の戸籍に入る　☑ 養子夫婦で新しい戸籍をつくる ☐ 養親の新しい戸籍に入る　☐ 養子の戸籍に変動がない		
	群馬県渋川市赤城町樽 400 番地／番		
	筆頭者の氏名 甲野 英助		
監護をすべき者の有無	（養子になる人が十五歳未満のときに書いてください） ☐ 届出人以外に養子になる人の監護をすべき ☐ 父 ☐ 母 ☐ 養父 ☐ 養母 がいる ☐ 上記の者はいない		
届出人署名押印	乙野 英助　㊞	㊞	

	届　出　人 （養子になる人が十五歳未満のときに書いてください。届出人となる未成年後見人が3人以上のときは、ここに書くことができない未成年後見人について、その他欄又は別紙（様式任意。届出人全員の契印が必要）に書いてください。）	
資　格	親権者（☐父 ☐養父）　☐未成年後見人 ☐特別代理人	親権者（☐母 ☐養母）　☐未成年後見人
住　所	番地 番　号	番地 番　号
本　籍	番地　筆頭者 番　　の氏名	番地　筆頭者 番　　の氏名
署名押印	㊞	㊞
生年月日	年　月　日	年　月　日

【事例30】

記入の注意

鉛筆や消えやすいインキで書かないでください。
本籍地でない役場に出すときは、2通または3通出してください（役場が相当と認めたときは、1通で足りることもあります。）。また、そのさい戸籍謄本も必要です。
養子になる人が未成年で養親になる人が夫婦のときは、一緒に縁組をしなければいけません。
養子になる人が未成年のときは、あらかじめ家庭裁判所の許可の審判を受けなければいけません。
養子になる人が十五歳未満のときは、その法定代理人が署名押印してください。また、その法定代理人以外に監護をすべき者として父又は母（養父母を含む。）が定められているときは、その者の同意が必要です。
筆頭者の氏名欄には、戸籍のはじめに記載されている人の氏名を書いてください。

	養親になる人	
（よみかた）	こうの　　　たろう	
氏　名	養父氏　甲野　名　太郎	養母氏　　　名
生年月日	昭和30年5月15日	年　月　日
住　所（住民登録をしているところ）	群馬県前橋市鶴が谷町　8番地3号　世帯主の氏名　甲野太郎	
本　籍（外国人のときは国籍だけを書いてください）	群馬県前橋市鶴が谷町　8番地3　筆頭者の氏名　甲野太郎	
その他	この縁組に同意する。養子の妻　乙野京子㊞ 養子の妻乙野京子（平成3年8月15日生）は、養親の嫡出子である。 養父の妻甲野雪子は、平成26年10月1日死亡	
新しい本籍（養親になる人が戸籍の筆頭者およびその配偶者でないときは、ここに新しい本籍を書いてください）		番地　番
届出人署名押印	養父　甲野太郎　㊞	養母　　　印

	証　人	
署名押印	下川和夫　㊞	下川純子　㊞
生年月日	昭和30年2月2日	昭和32年6月6日
住　所	群馬県前橋市上泉町　24番地号	群馬県前橋市上泉町　24番地号
本　籍	群馬県前橋市上泉町　24番地番	群馬県前橋市上泉町　24番地番

第16　養子縁組届と婚姻届

4　戸籍受附帳の記載（紙戸籍の場合の例）

(1)　婚姻の届出

渋川市（本籍人）

受附番号	受理送付の別	受附月日 (事件発生月日)	件　名	届出事件本人の氏名 (届出人の資格氏名)	本籍又は国籍	備　　考
2181	受理	12月24日	婚姻	乙野　英助 (甲野)　京子	赤城町樽400番地 前橋市鶴が谷町8番地3	夫の氏を称する婚姻 新戸籍編製 夫の従前本籍地と同じ 　　　　　12月24日発送

(2)　養子縁組の届出

渋川市（本籍人）

受附番号	受理送付の別	受附月日 (事件発生月日)	件　名	届出事件本人の氏名 (届出人の資格氏名)	本籍又は国籍	備　　考
2182	受理	12月24日	養子縁組	甲野　太郎 (乙野)　英助	前橋市鶴が谷町8番地3 赤城町樽400番地	新戸籍編製 養子の従前本籍地と同じ 　　　　　12月24日発送

【事例30】

5　戸籍の記載
図1　婚姻による夫婦の戸籍

除　　籍	（1の1）　全部事項証明
本　　籍	群馬県渋川市赤城町樽４００番地
氏　　名	乙野　英助
戸籍事項 　戸籍編製 　戸籍消除	【編製日】平成２７年１２月２４日 【消除日】平成２７年１２月２４日
戸籍に記録されている者 　　除　　籍	【名】英助 【生年月日】昭和６３年４月６日　　【配偶者区分】夫 【父】乙野次郎 【母】乙野梅子 【続柄】三男
身分事項 　出　　生 　婚　　姻 　養子縁組	（省略） 【婚姻日】平成２７年１２月２４日 【配偶者氏名】甲野京子 【従前戸籍】群馬県渋川市赤城町樽４００番地　乙野次郎 【縁組日】平成２７年１２月２４日 【養父氏名】甲野太郎 【養親の戸籍】群馬県前橋市鶴が谷町８番地３　甲野太郎 【新本籍】群馬県渋川市赤城町樽４００番地
戸籍に記録されている者 　　除　　籍	【名】京子 【生年月日】平成３年８月１５日　　【配偶者区分】妻 【父】甲野太郎 【母】甲野雪子 【続柄】長女
身分事項 　出　　生 　婚　　姻 　配偶者の縁組	（省略） 【婚姻日】平成２７年１２月２４日 【配偶者氏名】乙野英助 【従前戸籍】群馬県前橋市鶴が谷町８番地３　甲野太郎 【除籍日】平成２７年１２月２４日 【除籍事由】夫の縁組 【新本籍】群馬県渋川市赤城町樽４００番地
	以下余白

発行番号０００００１

図2　縁組後の養子の戸籍

	（1の1）	全 部 事 項 証 明
本　　籍	群馬県渋川市赤城町樽４００番地	
氏　　名	甲野　英助	
戸籍事項 　　戸籍編製	【編製日】平成２７年１２月２４日	
戸籍に記録されている者	【名】英助 【生年月日】昭和６３年４月６日　　【配偶者区分】夫 【父】乙野次郎 【母】乙野梅子 【続柄】三男 【養父】甲野太郎 【続柄】養子	
身分事項 　　出　　生 　　婚　　姻 　　養子縁組	（省略） 【婚姻日】平成２７年１２月２４日 【配偶者氏名】甲野京子 【従前戸籍】群馬県渋川市赤城町樽４００番地　乙野次郎 【縁組日】平成２７年１２月２４日 【養父氏名】甲野太郎 【養親の戸籍】群馬県前橋市鶴が谷町８番地３　甲野太郎 【従前戸籍】群馬県渋川市赤城町樽４００番地　乙野英助	
戸籍に記録されている者	【名】京子 【生年月日】平成３年８月１５日　　【配偶者区分】妻 【父】甲野太郎 【母】甲野雪子 【続柄】長女	
身分事項 　　出　　生 　　婚　　姻 　　配偶者の縁組	（省略） 【婚姻日】平成２７年１２月２４日 【配偶者氏名】乙野英助 【従前戸籍】群馬県前橋市鶴が谷町８番地３　甲野太郎 【入籍日】平成２７年１２月２４日 【入籍事由】夫の縁組 【従前戸籍】群馬県渋川市赤城町樽４００番地　乙野英助	
	以下余白	

発行番号０００００１

【事例30】

図3 養親の戸籍

(2の1) | 全部事項証明

本　籍	群馬県前橋市鶴が谷町8番地3
氏　名	甲野　太郎
戸籍事項 　　戸籍編製	(省略)
戸籍に記録されている者	【名】太郎 【生年月日】昭和30年5月15日 【父】甲野一郎 【母】甲野花子 【続柄】長男
身分事項 　　出　生	(省略)
婚　姻	(省略)
配偶者の死亡	(省略)
養子縁組	【縁組日】平成27年12月24日 【養子氏名】乙野英助 【送付を受けた日】平成27年12月27日 【受理者】群馬県渋川市長 【養子の従前戸籍】群馬県渋川市赤城町樽400番地　乙野英助 【養子の新本籍】群馬県渋川市赤城町樽400番地
戸籍に記録されている者 除　籍	【名】雪子 【生年月日】昭和31年2月4日 【父】丙山松吉 【母】丙山竹子 【続柄】二女
身分事項 　　出　生	(省略)
婚　姻	(省略)
死　亡	(省略)

発行番号000001　　　　　　　　　　　　　　　　　　　　　　　　　　以下次頁

第16　養子縁組届と婚姻届

| | | （2の2） | 全部事項証明 |

戸籍に記録されている者	【名】京子
除　籍	【生年月日】平成３年８月１５日 【父】甲野太郎 【母】甲野雪子 【続柄】長女
身分事項 　　出　　生	（省略）
婚　　姻	【婚姻日】平成２７年１２月２４日 【配偶者氏名】乙野英助 【送付を受けた日】平成２７年１２月２７日 【受理者】群馬県渋川市長 【新本籍】群馬県渋川市赤城町樽４００番地 【称する氏】夫の氏

以下余白

発行番号０００００１

事例31
妻の氏を称する婚姻の届出及び夫と妻の親との養子縁組の届出が同時にされた場合

結 論

婚姻の届出を受理した後に縁組の届出を受理し、その順序で処理する。

なお、この順序とは逆に縁組の届出を受理した後に婚姻の届出を受理して、その順序で処理する場合については、【事例28】を参照願いたい。

〔受付の順序、戸籍処理の流れ〕

(注) 夫の氏を称する婚姻の届出及び夫と妻の親との養子縁組の届出が同時にされた場合については、【事例30】を参照願いたい。

解 説

1 事例の内容

A男は、D女と妻の氏を称する婚姻の届出と同時に、妻となるD女の母C（父Bは死亡の場合）との養子縁組の届出をした。

この事例の場合において、どのように事務処理をするかというのが、本事例の問題である。

2 処理の順序

本事例は、妻の氏を称する婚姻の届出と同時に、夫が、妻の親との養子縁組の届出を同時にする場合であるから、次の(1)、(2)の順序で処理するのが適当である。

なお、(2)、(1)の逆の順序で処理する場合については、【事例28】を参照願いたい。

(1) 婚姻の届出

婚姻の届出（**注１**）及び婚姻の効果等については、【事例28】の解説の２の(2)を参照願いたい。

本事例は、A男が戸籍の筆頭者でないD女と妻の氏を称する婚姻であるから、まず、妻D女を筆頭者として新戸籍を編製する（戸16条１項本文）。もし、D女が既に戸籍の筆頭者となっているときは、夫となるA男は妻D女の戸籍に入籍する（戸16条１項ただし書、２項）ことになるが、本事例は、前者の場合であるから、夫婦につき妻の氏で新戸籍が編製される。

(2) 縁組の届出

養子縁組の届出（**注２**）及縁組の効果等については、【事例28】の解説の２の(1)を参照願いたい。

配偶者のある者が単独で縁組をするときは、その配偶者の同意を要するとされている（民796条）。本事例はこの場合に該当するので、妻D女の同意を要するから同人の同意書を届書に添付するか、又は届書の「その他」欄に同意の旨を記載し、署名、押印する必要がある（戸38条１項）。なお、本事例のD女は、Cの嫡出子であるから、同人との養子縁組の実益がないので、縁組の届出はできないとされている（昭和23．1．13民事甲17号通達17）が、その場合でも、前記縁組につき配偶者としての同意を要することになる（養母の夫Bは、この縁組当時に生存していないので、縁組当事者及び同意の問題は生じない。）。

A男はD女との婚姻に際して、婚姻後の氏を妻の氏と定め、氏を改めた者であるから、Cとの養子縁組の届出によって氏に変動を生じることはない（民810条ただし書）ので、同人の身分事項欄にCとの縁組事項が記載されるだけである。

(注1・2) 創設的届出（認知、縁組、離縁、婚姻又は離婚）が市・区役所又は町村役場に出頭した者によってされる場合には、出頭した者に対しその者が届出事件本人であることの確認を実施することとしている（詳細については、【事例1】の（注）を参照願いたい。）。

第16 養子縁組届と婚姻届

3 婚姻届及び養子縁組届

(1) 婚姻の届出

婚姻届

平成27年12月24日 届出

群馬県前橋市 長 殿

受理	平成27年12月24日	発送	平成27年12月24日
第	2191 号		
送付	平成27年12月26日	前橋市 長 [印]	
第	689 号		

書類調査	戸籍記載	記載調査	調査票	附票	住民票	通知

		夫になる人	妻になる人
	(よみかた)	おつの えいすけ	こうの きょうこ
(1)	氏　名	氏　名 乙野　英助	氏　名 甲野　京子
	生年月日	昭和63年4月6日	平成3年8月15日
(2)	住　所（住民登録をしているところ）	群馬県前橋市鶴が谷町 8番地3号 世帯主の氏名 甲野雪子	群馬県前橋市鶴が谷町 8番地3号 世帯主の氏名 甲野雪子
(3)	本　籍（外国人のときは国籍だけを書いてください）	群馬県渋川市赤城町樽 400番地 筆頭者の氏名 乙野次郎	群馬県前橋市鶴が谷町 8番地3 筆頭者の氏名 甲野太郎
	父母の氏名父母との続き柄（他の養父母はその他の欄に書いてください）	父 乙野次郎　続き柄 3男 母　　梅子	父 甲野太郎　続き柄 長女 母　　雪子
(4)	婚姻後の夫婦の氏・新しい本籍	□夫の氏　☑妻の氏　新本籍（左の☑の氏の人がすでに戸籍の筆頭者となっているときは書かないでください）群馬県前橋市鶴が谷町　8番地 3	
(5)	同居を始めたとき	平成27年12月（結婚式をあげたとき、または、同居を始めたときのうち早いほうを書いてください）	
(6)	初婚・再婚の別	☑初婚 □再婚（□死別 □離別 　年　月　日）	☑初婚 □再婚（□死別 □離別 　年　月　日）
(7)	同居を始める前の夫婦のそれぞれの世帯のおもな仕事と	夫 妻 □ □ 1．農業だけまたは農業とその他の仕事を持っている世帯 □ □ 2．自由業・商工業・サービス業等を個人で経営している世帯 ☑ □ 3．企業・個人商店等（官公庁は除く）の常用勤労者世帯で勤め先の従業者数が1人から99人までの世帯（日々または1年未満の契約の雇用者は5） □ ☑ 4．3にあてはまらない常用勤労者世帯及び会社団体の役員の世帯（日々または1年未満の契約の雇用者は5） □ □ 5．1から4にあてはまらないその他の仕事をしている者のいる世帯 □ □ 6．仕事をしている者のいない世帯	
(8)	夫妻の職業	（国勢調査の年…　年…の4月1日から翌年3月31日までに届出をするときだけ書いてください） 夫の職業　　　　　　妻の職業	
	その他		
	届出人署名押印	夫 乙野英助 [印]	妻 甲野京子 [印]
	事件簿番号		

【事例31】

記入の注意

鉛筆や消えやすいインキで書かないでください。
この届は、あらかじめ用意して、結婚式をあげる日または同居を始める日に出すようにしてください。その日が日曜日や祝日でも届けることができます。
夫になる人または妻になる人の本籍地に出すときは2通、そのほかのところに出すときは3通出してください（役場が相当と認めたときは、1通で足りることもあります。）。
この届書を本籍地でない役場に出すときは、戸籍謄本または戸籍全部事項証明書が必要ですから、あらかじめ用意してください。

		証	人	
署名押印		下川 和夫 ㊞	下川 純子 ㊞	
生年月日		昭和 30 年 2 月 2 日	昭和 32 年 6 月 6 日	
住　　　所		群馬県前橋市上泉町 24 番地／番号	群馬県前橋市上泉町 24 番地／番号	
本　　　籍		群馬県前橋市上泉町 24 番地／番	群馬県前橋市上泉町 24 番地／番	

「筆頭者の氏名」には、戸籍のはじめに記載されている人の氏名を書いてください。
父母がいま婚姻しているときは、母の氏は書かないで、名だけを書いてください。
養父母についても同じように書いてください。

□には、あてはまるものに☑のようにしるしをつけてください。
外国人と婚姻する人が、まだ戸籍の筆頭者となっていない場合には、新しい戸籍がつくられますので、希望する本籍を書いてください。

再婚のときは、直前の婚姻について書いてください。
内縁のものはふくまれません。

届け出られた事項は、人口動態調査（統計法に基づく基幹統計調査、厚生労働省所管）にも用いられます。

第16 養子縁組届と婚姻届

(2) 養子縁組の届出

養 子 縁 組 届

平成27年12月24日 届出

群馬県前橋市 長 殿

受理	平成27年12月24日 第 2192号	発送 平成 年 月 日	
送付	平成 年 月 日 第 号		長 印
書類調査	戸籍記載	記載調査	附 票	住民票	通 知

	養 子 に な る 人		
(よみかた)	こう の えい すけ		
氏 名	養子氏 甲野 名 英助	養女氏	名
生年月日	昭和 63 年 4 月 6 日	年 月 日	
住 所 (住民登録をしているところ)	群馬県前橋市鶴が谷町 8 番地 3 号 世帯主の氏名 甲野雪子		
本 籍 (外国人のときは国籍だけを書いてください)	群馬県前橋市鶴が谷町 8 番地 3 筆頭者の氏名 甲野京子		
父母の氏名 父母との続き柄	父 乙野次郎 母 梅子	続き柄 3 男	父 続き柄 母 女
入籍する戸籍または新しい本籍	□養親の現在の戸籍に入る □養子夫婦で新しい戸籍をつくる □養親の新しい戸籍に入る ☑養子の戸籍に変動がない 筆頭者の氏名		番地 番
監護をすべき者の有無	(養子になる人が十五歳未満のときに書いてください) □届出人以外に養子になる人の監護をすべき □父 □母 □養父 □養母がいる □上記の者はいない		
届 出 人 署 名 押 印	甲野英助 ㊞		印

	届 出 人 (養子になる人が十五歳未満のときに書いてください。届出人となる未成年後見人が3人以上のときは、ここに書くことができない未成年後見人について、その他欄又は別紙（様式任意。届出人全員の契印が必要）に書いてください。)	
資 格	親権者（□父 □養父） 未成年後見人 □特別代理人	親権者（□母 □養母） □未成年後見人
住 所	番地 番 号	番地 番 号
本 籍	番地 筆頭者 番 の氏名	番地 筆頭者 番 の氏名
署 名 押 印	印	印
生年月日	年 月 日	年 月 日

【事例31】

記入の注意

鉛筆や消えやすいインキで書かないでください。
本籍地でない役場に出すときは、2通または3通出してください（役場が相当と認めたときは、1通で足りることもあります。）。また、そのさい戸籍謄本も必要です。
養子になる人が未成年で養親になる人が夫婦のときは、一緒に縁組をしなければいけません。
養子になる人が未成年のときは、あらかじめ家庭裁判所の許可の審判を受けてください。
養子になる人が十五歳未満のときは、その法定代理人が署名押印してください。また、その法定代理人以外に監護をすべき者として父又は母（養父母を含む。）が定められているときは、その者の同意が必要です。
筆頭者の氏名欄には、戸籍のはじめに記載されている人の氏名を書いてください。

	養親になる人	
（よみかた）	養父 氏　　名	こうの　ゆきこ 養母 氏　名　甲野　雪子
氏　名		
生年月日	年　月　日	昭和 31 年 1 月 10 日
住　所 （住民登録をしているところ）	群馬県前橋市鶴が谷町　　8 番地 3 世帯主の氏名　甲野雪子	
本　籍 （外国人のときは国籍だけを書いてください）	群馬県前橋市鶴が谷町　　8 番地 3 筆頭者の氏名　甲野　太郎	
その他	この縁組に同意する。養子の妻　甲野京子㊞ 養子の妻甲野京子（平成3年8月15日生）は、養親の嫡出子である。 養母の夫甲野太郎は、平成25年11月1日死亡	
新しい本籍（養親になる人が戸籍の筆頭者およびその配偶者でないときは、ここに新しい本籍を書いてください）		番地 番
届出人署名押印	養父　　　　　　　　　　印	養母　甲野　雪子　㊞

	証　　　人	
署名押印	下川　和夫　㊞	下川　純子　㊞
生年月日	昭和 30 年 2 月 2 日	昭和 32 年 6 月 6 日
住所	群馬県前橋市上泉町 24 番地番号	群馬県前橋市上泉町 24 番地番号
本籍	群馬県前橋市上泉町 24 番地番	群馬県前橋市上泉町 24 番地番

第16　養子縁組届と婚姻届

4　戸籍受附帳の記載（紙戸籍の場合の例）

(1)　婚姻の届出
前橋市（本籍人）

受附番号	受理送付の別	受附月日 (事件発生月日)	件　名	届出事件本人の氏名 (届出人の資格氏名)	本籍又は国籍	備　　考
2191	受理	12月24日	婚　姻	甲　野　京　子 （乙　野）英　助	鶴が谷町8番地3 渋川市赤城町樽400番地	妻の氏を称する婚姻 新戸籍編製 妻の従前本籍と同じ 　　　　12月24日発送

(2)　縁組の届出
前橋市（本籍人）

受附番号	受理送付の別	受附月日 (事件発生月日)	件　名	届出事件本人の氏名 (届出人の資格氏名)	本籍又は国籍	備　　考
2192	受理	12月24日	養子縁組	甲　野　雪　子 甲　野　英　助	鶴が谷町8番地3 鶴が谷町8番地3	戸籍に変動なし

【事例31】

5　戸籍の記載
図1　婚姻による夫婦の戸籍

	（1の1）	全 部 事 項 証 明

本　　　籍	群馬県前橋市鶴が谷町8番地3
氏　　　名	甲野　京子
戸籍事項 　　戸籍編製	【編製日】平成27年12月24日
戸籍に記録されている者	【名】京子 【生年月日】平成3年8月15日　　　【配偶者区分】妻 【父】甲野太郎 【母】甲野雪子 【続柄】長女
身分事項 　　出　　生 　　婚　　姻	（省略） 【婚姻日】平成27年12月24日 【配偶者氏名】乙野英助 【従前戸籍】群馬県前橋市鶴が谷町8番地3　甲野太郎
戸籍に記録されている者	【名】英助 【生年月日】昭和63年4月6日　　　【配偶者区分】夫 【父】乙野次郎 【母】乙野梅子 【続柄】三男 【養母】甲野雪子 【続柄】養子
身分事項 　　出　　生 　　婚　　姻 　　養子縁組	（省略） 【婚姻日】平成27年12月24日 【配偶者氏名】甲野京子 【従前戸籍】群馬県渋川市赤城町樽400番地　乙野次郎 【縁組日】平成27年12月24日 【養母氏名】甲野雪子 【養親の戸籍】群馬県前橋市鶴が谷町8番地3　甲野太郎
	以下余白

発行番号000001

図２　養親の戸籍

（２の１）　全 部 事 項 証 明

本　　籍 氏　　名	群馬県前橋市鶴が谷町８番地３ 甲野　太郎
戸籍事項 　戸籍編製	（省略）
戸籍に記録されている者 除　　籍	【名】太郎 【生年月日】昭和３０年６月１２日 【父】甲野一郎 【母】甲野花子 【続柄】長男
身分事項 　出　　生	（省略）
婚　　姻	（省略）
死　　亡	（省略）
戸籍に記録されている者	【名】雪子 【生年月日】昭和３１年１月１０日 【父】丙川春吉 【母】丙川秋子 【続柄】二女
身分事項 　出　　生	（省略）
婚　　姻	（省略）
配偶者の死亡	（省略）
養子縁組	【縁組日】平成２７年１２月２４日 【養子氏名】甲野英助 【養子の戸籍】群馬県前橋市鶴が谷町８番地３　甲野京子
戸籍に記録されている者 除　　籍	【名】京子 【生年月日】平成３年８月１５日 【父】甲野太郎 【母】甲野雪子 【続柄】長女

発行番号０００００１　　以下次頁

【事例31】

		（2の2）	全 部 事 項 証 明
身分事項 　出　　生 　婚　　姻	（省略） 【婚姻日】平成27年12月24日 【配偶者氏名】乙野英助 【新本籍】群馬県前橋市鶴が谷町8番地3 【称する氏】妻の氏		
			以下余白

発行番号000001

> **事例32**
> 父の戸籍に在籍する子が、父の後妻との養子縁組の届出と同時に自己の氏を称する婚姻の届出をした場合

結論

養子縁組の届出を受理した後に婚姻の届出を受理し、その順序で処理する。

なお、この順序とは逆に、婚姻の届出を受理した後に養子縁組の届出を受理して、その順序で処理する場合については、【事例33】を参照願いたい。

〔受付の順序、戸籍処理の流れ〕

解説

1 事例の内容

A男は、父B男の再婚後の妻C女との養子縁組（同籍内縁組）の届出をすると同時に、D女と夫の氏を称する婚姻の届出をした。

この事例の場合において、どのように事務処理をするかというのが、本事例の問題である。

2 処理の順序

本事例は、父の戸籍に在籍する子が、父の再婚後の妻と同籍内で養子縁組の届出をすると同時に、自己の氏（夫）を称する婚姻の届出をする場合であるから、次の(1)、(2)の順序で処理するのが適当である。

なお、(2)、(1)の逆の順序で処理する場合については、【事例33】を参照願いたい。

(1) **縁組の届出**

養子縁組の届出（注１）及び縁組の効果等については、【事例28】の解説の２の(1)を参照願いたい。

配偶者のある者が単独で縁組をするときは、その配偶者の同意を必要とする（民796条）ので、本事例の場合は、養親となるＣ女につき夫Ｂ男の同意を要するから、同人の同意書を届書に添付するか、又は届書の「その他」欄に同意の旨を記載し、署名、押印する必要がある（戸38条１項）。なお、本事例のＢ男は、養子となるＡ男とは嫡出親子関係にあるから、両者間において縁組する実益はないので、縁組の届出はできないとされている（昭和23.1.13民事甲17号通達17）。しかし、その場合でも、前記のとおり当該縁組につき養親となるＣ女の配偶者としての同意を要することになる（民796条）。

養子縁組に伴う養子の氏等との関係では、本事例の縁組は、いわゆる同籍内の縁組であるから、養子の氏及び養親子の戸籍に変動を生じないので、それぞれの身分事項欄に縁組事項を記載すれば足りることになる。

(2) **婚姻の届出**

婚姻の届出（注２）及び婚姻の効果等については、【事例28】の解説の２の(2)を参照願いたい。

本事例は、夫の氏を称する婚姻であるから、Ａ男を戸籍の筆頭者として新戸籍を編製することになる（戸16条１項本文）。

(注１・２) 創設的届出（認知、縁組、離縁、婚姻又は離婚）が市・区役所又は町村役場に出頭した者によってされる場合には、出頭した者に対しその者が届出事件本人であることの確認を実施することとしている（詳細については、【事例１】の（注）を参照願いたい。）。

3 養子縁組届及び婚姻届

(1) 養子縁組の届出

養 子 縁 組 届

平成27年12月24日 届出

群馬県前橋市 長 殿

受理	平成27年 12月 24日	発送 平成 年 月 日
第	2201 号	
送付	平成 年 月 日	長印
第	号	
書類調査	戸籍記載 記載調査 附 票 住民票 通 知	

	養 子 に な る 人	
(よみかた)	こうの なつお	
氏 名	養子 氏 甲野 名 夏雄	養女 氏 名
生年月日	平成 3 年 8 月 1 日	年 月 日
住 所 (住民登録をしているところ)	群馬県前橋市鶴が谷町 8 番地 3 号 世帯主の氏名 甲野 太郎	
本 籍 (外国人のときは国籍だけを書いてください)	群馬県前橋市鶴が谷町 8 番地 3 筆頭者の氏名 甲野 太郎	
父母の氏名 父母との続き柄	父 甲野 太郎 母 雪子	続き柄 長男 / 続き柄 長女 父 母
入籍する戸籍 または 新しい本籍	□養親の現在の戸籍に入る □養子夫婦で新しい戸籍をつくる □養親の新しい戸籍に入る ☑養子の戸籍に変動がない 筆頭者の氏名	番地 番
監護をすべき者の有無	(養子になる人が十五歳未満のときに書いてください) □届出人以外に養子になる人の監護をすべき □父 □母 □養父 □養母がいる □上記の者はいない	
届出人署名押印	甲野 夏雄 ㊞	印

届 出 人		
(養子になる人が十五歳未満のときに書いてください。届出人となる未成年後見人が3人以上のときは、ここに書くことができない未成年後見人について、その他欄又は別紙(様式任意。届出人全員の契印が必要)に書いてください。)		
資 格	親権者(□父 □養父) □未成年後見人 □特別代理人	親権者(□母 □養母) □未成年後見人
住 所	番地 番 号	番地 番 号
本 籍	番地 筆頭者 番 の氏名	番地 筆頭者 番 の氏名
署名押印	印	印
生年月日	年 月 日	年 月 日

【事例32】

記入の注意

鉛筆や消えやすいインキで書かないでください。
本籍地でない役場に出すときは、2通または3通出してください（役場が相当と認めたときは、1通で足りることもあります。）。また、そのさい戸籍謄本も必要です。
養子になる人が未成年で養親になる人が夫婦のときは、一緒に縁組をしなければいけません。
養子になる人が未成年のときは、あらかじめ家庭裁判所の許可の審判を受けてください。
養子になる人が十五歳未満のときは、その法定代理人が署名押印してください。また、その法定代理人以外に監護をすべき者として父又は母（養父母を含む。）が定められているときは、その者の同意が必要です。
筆頭者の氏名欄には、戸籍のはじめに記載されている人の氏名を書いてください。

	養親になる人	
（よみかた）	養父　氏　　　　名	こうの　たけこ 養母　氏　　　　名 甲野　竹子
氏　名		
生年月日	年　　月　　日	昭和 44 年 4 月 3 日
住　所 （住民登録をしているところ）	群馬県前橋市鶴が谷町　　　　8 番地 3 号 世帯主の氏名　甲野　太郎	
本　籍 （外国人のときは国籍だけを書いてください）	群馬県前橋市鶴が谷町　　　　8 番地 3 筆頭者の氏名　甲野　太郎	
その他	この縁組に同意する。養親の夫　甲野太郎㊞ 養子甲野夏雄は、養親甲野竹子の夫甲野太郎（昭和40年5月15日生）の嫡出子である。	
新しい本籍（養親になる人が戸籍の筆頭者およびその配偶者でないときは、ここに新しい本籍を書いてください） 　　　　　　　　　　　　　　　　　　　　　　　　　　　　　　　　　　　番地 　　　　　　　　　　　　　　　　　　　　　　　　　　　　　　　　　　　番		
届出人署名押印	養父　　　　　　　　　　　　印	養母　甲野　竹子　㊞

	証　　人	
署名押印	下川　和夫　㊞	下川　純子　㊞
生年月日	昭和 30 年 2 月 2 日	昭和 32 年 6 月 6 日
住　所	群馬県前橋市上泉町 24 番地　号	群馬県前橋市上泉町 24 番地　号
本　籍	群馬県前橋市上泉町 24 番地　番	群馬県前橋市上泉町 24 番地　番

第16　養子縁組届と婚姻届

(2) 婚姻の届出

婚　姻　届

平成 27 年 12 月 24 日 届出

群馬県前橋市 長 殿

受理	平成 27 年 12 月 24 日	発送 平成　年　月　日
第	2202 号	
送付	平成　年　月　日	長　印
第	号	
書類調査	戸籍記載　記載調査　調査票　附票　住民票　通知	

		夫 に な る 人	妻 に な る 人
	（よみかた）	こう の　なつ お	おつ むら　たか こ
(1)	氏　名	氏　名　甲野　夏雄	氏　名　乙村　孝子
	生年月日	平成 3 年 8 月 1 日	平成 3 年 6 月 9 日
(2)	住　所（住民登録をしているところ）	群馬県前橋市鶴が谷町 8 番地 3 番　号 世帯主の氏名　甲野太郎	群馬県前橋市千代田町 2丁目 2 番地 1 号 世帯主の氏名　乙村五郎
(3)	本　籍（外国人のときは国籍だけを書いてください）	群馬県前橋市鶴が谷町 8 番地 3 筆頭者の氏名　甲野太郎	群馬県前橋市千代田町 2丁目 2 番地 筆頭者の氏名　乙村五郎
	父母の氏名 父母との続き柄 （他の養父母はその他の欄に書いてください）	父　甲野太郎　　続き柄 母　　雪子　　　　長男	父　乙村五郎　　続き柄 母　　美子　　　　長女
(4)	婚姻後の夫婦の氏・新しい本籍	☑夫の氏　新本籍（左の☑の氏の人がすでに戸籍の筆頭者となっているときは書かないでください） □妻の氏　群馬県前橋市鶴が谷町　　　　8 番地 3	
(5)	同居を始めたとき	平成 27 年 11 月（結婚式をあげたとき、または、同居を始めたときのうち早いほうを書いてください）	
(6)	初婚・再婚の別	☑初婚　□再婚（□死別／□離別　年　月　日）	☑初婚　□再婚（□死別／□離別　年　月　日）
(7)	同居を始める前の夫婦のそれぞれの世帯のおもな仕事と	夫□ 妻□　1. 農業だけまたは農業とその他の仕事を持っている世帯 夫□ 妻□　2. 自由業・商工業・サービス業等を個人で経営している世帯 夫□ 妻☑　3. 企業・個人商店等（官公庁は除く）の常用勤労者世帯で勤め先の従業者数が1人から99人までの世帯（日々または1年未満の契約の雇用者は5） 夫☑ 妻□　4. 3にあてはまらない常用勤労者世帯及び会社団体の役員の世帯（日々または1年未満の契約の雇用者は5） 夫□ 妻□　5. 1から4にあてはまらないその他の仕事をしている者のいる世帯 夫□ 妻□　6. 仕事をしている者のいない世帯	
(8)	夫妻の職業	（国勢調査の年… 年…の4月1日から翌年3月31日までに届出をするときだけ書いてください） 夫の職業　　　　　　　妻の職業	
その他	夫の養母「甲野竹子」		
届出人署名押印	夫　甲野　夏雄　㊞	妻　乙村　孝子　㊞	
事件簿番号			

（注・証人欄は省略）

【事例32】

4 戸籍受附帳の記載（紙戸籍の場合の例）

(1) 養子縁組の届出
前橋市（本籍人）

受附番号	受理送付の別	受附月日 (事件発生月日)	件名	届出事件本人の氏名 (届出人の資格氏名)	本籍又は国籍	備考
2201	受理	12月24日	養子縁組	甲野　竹子 甲野　夏雄	鶴が谷町8番地3 〃	同籍内縁組 戸籍の変動なし

(2) 婚姻の届出
前橋市（本籍人）

受附番号	受理送付の別	受附月日 (事件発生月日)	件名	届出事件本人の氏名 (届出人の資格氏名)	本籍又は国籍	備考
2202	受理	12月24日	婚姻	甲野　夏雄 乙村　孝子	鶴が谷町8番地3 千代田町2丁目2番	夫の氏を称する婚姻 新戸籍編製 夫の従前本籍地と同じ

第16 養子縁組届と婚姻届

5　戸籍の記載
図1　養親子の戸籍

| | | （2の1） | 全 部 事 項 証 明 |

本　　籍	群馬県前橋市鶴が谷町8番地3
氏　　名	甲野　太郎
戸籍事項 　　戸籍編製	（省略）
戸籍に記録されている者	【名】太郎 【生年月日】昭和40年5月15日　　【配偶者区分】夫 【父】甲野一郎 【母】甲野花子 【続柄】長男
身分事項 　　出　　生 　　婚　　姻 　　配偶者の死亡 　　婚　　姻	（省略） （省略） （省略） 【婚姻日】平成24年10月10日 【配偶者氏名】白根竹子
戸籍に記録されている者 　除　　籍	【名】雪子 【生年月日】昭和41年2月3日 【父】丙山秋夫 【母】丙山冬子 【続柄】三女
身分事項 　　出　　生 　　婚　　姻 　　死　　亡	（省略） （省略） （省略）
戸籍に記録されている者 　除　　籍	【名】夏雄 【生年月日】平成3年8月1日 【父】甲野太郎 【母】甲野雪子 【続柄】長男 【養母】甲野竹子 【続柄】養子

発行番号000001　　　　　　　　　　　　　　　　　　　　　　　　以下次頁

【事例32】

| | | （2の2） | 全 部 事 項 証 明 |

身分事項 　　出　　生 　　養子縁組 　　婚　　姻	（省略） 【縁組日】平成27年12月24日 【養母氏名】甲野竹子 【養親の戸籍】群馬県前橋市鶴が谷町8番地3　甲野太郎 【婚姻日】平成27年12月24日 【配偶者氏名】乙村孝子 【新本籍】群馬県前橋市鶴が谷町8番地3 【称する氏】夫の氏	
戸籍に記録されている者	【名】竹子 【生年月日】昭和44年4月3日　　【配偶者区分】妻 【父】白根五郎 【母】白根梅子 【続柄】二女	
身分事項 　　出　　生 　　婚　　姻 　　養子縁組	（省略） 【婚姻日】平成24年10月10日 【配偶者氏名】甲野太郎 【従前戸籍】群馬県渋川市赤城町樽400番地　白根五郎 【縁組日】平成27年12月24日 【養子氏名】甲野夏雄	以下余白

発行番号000001

第16　養子縁組届と婚姻届

図2　婚姻による養子の戸籍

		（1の1）	全 部 事 項 証 明
本　　籍	群馬県前橋市鶴が谷町8番地3		
氏　　名	甲野　夏雄		
戸籍事項 　戸籍編製	【編製日】平成27年12月24日		
戸籍に記録されている者	【名】夏雄 【生年月日】平成3年8月1日　　　　【配偶者区分】夫 【父】甲野太郎 【母】甲野雪子 【続柄】長男 【養母】甲野竹子 【続柄】養子		
身分事項 　出　　生 　養子縁組 　婚　　姻	（省略） 【縁組日】平成27年12月24日 【養母氏名】甲野竹子 【養親の戸籍】群馬県前橋市鶴が谷町8番地3　甲野太郎 【婚姻日】平成27年12月24日 【配偶者氏名】乙村孝子 【従前戸籍】群馬県前橋市鶴が谷町8番地3　甲野太郎		
戸籍に記録されている者	【名】孝子 【生年月日】平成3年6月9日　　　　【配偶者区分】妻 【父】乙村五郎 【母】乙村美子 【続柄】長女		
身分事項 　出　　生 　婚　　姻	（省略） 【婚姻日】平成27年12月24日 【配偶者氏名】甲野夏雄 【従前戸籍】群馬県前橋市千代田町二丁目2番　乙村五郎		
			以下余白

発行番号000001

事例33
婚姻の届出によって戸籍の筆頭者となる夫が、父の再婚した妻との養子縁組の届出を同時にした場合

> 結　論

　婚姻の届出を受理した後に養子縁組の届出を受理し、その順序で処理することもできるが、逆に、養子縁組の届出を受理した後に婚姻の届出を受理し、その順序で処理することもできる。なお、後者の順序で処理する場合は、【事例32】を参照願いたい。

〔受付の順序、戸籍処理の流れ〕

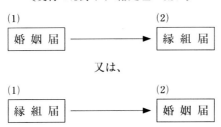

> 解　説

1　事例の内容

　A男は、D女と夫の氏を称し、新戸籍を編製する旨の婚姻の届出をするとともに、A男の実父B男の再婚した妻C女との養子縁組の届出を同時にした。

　この事例の場合において、どのように事務処理をするかというのが、本事例の問題である。

2　処理の順序

　本事例は、夫の氏を称する婚姻の届出により戸籍の筆頭者になる者が、父の再婚した妻と単独で養子縁組の届出を、婚姻の届出と同時にする場合であるから、次の(1)、(2)の順序で処理するか、又は(2)、(1)の順序で処理するかいずれでもよいと考える。

　ここでは、(1)、(2)の順序で処理する場合について説明する。

　しかし、この順序で処理するときは、婚姻の届出に基づいて新戸籍を編製した後、その後の縁組の届出によって養親の氏で改めて新戸籍を編製し、婚姻により編製した新戸籍は直ちに除かれた戸籍（除籍）となるので、事務処理の効率等を考えた場合は問題がある。なお、(2)、(1)の逆の順序で処理する場合については、【事例32】を参照願いたい。ただし、本事例は、婚姻の届出と養子縁組の届出が同時にされた場合であるが、これが同時ではなく、婚姻の届出がされた後に養子縁組の届出がされた場合は、縁組の届出を先に処理することはできないので、本事例のような順序で処理することになる。

(1)　婚姻の届出

　婚姻の届出（注１）及び婚姻の効果等については、【事例28】の解説の２の(2)を参照願いたい。

　本事例は、夫の氏を称する婚姻であるから、Ａ男を戸籍の筆頭者として新戸籍を編製することになる（戸16条１項本文）。

(2)　縁組の届出

　配偶者のある者が単独で縁組をするときは、その配偶者の同意を必要とする（民796条）ので、本事例の場合は、養親となるＣ女につき夫Ｂ男及び養子となるＡ男につき妻Ｄ女の同意を要することになるから、同人らの同意書を届書に添付するか、又は届書の「その他」欄に同意の旨を記載し、署名、押印する必要がある（戸38条１項）。

　なお、本事例の養子Ａ男は、養親となるＣ女の夫Ｂ男の嫡出子であるか

ら、両者間において縁組する実益はないので、縁組の届出はできないとされている（昭和23.1.13民事甲17号通達17）。しかし、その場合でも、前記のとおり当該縁組につき養親となるＣ女の配偶者としての同意を要することになる。

　ア　養子縁組の届出及び縁組の効果等については、【事例28】の解説の２の(1)を参照願いたい。
　イ　縁組による戸籍の変動
　　　この場合の戸籍の変動については、養親になる者と養子になる者の間に親子関係がないことから、氏の異同を問うことなく（民法上の氏が同一であるか、呼称上の氏が同一であるかの別なく）、戸籍法第20条の規定を適用し、養子夫婦について新戸籍を編製することとされている（平成２.10.５民二4400号通達）（注２）。

（注１）　創設的届出（認知、縁組、離縁、婚姻又は離婚）が市・区役所又は町村役場に出頭した者によってされる場合には、出頭した者に対しその者が届出事件本人であることの確認を実施することとしている（詳細については、【事例１】の（注）を参照願いたい。）。
（注２）　本事例の縁組のような場合の戸籍の変動については、従来養子夫婦について新戸籍を編製することなく、養親及び養子の現在の戸籍に縁組事項を記載すれば足りるものとして取り扱われていた（昭和30.９.17民事甲1976号回答、昭和33.４.７民事甲726号回答、昭和52.９.12民二4517号回答）。
　　　その理由は、養親となった者は養子となった者の父の氏を称して婚姻したものであり、また、養子となった者は父の氏を称しているものである。したがって、両者の氏は同氏であるから、養子縁組をしても養子の氏に変動は生じなく、仮に養子となった夫婦について新戸籍を編製したとしても、従来と同一内容の戸籍を編製することになるため、この場合は、新戸籍を編製することを要しないとされていたものである。
　　　しかし、この取扱いは変更され、この場合は養親になる者と養子となる者の間に親子関係がないことから、氏の異同を問うことなく、戸籍法第20条の規定を適用し養子夫婦について新戸籍を編製すべきであるとして、従来の取扱いが変更されたものである（平成２.10.５民二4400号通

達)。
　なお、本事例の場合は、自己の氏を称して婚姻した者のみを養子とする場合であるが、夫婦を養子とした場合でも取扱いには変わりはない。
　また、養子夫婦の縁組前の戸籍に在籍する子がいる場合に、その子が父母の氏を称して父母の戸籍に入籍するには、戸籍法第98条による入籍の届出を要することになる（前掲通達）。

【事例33】

3　婚姻届及び養子縁組届

(1)　婚姻の届出

婚　姻　届

平成 27 年 12 月 24 日 届出

群馬県前橋市 長 殿

受理	平成 27 年 12 月 24 日	発送	平成　年　月　日
第	2201 号		
送付	平成　年　月　日		長　印
第	号		
書類調査	戸籍記載	記載調査	調査票	附 票	住民票	通 知

		夫 に な る 人	妻 に な る 人
(1)	（よみかた）	こう の　なつ お	おつ むら　たか こ
	氏　名	氏　甲野　名　夏　雄	氏　乙村　名　孝　子
	生年月日	平成 3 年 8 月 1 日	平成 3 年 6 月 9 日
(2)	住　所 （住民登録をしているところ）	群馬県前橋市鶴が谷町　8 番地 3 番　号　世帯主の氏名　甲野　太　郎	群馬県前橋市千代田町　2丁目　2 番地 1 番　号　世帯主の氏名　乙村　五　郎
(3)	本　籍 （外国人のときは国籍だけを書いてください）	群馬県前橋市鶴が谷町　8 番地　番　筆頭者の氏名　甲野　太　郎	群馬県前橋市千代田町　2丁目　2 番地　番　筆頭者の氏名　乙村　五　郎
	父母の氏名 父母との続き柄 （他の養父母はその他の欄に書いてください）	父　甲野　太　郎　　続き柄　母　　雪　子　　長男	父　乙村　五　郎　　続き柄　母　　美　子　　長女
(4)	婚姻後の夫婦の氏・新しい本籍	☑夫の氏　新本籍（左の☑の氏の人がすでに戸籍の筆頭者となっているときは書かないでください）　□妻の氏　群馬県前橋市鶴が谷町　8 番地 3 番
(5)	同居を始めたとき	平成 27 年 11 月　（結婚式をあげたとき、または、同居を始めたときのうち早いほうを書いてください）
(6)	初婚・再婚の別	☑初婚　□再婚（□死別　□離別　年　月　日）	☑初婚　□再婚（□死別　□離別　年　月　日）
(7)	同居を始める前の夫婦のそれぞれの世帯のおもな仕事と	□夫 □妻 1．農業だけまたは農業とその他の仕事を持っている世帯　□夫☑妻 2．自由業・商工業・サービス業等を個人で経営している世帯　□夫 □妻 3．企業・個人商店等（官公庁は除く）の常用勤労者世帯で勤め先の従業者数が1人から99人までの世帯（日々または1年未満の契約の雇用者は5）　□夫☑妻 4．3にあてはまらない常用勤労者世帯及び会社団体の役員の世帯（日々または1年未満の契約の雇用者は5）　□夫 □妻 5．1から4にあてはまらないその他の仕事をしている者のいる世帯　□夫 □妻 6．仕事をしている者のいない世帯
(8)	夫妻の職業	（国勢調査の年…　年…の4月1日から翌年3月31日までに届出をするときだけ書いてください）　夫の職業　　　　　　　　　　妻の職業
	その他	
	届出人署名押印	夫　甲野　夏　雄　㊞　　妻　乙村　孝　子　㊞
	事件簿番号	（注・証人欄は省略）

(2) 養子縁組の届出

養 子 縁 組 届

平成27年12月24日 届出

群馬県前橋市 長 殿

受理	平成27年12月24日 第 2202 号	発送 平成 年 月 日
送付	平成 年 月 日 第 号	長印
書類調査	戸籍記載 記載調査 附 票 住民票 通 知	

	養子になる人	
（よみかた） 氏 名	こう の　　なつ お 養子 氏 甲野　　　名 夏雄	養女 氏　　　名
生 年 月 日	平成 3 年 8 月 1 日	年 月 日
住 所 (住民登録をしているところ)	群馬県前橋市鶴が谷町　　　8 番地 3 番　号 世帯主の氏名 甲野 太郎	
本 籍 (外国人のときは国籍だけを書いてください)	群馬県前橋市鶴が谷町　　　8 番地 3 番 筆頭者の氏名 甲野 夏雄	
父母の氏名 父母との続き柄	父 甲野 太郎　　続き柄 父 母　　 雪子　　　　　 長男 母	続き柄 女
入籍する戸籍 または 新しい本籍	□養親の現在の戸籍に入る　☑養子夫婦で新しい戸籍をつくる □養親の新しい戸籍に入る　□養子の戸籍に変動がない 群馬県前橋市鶴が谷町　　　8 番地 3 番 筆頭者の氏名 甲野 夏雄	
監護をすべき者の有無	（養子になる人が十五歳未満のときに書いてください） □届出人以外に養子になる人の監護をすべき □父 □母 □養父 □養母がいる □上記の者はいない	
届出人 署名押印	甲野 夏雄 ㊞	印

届 出 人		
（養子になる人が十五歳未満のときに書いてください。届出人となる未成年後見人が3人以上のときは、ここに書くことができない未成年後見人について、その他欄又は別紙（様式任意。届出人全員の契印が必要）に書いてください。）		
資 格	親権者（□父 □養父） □未成年後見人 □特別代理人	親権者（□母 □養母） □未成年後見人
住 所	番地 番　号	番地 番　号
本 籍	番地　筆頭者 番　　　の氏名	番地　筆頭者 番　　　の氏名
署名 押印	印	印
生 年 月 日	年 月 日	年 月 日

【事例33】

記入の注意

鉛筆や消えやすいインキで書かないでください。
本籍地でない役場に出すときは、2通または3通出してください（役場が相当と認めたときは、1通で足りることもあります）。また、そのさい戸籍謄本も必要です。
養子になる人が未成年で養親になる人が夫婦のときは、一緒に縁組をしなければいけません。
養子になる人が未成年のときは、あらかじめ家庭裁判所の許可の審判を受けてください。
養子になる人が十五歳未満のときは、その法定代理人が署名押印してください。また、その法定代理人以外に監護をすべき者として父又は母（養父母を含む。）が定められているときは、その者の同意が必要です。
筆頭者の氏名欄には、戸籍のはじめに記載されている人の氏名を書いてください。

	養親になる人	
（よみかた）	養父 氏　　名	こうの　　たけこ 養母 氏　　名 甲野　　竹子
氏　名		
生年月日	年　　月　　日	昭和 44 年 4 月 3 日
住　所 （住民登録をしているところ）	群馬県前橋市鶴が谷町　　8 番地 3 号 世帯主の氏名　甲野　太郎	
本　籍 (外国人のときは国籍だけを書いてください)	群馬県前橋市鶴が谷町　　8 番地 3 番 筆頭者の氏名　甲野　太郎	
その他	この縁組に同意する。養親の夫　甲野太郎㊞　養子の妻　甲野孝子㊞ 養子甲野夏雄は、養親甲野竹子の夫甲野太郎（昭和40年5月15日生）の嫡出子である。	

新しい本籍（養親になる人が戸籍の筆頭者およびその配偶者でないときは、ここに新しい本籍を書いてください）
　　　　　　　　　　　　　　　　　　　　　　　　　　　　　　　　　　　　番地
　　　　　　　　　　　　　　　　　　　　　　　　　　　　　　　　　　　　番

届出人署名押印	養父　　　　　　　　　　㊞	養母　甲野　竹子　㊞

	証　　人	
署名押印	下川　和夫　㊞	下川　純子　㊞
生年月日	昭和 30 年 2 月 2 日	昭和 32 年 6 月 6 日
住　所	群馬県前橋市上泉町 24 番地 号	群馬県前橋市上泉町 24 番地 号
本　籍	群馬県前橋市上泉町 24 番地 番	群馬県前橋市上泉町 24 番地 番

第16 養子縁組届と婚姻届

4 戸籍受附帳の記載（紙戸籍の場合の例）

(1) 婚姻の届出

前橋市（本籍人）

受附番号	受理送付の別	受附月日 (事件発生月日)	件　名	届出事件本人の氏名 (届出人の資格氏名)	本籍又は国籍	備　　考
2201	受理	12月24日	婚　姻	甲野　夏雄 乙村　孝子	鶴が谷町8番地3 千代田町2丁目2番	夫の氏を称する婚姻 新戸籍編製 夫の従前本籍地と同じ

(2) 縁組の届出

前橋市（本籍人）

受附番号	受理送付の別	受附月日 (事件発生月日)	件　名	届出事件本人の氏名 (届出人の資格氏名)	本籍又は国籍	備　　考
2202	受理	12月24日	養子縁組	甲野　竹子 甲野　夏雄	鶴が谷町8番地3 〃	養子につき新戸籍編製 新本籍　養子の従前本籍地と同じ

【事例33】

5　戸籍の記載
図1　婚姻による夫婦の戸籍

除　　籍		（1の1）	全　部　事　項　証　明
本　　籍	群馬県前橋市鶴が谷町8番地3		
氏　　名	甲野　夏雄		

戸籍事項 　　戸籍編製 　　戸籍消除	【編製日】平成27年12月24日 【消除日】平成27年12月24日
戸籍に記録されている者 　　除　　籍	【名】夏雄 【生年月日】平成3年8月1日　　　【配偶者区分】夫 【父】甲野太郎 【母】甲野雪子 【続柄】長男
身分事項 　　出　　生 　　婚　　姻 　　養子縁組	（省略） 【婚姻日】平成27年12月24日 【配偶者氏名】乙村孝子 【従前戸籍】群馬県前橋市鶴が谷町8番地3　甲野太郎 【縁組日】平成27年12月24日 【養母氏名】甲野竹子 【養親の戸籍】群馬県前橋市鶴が谷町8番地3　甲野太郎 【新本籍】群馬県前橋市鶴が谷町8番地3
戸籍に記録されている者 　　除　　籍	【名】孝子 【生年月日】平成3年6月9日　　　【配偶者区分】妻 【父】乙村五郎 【母】乙村美子 【続柄】長女
身分事項 　　出　　生 　　婚　　姻 　　配偶者の縁組	（省略） 【婚姻日】平成27年12月24日 【配偶者氏名】甲野夏雄 【従前戸籍】群馬県前橋市千代田町二丁目2番　乙村五郎 【除籍日】平成27年12月24日 【除籍事由】夫の縁組 【新本籍】群馬県前橋市鶴が谷町8番地3
	以下余白

発行番号000001

第16 養子縁組届と婚姻届

図2　養親の戸籍

	（2の1）	全 部 事 項 証 明
本　　籍	群馬県前橋市鶴が谷町8番地3	
氏　　名	甲野　太郎	
戸籍事項 　　戸籍編製	（省略）	
戸籍に記録されている者	【名】太郎 【生年月日】昭和40年5月15日　　【配偶者区分】夫 【父】甲野一郎 【母】甲野花子 【続柄】長男	
身分事項 　　出　　生 　　婚　　姻 　　配偶者の死亡 　　婚　　姻	（省略） （省略） （省略） 【婚姻日】平成24年10月10日 【配偶者氏名】白根竹子	
戸籍に記録されている者 除　籍	【名】雪子 【生年月日】昭和41年2月3日 【父】丙山秋夫 【母】丙山冬子 【続柄】三女	
身分事項 　　出　　生 　　婚　　姻 　　死　　亡	（省略） （省略） （省略）	
戸籍に記録されている者 除　籍	【名】夏雄 【生年月日】平成3年8月1日 【父】甲野太郎 【母】甲野雪子 【続柄】長男	

発行番号000001　　　　　　　　　　　　　　　　　　　　　　以下次頁

【事例33】

		（2の2）	全 部 事 項 証 明
身分事項 　　出　　生 　　婚　　姻	（省略） 【婚姻日】平成２７年１２月２４日 【配偶者氏名】乙村孝子 【新本籍】群馬県前橋市鶴が谷町８番地３ 【称する氏】夫の氏		
戸籍に記録されている者	【名】竹子 【生年月日】昭和４４年４月３日　　　【配偶者区分】妻 【父】白根五郎 【母】白根梅子 【続柄】二女		
身分事項 　　出　　生 　　婚　　姻 　　養子縁組	（省略） 【婚姻日】平成２４年１０月１０日 【配偶者氏名】甲野太郎 【従前戸籍】群馬県渋川市赤城町樽４００番地　白根五郎 【縁組日】平成２７年１２月２４日 【養子氏名】甲野夏雄 【養子の従前戸籍】群馬県前橋市鶴が谷町８番地３　甲野夏雄 【養子の新本籍】群馬県前橋市鶴が谷町８番地３		
	以下余白		

発行番号０００００１

第16　養子縁組届と婚姻届

図3　養子縁組後の養子の戸籍

	（1の1）	全 部 事 項 証 明
本　　籍	群馬県前橋市鶴が谷町8番地3	
氏　　名	甲野　夏雄	
戸籍事項 　　戸籍編製	【編製日】平成27年12月24日	
戸籍に記録されている者	【名】夏雄 【生年月日】平成3年8月1日　　　　【配偶者区分】夫 【父】甲野太郎 【母】甲野雪子 【続柄】長男 【養母】甲野竹子 【続柄】養子	
身分事項 　　出　　生 　　婚　　姻 　　養子縁組	（省略） 【婚姻日】平成27年12月24日 【配偶者氏名】乙村孝子 【従前戸籍】群馬県前橋市鶴が谷町8番地3　甲野太郎 【縁組日】平成27年12月24日 【養母氏名】甲野竹子 【養親の戸籍】群馬県前橋市鶴が谷町8番地3　甲野太郎 【従前戸籍】群馬県前橋市鶴が谷町8番地3　甲野夏雄	
戸籍に記録されている者	【名】孝子 【生年月日】平成3年6月9日　　　　【配偶者区分】妻 【父】乙村五郎 【母】乙村美子 【続柄】長女	
身分事項 　　出　　生 　　婚　　姻 　　配偶者の縁組	（省略） 【婚姻日】平成27年12月24日 【配偶者氏名】甲野夏雄 【従前戸籍】群馬県前橋市千代田町二丁目2番　乙村五郎 【入籍日】平成27年12月24日 【入籍事由】夫の縁組 【従前戸籍】群馬県前橋市鶴が谷町8番地3　甲野夏雄	
		以下余白

発行番号000001

〔改訂〕
事例解説　戸籍実務の知識（上）
―関連する届出が同時にされた場合の処理―

定価：本体4,000円（税別）

平成17年11月10日	初版発行	レジストラー・ブックス⑫
平成27年5月11日	改訂版発行	
平成29年2月15日	改訂版第2刷発行	

編著者　木　村　三　男
発行者　尾　中　哲　夫

発行所　日本加除出版株式会社

本　　社　郵便番号 171-8516
　　　　　東京都豊島区南長崎3丁目16番6号
　　　　　　　ＴＥＬ　（03）3953-5757（代表）
　　　　　　　　　　　（03）3952-5759（編集）
　　　　　ＦＡＸ　（03）3953-5772
　　　　　ＵＲＬ　http://www.kajo.co.jp/

営業部　郵便番号 171-8516
　　　　東京都豊島区南長崎3丁目16番6号
　　　　　ＴＥＬ　（03）3953-5642
　　　　　ＦＡＸ　（03）3953-2061

組版　㈱郁文　／　印刷・製本(POD)　京葉流通倉庫㈱

落丁本・乱丁本は本社でお取替えいたします。
Ⓒ 2015
Printed in Japan
ISBN978-4-8178-4228-2 C3032 ¥4000E

JCOPY　〈出版者著作権管理機構　委託出版物〉

本書を無断で複写複製（電子化を含む）することは，著作権法上の例外を除き，禁じられています。複写される場合は，そのつど事前に出版者著作権管理機構（JCOPY）の許諾を得てください。
また本書を代行業者等の第三者に依頼してスキャンやデジタル化することは，たとえ個人や家庭内での利用であっても一切認められておりません。

〈JCOPY〉　ＨＰ：http://www.jcopy.or.jp/,　e-mail：info@jcopy.or.jp
　　　　　電話：03-3513-6969，FAX：03-3513-6979

戸籍実務の取扱いを一問一答でまとめあげた体系的解説書

改訂 設題解説 戸籍実務の処理

- ●実務の基本をおさえるのに最適な設問と簡潔な回答。
- ●法令・先例・判例等の根拠が明確に示された具体的な解説で「間違いのない実務」に役立つ。

レジストラー・ブックス126
Ⅲ 出生・認知編　　木村三男 監修　竹澤雅二郎・荒木文明 著
2009年12月刊 A5判 428頁 本体4,000円+税 978-4-8178-3846-9 商品番号：41126 略号：設出

レジストラー・ブックス123
Ⅳ 養子縁組・養子離縁編
　　　　　　　　木村三男 監修　横塚繁・竹澤雅二郎・荒木文明 著
2008年12月刊 A5判 512頁 本体4,095円+税 978-4-8178-0323-8 商品番号：41123 略号：設縁

レジストラー・ブックス131
Ⅴ 婚姻・離婚編（1）婚姻　木村三男 監修　横塚繁・竹澤雅二郎 著
2011年8月刊 A5判 432頁 本体4,000円+税 978-4-8178-3943-5 商品番号：41131 略号：設婚

レジストラー・ブックス135
Ⅴ 婚姻・離婚編（2）離婚　　木村三男 監修　神崎輝明 著
2012年11月刊 A5判 424頁 本体3,900円+税 978-4-8178-4042-4 商品番号：41135 略号：設離

レジストラー・ブックス136
Ⅵ 親権・未成年後見編　　木村三男 監修　竹澤雅二郎・荒木文明 著
2013年6月刊 A5判 368頁 本体3,700円+税 978-4-8178-4091-2 商品番号：41136 略号：設親

レジストラー・ブックス139
Ⅶ 死亡・失踪・復氏・姻族関係終了・推定相続人廃除編
　　　　　　　　　　木村三男 監修　竹澤雅二郎 著
2014年5月刊 A5判 400頁 本体4,000円+税 978-4-8178-4159-9 商品番号：41139 略号：設推

レジストラー・ブックス141
Ⅷ 入籍・分籍・国籍の得喪編
　　　　　　　　木村三男 監修　竹澤雅二郎・山本正之 著
2014年11月刊 A5判 472頁 本体4,000円+税 978-4-8178-4198-8 商品番号：41141 略号：設国

レジストラー・ブックス143
Ⅸ 氏名の変更・転籍・就籍編　　木村三男 監修　竹澤雅二郎 著
2015年8月刊 A5判 404頁 本体4,200円+税 978-4-8178-4249-7 商品番号：41143 略号：設氏

レジストラー・ブックス145
ⅩⅠ 戸籍訂正各論編（1）出生（上）職権・訂正許可・嫡出否認
　　　　　　　　木村三男 監修　竹澤雅二郎・神崎輝明 著
2016年5月刊 A5判 348頁 本体3,600円+税 978-4-8178-4306-7 商品番号：41145 略号：設訂出上

レジストラー・ブックス146
ⅩⅡ 戸籍訂正各論編（2）出生（下）親子関係存否確認
　　　　　　　　木村三男 監修　竹澤雅二郎・神崎輝明 著
2016年8月刊 A5判 468頁 本体4,800円+税 978-4-8178-4328-9 商品番号：41146 略号：設訂出下

日本加除出版　〒171-8516　東京都豊島区南長崎3丁目16番6号
TEL（03）3953-5642　FAX（03）3953-2061（営業部）
http://www.kajo.co.jp/